Kohlhammer

Der Autor

Timo Storck, Prof. Dr. phil., Jahrgang 1980, ist Professor für Klinische Psychologie und Psychotherapie an der Psychologischen Hochschule Berlin, Psychoanalytiker (DPV/IPA) und Psychologischer Psychotherapeut (AP/TP). Studium der Psychologie, Religionswissenschaften und Philosophie an der Universität Bremen, Diplom 2005. Wissenschaftlicher Mitarbeiter an den Universitäten Bremen (2006–2007), Kassel (2009–2015) sowie an der Medizinischen Universität Wien (2014–2016). Promotion an der Universität Bremen 2010 mit einer Arbeit zu künstlerischen Arbeitsprozessen, Habilitation an der Universität Kassel 2016 zum psychoanalytischen Verstehen in der teilstationären Behandlung psychosomatisch Erkrankter. Mitherausgeber der Zeitschriften *Psychoanalyse – Texte zur Sozialforschung* und *Forum der Psychoanalyse* sowie der Buchreihe *Im Dialog: Psychoanalyse und Filmtheorie*, Mitglied des Herausgeberbeirats der Buchreihe *Internationale Psychoanalyse*. Forschungsschwerpunkte: psychoanalytische Theorie und Methodologie, psychosomatische Erkrankungen, Fallbesprechungen in der stationären Psychotherapie, Kulturpsychoanalyse, konzeptvergleichende Psychotherapieforschung.

Timo Storck

Übertragung

Verlag W. Kohlhammer

Dieses Werk einschließlich aller seiner Teile ist urheberrechtlich geschützt. Jede Verwendung außerhalb der engen Grenzen des Urheberrechts ist ohne Zustimmung des Verlags unzulässig und strafbar. Das gilt insbesondere für Vervielfältigungen, Übersetzungen und für die Einspeicherung und Verarbeitung in elektronischen Systemen.

Pharmakologische Daten verändern sich ständig. Verlag und Autoren tragen dafür Sorge, dass alle gemachten Angaben dem derzeitigen Wissensstand entsprechen. Eine Haftung hierfür kann jedoch nicht übernommen werden. Es empfiehlt sich, die Angaben anhand des Beipackzettels und der entsprechenden Fachinformationen zu überprüfen. Aufgrund der Auswahl häufig angewendeter Arzneimittel besteht kein Anspruch auf Vollständigkeit.

Die Wiedergabe von Warenbezeichnungen, Handelsnamen und sonstigen Kennzeichen berechtigt nicht zu der Annahme, dass diese frei benutzt werden dürfen. Vielmehr kann es sich auch dann um eingetragene Warenzeichen oder sonstige geschützte Kennzeichen handeln, wenn sie nicht eigens als solche gekennzeichnet sind.

Es konnten nicht alle Rechtsinhaber von Abbildungen ermittelt werden. Sollte dem Verlag gegenüber der Nachweis der Rechtsinhaberschaft geführt werden, wird das branchenübliche Honorar nachträglich gezahlt.

Dieses Werk enthält Hinweise/Links zu externen Websites Dritter, auf deren Inhalt der Verlag keinen Einfluss hat und die der Haftung der jeweiligen Seitenanbieter oder -betreiber unterliegen. Zum Zeitpunkt der Verlinkung wurden die externen Websites auf mögliche Rechtsverstöße überprüft und dabei keine Rechtsverletzung festgestellt. Ohne konkrete Hinweise auf eine solche Rechtsverletzung ist eine permanente inhaltliche Kontrolle der verlinkten Seiten nicht zumutbar. Sollten jedoch Rechtsverletzungen bekannt werden, werden die betroffenen externen Links soweit möglich unverzüglich entfernt.

1. Auflage 2020

Alle Rechte vorbehalten
© W. Kohlhammer GmbH, Stuttgart
Gesamtherstellung: W. Kohlhammer GmbH, Stuttgart

Print:
ISBN 978-3-17-037571-0

E-Book-Formate:
pdf: ISBN 978-3-17-037572-7
epub: ISBN 978-3-17-037573-4
mobi: ISBN 978-3-17-037574-1

Inhalt

Vorwort 9

1 Einleitung 11

2 Das psychoanalytische Konzept der Übertragung:
  Grundlagen, Verbindungen und Variationen 16
  2.1 Die Entwicklung des Übertragungskonzepts
       bei Freud 17
       2.1.1 Ursprünge des Konzepts in den *Studien
              über Hysterie* 17
       2.1.2 Eine weite Begriffsfassung von Übertragung
              in der *Traumdeutung* 22
       2.1.3 Übertragung und analytische Beziehung 24
       2.1.4 Freuds »Bemerkungen über
              die Übertragungsliebe« 30
  2.2 Konzeptuelle Zusammenhänge 35
  2.3 Fallbeispiel Nina 40

3 Die Gegenübertragung des Psychoanalytikers 43
  3.1 Übertragung als »Gesamtsituation« 43
       3.1.1 Zum Ansatz Melanie Kleins 44
       3.1.2 Nicht-personale Aspekte der Übertragung ... 46
       3.1.3 Das Arbeiten »im Hier und Jetzt« 48
  3.2 Gegenübertragung in konzeptgeschichtlicher
       Perspektive 49
       3.2.1 Freuds Ringen mit der Gegenübertragung .. 50

		3.2.2	Die Auffassung der Gegenübertragung bei Paula Heimann	56
		3.2.3	Weitere Facetten bei Margaret Little und Roger Money-Kyrle	59
	3.3	Ausgewählte Aspekte der Gegenübertragung		63
		3.3.1	Konkordante und komplementäre Identifizierung	63
		3.3.2	Bereitschaft zur Rollenübernahme	64
		3.3.3	Zum Konzept der »Eigenübertragung«	65
		3.3.4	Die Müdigkeitsreaktion	68
	3.4	Fallbeispiel Frau C.		69

4   Übertragungsformen bei verschiedenen psychischen Störungen 76

	4.1	Das Konzept der projektiven Identifizierung		77
		4.1.1	Begriffliche Grundlagen: Projektion, Introjektion, Identifizierung	77
		4.1.2	Projektive Identifizierung bei Melanie Klein und Wilfred Bion	79
		4.1.3	Nordamerikanische Perspektiven auf die projektive Identifizierung	84
		4.1.4	Vorschlag zur Präzisierung	85
	4.2	Übertragung bei unterschiedlichen psychischen Störungen		86
		4.2.1	Übertragung bei neurotischen Störungen ...	87
		4.2.2	Übertragung bei Persönlichkeitsstörungen ..	89
		4.2.3	Übertragung bei psychosomatischen Erkrankungen	92
		4.2.4	Übertragung bei psychotischen Störungen ..	94
		4.2.5	Zusammenfassung	97

5   Übertragung, Gegenübertragung und Veränderungsprozess in psychoanalytischen Behandlungen 99

	5.1	Zur Frage von »Übertragungsgefühlen«	100
	5.2	Das Konzept der therapeutischen Ich-Spaltung.....	102

5.3 Übertragung und Gegenübertragung in unterschiedlichen psychoanalytischen Richtungen 105
    5.3.1 Strukturale Psychoanalyse 105
    5.3.2 Selbstpsychologie 108
    5.3.3 Relationale Psychoanalyse 111
5.4 Veränderungsprozesse unter Nutzen der Übertragung 114
    5.4.1 Regressionsförderung 115
    5.4.2 Abstinenz 118
    5.4.3 Szenisches Verstehen 121
    5.4.4 Deutung 125
    5.4.5 Durcharbeiten 129
    5.4.6 Durcharbeiten in der Gegenübertragung 132
5.5 Forschungsperspektiven zur Übertragungsdeutung 134
5.6 Fallbeispiel Andrew 134

6 Übertragung interdisziplinär 139
6.1 Beispiele für die Spezifität der Psychoanalyse 140
    6.1.1 Gegenübertragungsträume 140
    6.1.2 Arbeit *in* der Übertragung und Arbeit *an* der Übertragung 144
6.2 Übertragung und (Entwicklungs-) Psychologie 146
    6.2.1 Bindungstheorie 147
    6.2.2 Generalisierte Interaktionsrepräsentationen 149
6.3 Konzeptionen der Beziehung in anderen psychotherapeutischen Verfahren 151
    6.3.1 Kognitive Verhaltenstherapie und »dritte Welle« 152
    6.3.2 Systemische Therapie 158
    6.3.3 Gesprächspsychotherapie und humanistische Ansätze 159
    6.3.4 Der Beitrag der Psychoanalyse 162
6.4 Fallbeispiel 162

7 Zusammenfassung und Ausblick 167

Inhalt

Literatur 170

Verzeichnis der zitierten Medien 182

Stichwortverzeichnis 183

Vorwort

Beim vorliegenden Band handelt es sich um eine bearbeitete Mitschrift von fünf öffentlichen Vorlesungen, die ich im Wintersemester 2018/ 2019 an der Psychologischen Hochschule Berlin gehalten habe. Die Vorlesungsreihe ist Teil eines Projekts zu den Grundelementen psychodynamischen Denkens, in dem es unter der dreifachen Perspektive »Konzeptuelle Kritik, klinische Praxis, wissenschaftlicher Transfer« darum geht, sich mit psychoanalytischen Konzepten auseinander zu setzen: Trieb (Band I), Sexualität und Konflikt (Band II), dynamisch Unbewusstes (Band III), Objekte (Band IV), Übertragung (Band V), Abwehr und Widerstand (Band VI), Ich/Selbst (Band VII) und Deutung (Band VIII). Ziel ist dabei, sowohl in der öffentlichen Diskussion als auch im vorliegenden Format einer Reihe von Buchpublikationen eine Art kritisches Kompendium psychoanalytischer Konzepte zu entwickeln, ohne dabei den Anschluss an das Behandlungssetting oder den wissenschaftlichen Austausch zu vernachlässigen. Wenn es um Grundelemente psychodynamischen Denkens gehen soll, dann soll damit auch der Hinweis darauf gegeben werden, dass aus Sicht der Psychoanalyse jedes, also auch das wissenschaftliche, Denken selbstreflexiv ist: Das Denken über Psychodynamik ist unweigerlich selbst psychodynamisch, d. h. es erkundet die Struktur der Konzeptzusammenhänge auch auf der Ebene der Bedeutung von Konzeptbildung selbst.

Für ein solches Vorgehen ist das Werk Freuds der Ausgangs- und ein kontinuierlicher Bezugspunkt. Mir geht es um eine genaue Prüfung dessen, was Freud mit seinen Konzepten »vorhat«, d. h. welche Funktion diese haben und welches ihr argumentativer Status ist. Dabei soll nicht eine bloße Freud-Exegese geschehen, sondern eher ein Lesen Freuds »mit Freud gegen Freud« – Es wird deutlich werden, dass der grundlegende konzeptuelle Rahmen, den Freud seiner Psychoanalyse gibt, es auch erlaubt aufzuzeigen, wo er hinter den Möglichkeiten seiner Konzeptbildung zurück bleibt.

Über den Ausgangspunkt der Vorlesungen erklärt sich die Form des vorliegenden Textes, der nah an der gesprochenen Darstellung verbleibt. Auch sind, wie in jeder Vorlesung, eine Reihe von inhaltlichen Bezugnahmen auf Arbeiten anderer Autoren eingeflossen, die mein Denken grundlegend beeinflussen, ohne dass durchgängig im Detail eine Referenz erfolgen kann.

Bedanken möchte ich mich bei den Teilnehmenden an den öffentlichen Vorlesungen für ihr Interesse, sowie beim Kohlhammer Verlag, namentlich Ruprecht Poensgen und Annika Grupp, für die Unterstützung bei der Vorlesung und der Veröffentlichung. Außerdem danke ich Caroline Huss für die Anfertigung von Transkripten zur Audio-Aufzeichnung der Vorlesung. Cornelia Weinberger, Mona Brettschneider und Marko Walther gebührt Dank für die planerische und technische Unterstützung bei der Durchführung der Vorlesungen. Merve Winter hat mich bei der Durchführung von Rollenspielen unterstützt, auch dafür vielen Dank. Der Psychologischen Hochschule Berlin danke ich schließlich für die Möglichkeit, eine solche Vorlesungsreihe durchzuführen.

Heidelberg, November 2019
Timo Storck

1 Einleitung

Wissenschaftliche Konzepte versuchen, methodisch geleitetet die Phänomene der Erfahrung auf den Begriff zu bringen. Sie sind dabei notwendigerweise Abstrakta, also keine Dinge, die sich so in der Welt finden lassen. Wir können nicht »die Übertragung« oder »den Trieb« beobachten und als solche erkennen, sondern es handelt sich um Konzepte, die sich auf Phänomene beziehen. Konzepte, erst recht wissenschaftliche, brauchen eine argumentative Schlüssigkeit und die begrifflichen Zusammenhänge, in welche die Phänomene der Erfahrung gestellt werden, müssen »sparsam« genug sein. Neben diesen beiden Merkmalen von Konzepten und Konzeptbildung (argumentative Schlüssigkeit, Sparsamkeit) lässt sich als drittes der Kontext eines methodischen Zugangs nennen (d. h. der Erfahrungswelt in beschreibbarer und nachvollziehbarer Weise zugewandt). Die Psychoanalyse geht dabei vom Einzelfall der klinischen Situation aus und versucht zu konzeptualisieren, was sich dort ereignet. Dabei liegt die Verallgemeinerung auf der Ebene der Konzeptbildung und weniger auf derjenigen der Vorhersagbarkeit.

Von diesem Ausgangspunkt aus ist es in vorangegangenen Arbeiten um das Konzept des Triebes gegangen (Storck, 2018a). Über den Trieb, von Freud (1915c, S. 214) als »Grenzbegriff« zwischen Psyche und Soma bezeichnet, also gleichsam in einer Scharnier- oder Vermittlungsfunktion zwischen beiden, lässt sich thematisieren, wie sich Physiologie-nahe Erregung in psychisches Erleben umsetzt. In diesem Sinn lässt sich vom Trieb als einem *psychosomatischen* Konzept sprechen. Hinzu treten zwei weitere Merkmale: Im Triebkonzept wird zum einen eine *sozialisatorische* Dimension beschrieben (statt einer ethologischen oder instinkthaften), insofern das, was konzeptuell »Trieb« genannt wird, durch körperliche Interaktion (und damit durch soziales Geschehen) hervorgerufen wird.

1 Einleitung

Durch die Wirkung von Berührungserfahrungen in der frühen Entwicklung wird dem Erleben die Aufgabe gegeben, sich darauf einen repräsentatorischen »Reim« zu machen. Zum anderen erscheint in dieser Perspektive »Trieb« *monistisch* (statt dualistisch, wie überwiegend in der Freud'schen Konzeption der Fall), insofern sich nicht verschiedene Qualitäten dieser Vermittlungsfunktion beschreiben lassen, so dass das Konzept in der Folge Teil einer Theorie der *allgemeinen* Motivation des Psychischen ist. Es hilft, begreiflich zu machen, wie Psychisches als solches motiviert ist, und sagt selbst noch nichts aus über den Inhalt spezifischer motivationaler Zustände.

Eine psychoanalytische Theorie der *speziellen* Motivation kann im Konfliktbegriff gefunden werden (Storck, 2018b). Dieser lässt sich grundlegend über das psychoanalytische Verständnis der Sexualität begreifen: Hier geht es um einen erweiterten Begriff von Sexualität als infantile Psychosexualität. Darin geht es um eine Betrachtungsweise, die Lust und Unlust im Zusammenhang mit körperlichen Empfindungen (nicht nur genitalen) als erste und wichtigste Strukturierungsprinzipien des Psychischen begreift. Hier werden die Phasen der psychosexuellen Entwicklung leitend (oral, anal, phallisch-ödipal), bezüglich derer sich eine eher konkretistische, körpernahe und eine »thematische« Lesart unterscheiden lassen. Oralität etwa nimmt ihren Ausgangspunkt von konkreten Entwicklungsaufgaben und phasentypischen Interaktionen, die mit Körperlichkeit zu tun haben, steht aber im Verlauf in einer Linie, bei der es um Fragen nach Versorgung und Bedürfnissen geht. Kindliche Sexualität ist psychoanalytisch betrachtet partialtriebhaft, d. h. noch nicht »vereinigt« unter dem »Primat« genitaler Sexualität und Befriedigung. Im Hinblick auf Sexualität und Konflikttheorie ist die Konzeption ödipaler Konflikte in Betracht zu ziehen: In zeitgenössischer Hinsicht lassen sich diese als Entwicklungsaufgabe (und psychisches Strukturierungsprinzip) verstehen, in der es sich um die Auseinandersetzung mit Generationen- und Geschlechterunterschieden dreht sowie mit der Möglichkeit, aus Beziehungen zwischen anderen prinzipiell relativ und passager ausgeschlossen sein zu können. In der psychischen Entwicklung ist es vonnöten, erkennen und tolerieren zu können, dass die eigenen Beziehungspartner auch zueinander in Beziehung stehen und sich so ein Geflecht aus Beziehungen aufspannt. Neben Konflikten in motivationaler Hinsicht lassen sich Konflikte auf repräsentationaler Ebene beschreiben, zum Beispiel die Notwendigkeit, widerstreitende Affekte und damit unterschiedliche Teile der Repräsentanz vom Selbst und anderen überein zu bekommen. Die Psychoanalyse setzt sich dabei insbesondere mit *unbewussten* Konflikten auseinander.

In der Folge stand daher das Konzept des dynamisch Unbewussten im Zentrum (Storck, 2019b). Freuds Anliegen war es, eine Metapsychologie zu entwerfen, was in seinen Begrifflichkeiten auf eine Theorie des Psychischen verweist, die ein psychisch Unbewusstes einbegreift. Sein psychoanalytischer Beitrag besteht darin, dies als ein *dynamisch* Unbewusstes zu beschreiben, das mit einem innerpsychischen (konflikthaften) Kräftespiel von Wunsch und Verbot, von drängenden und verdrängenden Kräften zu tun hat. So wird etwas vom bewussten Erleben ausgeschlossen, weil es Unlust nach sich ziehen würde (bzw. mehr Unlust als Lust), in Form von Schuldgefühlen, Scham oder Angst. Dabei kann von einer »Verhältnishaftigkeit« des Unbewussten ausgegangen werden, das sich im Verhältnis zwischen Vorstellungen und Affekten zeigt und zugleich verbirgt. Von besonderer Bedeutung ist dabei gewesen, der Frage nach den Möglichkeiten der »validen« klinischen Arbeit mit Unbewusstem nachzugehen. Hier ist das Konzept des szenischen Verstehens wertvoll, in dem umschrieben ist, dass für Analytiker[1] und Analysandin etwas Unbewusstes dann spürbar wird, wenn es sich in der aktuellen Beziehung zwischen beiden zeigt.

Im nächsten Schritt ging es um die psychischen Objekte (Storck, 2019c). »Objekte« ist die psychoanalytische Bezeichnung für die Elemente der Repräsentanzwelt, terminologisch zurückzuführen auf ein triebtheoretisches Vokabular, in dem es um die »Objekte« psychischer Besetzung geht. Zentral ist dabei der Begriff der Objektrepräsentanz, ich habe den Vorschlag gemacht, den Begriff »Objekte« für die Elemente des Psychischen zu »reservieren« und statt von »äußeren Objekten« von »Gegen-

---

1 Um darzustellen, dass immer alle Geschlechter gemeint sind, werde ich die grammatikalischen Geschlechter weitgehend abwechselnd verwenden (Ausnahmen entstehen durch Zitationen bzw. aus dem Versuch heraus, jeweils die Rolle des/der Analysierenden und des/der Analysierten abzuwechseln). Damit ist im Einzelnen also kein inhaltlicher Akzent gesetzt, sondern es sind die jeweils anderen Geschlechter ebenso gemeint.

über« oder »anderer Person« zu sprechen. Dabei ist besonders wichtig, dass Objekte notwendigerweise mit Selbst-Aspekten verbunden sind: Psychische Strukturen bilden sich als Internalisierungen von Interaktionen, in jedem Stadium psychischer Reife stehen Objektrepräsentanzen mit Selbstrepräsentanzen in Verbindung: Objekte gehören zur subjektiven psychischen Welt. Es lassen sich unterschiedlichen Formen der Internalisierung unterscheiden, so etwa Introjektion (als »Aufrichtung« bzw. Bildung der Objekte), Identifizierung (als Veränderung zwischen Selbst und Objekten) und Inkorporation (als Fantasie darüber, das Objekt in sich zu haben). In Behandlungen zeigen sich Teile der Objektwelt von Analysandinnen nicht nur in direkten oder indirekten figürlichen Schilderungen, sondern sie können auch Ausdruck in eher atmosphärischen Berichten (z. B. über Stimmungen oder Landschaften) finden und nicht zuletzt in der analytischen Beziehung spürbar werden.

Das führt zur vorliegenden Untersuchung des Konzepts der Übertragung. (Frühe) Beziehungserfahrungen beeinflussen das aktuelle Erleben von Beziehung und Interaktion. Dass dabei die Eltern eine vorrangige Rolle spielen, hat längst Einzug in die Populärkultur erhalten. Gibt man etwa den Suchbegriff »daddy issues« bei Google ein, erhält man eine Trefferzahl von knapp fünf Millionen (während es bei »mommy issues« nur eine halbe Million ist).

In Loriots »Klassiker« *Ödipussi* (Loriot, 1988) wird titelgemäß die konflikthafte Beziehung des Protagonisten Paul Winkelmann zu seiner Mutter zum Thema. Wir sehen ihn dabei, wie er eine weibliche Bekanntschaft als Gast in seiner Wohnung empfängt. Sie macht ihm ein Kompliment, dass er es »hübsch hier« habe, er erwidert, es reiche ihm: »Ich bin ja auch meistens bei meiner…« und bricht dann ab. Winkelmann spricht daraufhin, als Mitarbeiter eines Einrichtungsgeschäfts, über die Möbel in seiner Wohnung (die zum Teil Informationsplaketten tragen), während sich sein Besuch umsieht – und ein aufgestelltes Foto seiner Mutter findet. Er sagt: »Ja, das ist ma-ma-meine, meine Mutter, eine ganz, ganz famose Person. Ganz famos. Und das hier ist ein Sitz- und Schlaf-Kombi-Möbel…« Winkelmann hat einen Hefezopf gebacken. Als er ihn serviert, bekommt er ein Lob dafür, dass er ihn selbst gebacken habe, er meint: »Nach einem

1 Einleitung

> Rezept meiner Mutter«. Etwas später fragt sie ihn: »Sie hängen sehr an Ihrer Mutter?« Er verschluckt sich und beteuert übereilig: »Ja, schon. Jeder hängt ja wohl an seiner Mutter.« Die angestrengte und knappe Kommunikation wird von Winkelmann kurz darauf euphorisch mit »Mit Ihnen kann man wirklich über alles reden« kommentiert, bevor er sagt, er werde ihr nun etwas sagen, das er bisher einmal in seinem Leben zu einer Frau gesagt habe: Er würde sich mit ihr in einer Tonne die Niagarafälle runtertreiben lassen: »Das habe ich bisher nur zu meiner Mutter gesagt«. Sie erwidert »Da würde ich Sie dann doch bitten, lieber mit Ihrer Frau Mutter zu reisen...«

Hier zeigt sich, wie dem Protagonisten die psychische Repräsentation der Mutter dazwischenfunkt, wenn er eine Frau trifft, und er kaum von etwas anderem reden kann als seiner Mutter. Denkt man psychoanalytisch darüber nach, was hier zu sehen ist, dann geht es zunächst einmal darum, dass wir etwas an unserer Beziehungsbiografie mit uns herumtragen und dass dadurch gefärbt wird, wie wir aktuelle Beziehungen erleben. Interaktionen mit anderen schlagen sich psychisch in Beziehungsvorstellungen nieder und diese Beziehungsvorstellungen oder -repräsentanzen (im Weiteren gleichbedeutend verwendet) färben unser Erleben: Wie färbt unsere Vergangenheit unsere Gegenwart, aber auch: Wie färbt die Gegenwart unseren Rückblick auf die Vergangenheit? Dem kann in einer Untersuchung des Übertragungskonzepts nachgegangen werden (vgl. für umfassende Überblicksarbeiten und kritische Bewertungen z. B. Mertens, 1990; Zepf, 2006; Bettighofer, 2016; Körner, 2018).

Zunächst (▶ Kap. 2) wird es dabei um die Grundidee des Konzeptes in der freudianischen Psychoanalyse gehen (in zwei verschiedenen Begriffsfassungen), im Anschluss daran (▶ Kap. 3) um korrespondierende Prozesse und Zustände beim Analytiker, also um die Gegenübertragung. Danach (▶ Kap. 4) stehen unterschiedliche Formen der Übertragung bei verschiedenen psychischen Störungen im Zentrum, bevor es um die behandlungstechnische Arbeit mit Übertragung und Gegenübertragung gehen wird (▶ Kap. 5). Abschließend erfolgt ein interdisziplinärer und psychotherapieschulen-übergreifender Blick auf die Übertragung (▶ Kap. 6) und eine Zusammenfassung samt Ausblick (▶ Kap. 7).

2 Das psychoanalytische Konzept der Übertragung: Grundlagen, Verbindungen und Variationen

Es geht also, insbesondere unter Rückgriff auf die Überlegungen zum dynamisch Unbewussten und zur Objektrepräsentanz, darum, was an (Beziehungs-) Vorstellungen nicht bewusst zugänglich und trotzdem leitend ist, und andere Formen findet, sich bemerkbar zu machen. Darauf gibt das Konzept der Übertragung eine Antwort.

> In einer Folge der TV-Serie *The Sopranos* (»Pax Soprana«, 1999) sehen wir den Protagonisten Tony Soprano, einen Mafiaboss, der wegen Angstattacken eine Psychotherapie bei Dr. Melfi begonnen hat. Er spricht über Schwierigkeiten in seiner Ehe und u. a. eine Erektionsstörung. Er habe deshalb seiner Frau vorgeschlagen, sich sexyer anzuziehen. Seine Therapeutin greift das auf und spricht darüber, dass sich nicht jede Frau damit wohlfühle, Reizwäsche zu tragen. Tony antwortet, dass es ihm nicht darum gehe – manche Frauen seien sexy, wenn sie sich schlicht kleideten: »So wie Sie. Sie spielen es runter. Es ist offensichtlich, dass Sie einen Hammerkörper darunter haben.« Sie sei zart, nicht laut, wie eine Mandoline. Tony steht auf und beginnt, Dr. Melfi zu küssen, doch sie wehrt ihn ab. Angesichts ihrer Grenzsetzung (und dem Ende der Stunde) verlässt Tony gekränkt die Praxis.

Dass ein Analysand Gefühle, unter diesen eine erotische Anziehung oder Verliebtheit, entwickelt, ist kein Zufall, sondern Teil dessen, dass sich Gefühle, Wünsche, Fantasien und anderes in der therapeutischen Beziehung aktualisieren. Freud hat mit der Beschreibung der Übertragung (und Gegenübertragung) dafür eine konzeptuelle Rahmung bereitgestellt.

2.1 Die Entwicklung des Übertragungskonzepts bei Freud

Gleichwohl muss beachtet werden, dass sich das behandlungstechnische Konzept der Übertragung erst im Verlauf und in Auseinandersetzung mit einigen anderen Annahmen entwickelt hat.

2.1.1 Ursprünge des Konzepts in den *Studien über Hysterie*

In Freuds Entwicklung der Psychoanalyse als »*talking cure*« (Freud, 1910a, S. 7) gibt es einige Einflussfaktoren und Vorläufer. Im Anschluss an die Hypnose als einem wichtigen Ausgangspunkt entwickelt Freud den Gedanken einer »Druckprozedur« (1895d, S. 307): Er nimmt vorübergehend an, dass – auch ohne Hypnose – den auf der Couch liegenden Analysandinnen Wesentliches zu den Ursachen ihrer Erkrankung einfallen würde, wenn er ihnen auf die Stirn drückte: »Ich teile dem Kranken mit, daß ich im nächsten Momente einen Druck auf seine Stirne ausüben werde, versichere ihm, daß er während dieses ganzen Druckes eine Erinnerung als Bild vor sich sehen oder als Einfall in Gedanken haben werde, und verpflichte ihn dazu, dieses Bild oder diesen Einfall mir mitzuteilen« (Freud, 1895d, S. 270). Wenig verwunderlich ist, dass er dies bald zur Methode einer Arbeit mit der freien Assoziation abändert – nun geht es um das freie Folgen der Einfälle und ein möglichst spontanes Sprechen, auch ohne Druck auf die Stirn. Dabei stößt Freud auf ein »Hindernis«, jedoch kein inhaltliches (bezogen auf die Denkprozesse und -inhalte), sondern ein »äußerliches«, das mit der Beziehung zum Arzt zu tun habe: »[W]enn das Verhältnis des Kranken zum Arzte gestört ist«, bedeute es »das ärgste Hindernis, auf das man stoßen kann«. Bereits in diesem Kontext beschreibt er also hemmende Elemente des Behandlungsprozesses, und zwar in allgemeiner Form: »Man kann [...] in jeder ernsteren Analyse darauf rechnen« (a. a. O.), dass es Widerstandsphänomene gibt (vgl. Storck, in Vorb. a), also eine Art von Sträuben gegen die Veränderung, der mittels eines (professionellen) Beziehungsangebots begegnet wird. Zu dieser recht frühen Zeit der Entwicklung seines psychoanalytischen Werks geht es Freud bereits um Aspekte der therapeutischen Beziehung: »Ich habe bereits angedeutet, welche wichtige Rolle der Person des Arztes bei der Schöpfung von Motiven zufällt, welche die psychische Kraft des Widerstandes besiegen sollen. In nicht wenigen Fällen, besonders bei Frauen und wo es sich um Klärung erotischer Gedankengänge handelt, wird die Mitarbeiterschaft der Patienten zu einem persönlichen Opfer, das durch irgendwelches Surrogat von Liebe vergolten werden muß. Die Mühewaltung und geduldige Freundlichkeit des Arztes haben als solches Surrogat zu genügen.« (Freud, 1895d, S. 307f.). Hier geht es noch nicht direkt darum, dass die Analytikerin als jemand zur Verfügung steht, auf die sich die Gefühle stellvertretend richten, sondern dass sie mit ihrer unterstützenden, zugeneigten Haltung dabei hilft, das Opfer zu bringen, über Peinliches oder anderweitig Unangenehmes zu sprechen. Damit ist nun aber zugleich bereits darauf verwiesen, weshalb die analytische Beziehung so anfällig für Verliebtheitsgefühle ist: Es handelt sich um harte Arbeit und die Analytikerin stellt eine sehr intime und liebevolle Beziehung zur Verfügung. Auch aus Sicht des »frühen« Freuds zeigt sich hier allerdings nicht nur die zugewandte Haltung des Arztes (zur Überwindung des einen Widerstands, aber als Quelle eines anderen, nämlich dem Übertragungswiderstand), sondern auch eine Anklage ihm gegenüber, in der Beziehung selbst kann sich auch ein »gestörtes« Verhältnis zeigen, denn es »tritt der Kranken das Bewußtsein der Beschwerden dazwischen, die sich bei ihr gegen den Arzt angehäuft haben« (a. a. O., S. 308). Der Arzt ist Surrogat als Entschädigung für das Opfer der Überwindung der Peinlichkeit, aber auch Ziel verschiedenster anderer Gefühle.

Für Freud sind drei »Hauptfälle« von Widerstand unterscheidbar (a. a. O., S. 308f.). Dabei geht es erstens um die »leicht zu überwinden[de]« Widerstandsform, dass eine Patientin sich »beleidigt glaubt« oder »Ungünstiges über den Arzt und die Behandlungsmethode gehört« habe, was Freud als »eine Art von Missverständnis oder Fehleinschätzung« begreift. Als zweiten Fall nennt er die Furcht der Patientin, dem Arzt gegenüber ihre »Selbständigkeit« zu verlieren oder in (sexuelle) Abhängigkeit von ihm zu geraten. Darin liege ein Hemmnis, sich auf die Behandlung einzulassen, denn das Angewiesensein auf den Therapeuten liege »in der Natur der therapeutischen Bekümmerung«. Als dritte Form wird genannt: »Wenn die Kranke sich davor erschreckt, daß sie aus dem Inhalte der Analyse auftauchende peinliche Vorstellungen auf die Person des Arztes überträgt.« Hier beschreibt Freud den Kern des später genauer ausgeführten Übertragungskonzepts, indem es darum geht, dass der Analytiker nicht nur unterstützend dafür wirkt, mit Hemmnissen umzugehen, oder zum Ziel von Anklagen wird, sondern dass sich in der Beziehung zu ihm Gefühlsregungen zeigen, die mit psychischen Konflikten im Zusammenhang stehen. Freud spricht vom »regelmäßige[n] Vorkommen« in Analysen und meint, die »Übertragung auf den Arzt geschieht durch falsche Verknüpfung«.

Er veranschaulicht das Gemeinte durch das Beispiel aus einer Behandlung: »Ursprung eines gewissen hysterischen Symptoms war [… der…] ins Unbewußte verwiesene Wunsch, der Mann, mit dem sie damals ein Gespräch geführt, möchte doch herzhaft zugreifen und ihr einen Kuß aufdrängen. Nun taucht einmal nach Beendigung einer Sitzung ein solcher Wunsch in der Kranken in bezug auf meine Person auf; sie ist entsetzt darüber, verbringt eine schlaflose Nacht und ist das nächste Mal, obwohl sie die Behandlung nicht verweigert, doch ganz unbrauchbar zur Arbeit. Nachdem ich das Hindernis erfahren und behoben habe, geht die Arbeit wieder weiter und siehe da, der Wunsch, der die Kranke so erschreckt, erscheint als die nächste, als die jetzt vom logischen Zusammenhange geforderte der pathogenen Erinnerungen.« (a. a. O., S. 309). Es liegt eine große Gefahr darin anzunehmen, dass das, was eine Analysandin erschrecken lässt, letztlich immer auf den verdrängten Wunsch zurückführbar wäre, dass genau das geschehen möge, was bewusst als ängstigend erlebt wird. Das steht in einem größeren Kontext einer Diskussion über Freuds Annahmen zur sogenannten Verführungstheorie (vgl. Storck, 2018b, S. 16ff.).

Im Wunsch nach einem Kuss tritt, so Freuds Erklärung, der »Inhalt des Wunsches« ins Bewusstsein, jedoch ohne »Erinnerungen an die Nebenumstände«, d. h. ohne ein Bewusstsein dessen, in welchem Kontext der Wunsch biografisch steht. Als nächstes werde »der nun vorhandene Wunsch […] durch den im Bewußtsein herrschenden Assoziationszwang mit meiner Person verknüpft« und dabei »wacht derselbe Affekt auf, der seinerzeit die Kranke zur Verweisung dieses unerlaubten Wunsches gedrängt hat«. Bei der Fantasie nach einem Kuss durch Freud handelt es sich um ein »nach altem Muster neu produzierte Symptom[.]« (Freud, 1895d, S. 309). Sie hat eine (zunächst unerkannte) Vorgeschichte in der Biografie und der entscheidende Erkenntnisgewinn besteht darin, dass so ein Glied als Teil einer Kette gebildet wird, die zuvor nicht erkennbar gewesen ist. Von diesem Erleben nun wird in der analytischen Arbeit der Weg »zurück« entlang der Kette »pathogener Erinnerungen« genommen, hin zum Kontext des konflikthaften Wunsches.

Bei solchen Übertragungen handele es sich Freud zufolge um eine »Täuschung [...], die mit Beendigung der Analyse zerfließe«. Es sei nötig, den Patientinnen »die Natur des ›Hindernisses‹ klar zu machen«, andernfalls komme es zur Produktion eines neuen hysterischen Symptoms (a. a. O., S. 310f.). Zu dieser Zeit erscheint der Umgang mit Widerstand und Übertragung verblüffend einfach: Es wirkt, als reiche es aus, die Analysandinnen darauf hinzuweisen. Ein Hindernis bleibt es gleichwohl: »Ich war anfangs über diese Vermehrung meiner psychischen Arbeit recht ungehalten, bis ich das Gesetzmäßige des ganzen Vorgangs einsehen lernte« (a. a. O., S. 310). Zunächst nimmt er an, dass durch die beschriebenen Vorgänge alles unnötig kompliziert werde, dann erkennt er, dass sie Teile des Prozesses in analytischen Behandlungen sind, verstanden werden können und auf die Aufgabe des therapeutischen Durcharbeitens verweisen.

In die Zeit der *Studien über Hysterie* fällt auch die Behandlung, die Josef Breuer mit seiner Patientin Anna O. durchführte. In rückblickender Betrachtung schreibt Freud dem Kollegen eine wichtige Rolle in der Entwicklung des Übertragungskonzepts zu: »Breuer stand zur Herstellung der Kranken der intensivste suggestive Rapport zu Gebote, der uns gerade als Vorbild dessen, was wir ›Übertragung‹ heißen, dienen kann.«. Ihm sei jedoch »die allgemeine Natur dieses unerwarteten Phänomens« entgangen, »so daß er hier, wie von einem ›untoward event‹ betroffen, die Forschung abbrach« (Freud, 1914d, S. 49). Breuer habe Übertragungsphänomene nicht für den analytischen Prozess genutzt und konzeptualisiert.

Breuer führt mit seiner Patientin Anna O. zwischen 1880 und 1882 eine Behandlung durch, im Zuge derer er sie zum Teil auch zwei Mal am Tag sieht. In dieser Behandlung nehmen einige wichtige theoreti-

2.1 Die Entwicklung des Übertragungskonzepts bei Freud

sche Entwicklungen der Psychoanalyse ihren Ausgangspunkt, so etwa der Gedanke einer »Amnesie« im Sinne des dynamisch Unbewussten, die Idee des Widerstands, der Verdrängung, der unbewussten Fantasie und schließlich der Übertragung. Von Anna O. stammen Formulierungen über ihr »Privattheater« aus Fantasien oder die Kennzeichnung der Psychoanalyse als »talking cure«. Anna zeigt eine vielfältige Symptomatik aus Kopfschmerzen, Lähmungen, dissoziativen Phänomenen, Stimmungsschwankungen und einer Desorganisation der Sprache (»erst mehrere Monate später gelang mir, sie davon zu überzeugen, daß sie Englisch rede«; [Breuer, 1895, S. 225]), teils Mutismus, Suizidalität und Nahrungsverweigerung. Als Ausgangspunkt der Symptombildung gilt für Breuer eine schwere Krankheit des Vaters, die im Verlauf zu dessen Tod führte.

Breuer beschreibt einen Rückgang der Symptome, »nachdem sie ›aberzählt‹ waren« (a. a. O., S. 240). Diese Figur ist in der Frühzeit der Psychoanalyse, auch bei Freud, zentral und folgt der Annahme einer Katharsis: Bei der Heilung geht es darum, »eingeklemmte« Affekte abzureagieren, sie wieder mit Vorstellungen zu verknüpfen und in der Behandlung zur Sprache zu bringen. Freud kommentiert die Breuer'sche Behandlung in einem Brief an Stefan Zweig vom 2.6.1932 folgendermaßen: »Was bei Breuers Patientin wirklich vorfiel, war ich imstande, später lange nach unserem Bruch zu erraten […] Am Abend des Tages nachdem alle ihre Symptome bewältigt waren, wurde er wieder zu ihr gerufen, fand sie verworren, sich in Unterleibskrämpfen windend. Auf die Frage, was mit ihr sei, gab sie zur Antwort: Jetzt kommt das Kind, das ich von Dr. B. habe. In diesem Moment hatte er den Schlüssel in der Hand […], aber er ließ ihn fallen. […] In konventionellem Entsetzen ergriff er die Flucht, und überließ die Kranke einem Kollegen.« (Freud, 1960, S. 405f.)

Freuds erster Biograf, Ernest Jones (selbst Analytiker und enger Vertrauter Freuds), schreibt dazu: »Offensichtlich hatte Breuer für seine interessante Patientin das entwickelt, was wir heute eine starke Gegenübertragung nennen. Auf alle Fälle scheint er von nichts anderem gesprochen zu haben, so daß es seiner Frau lästig zu werden begann und sie schließlich eifersüchtig wurde. […] Als Breuer […] nach langer Zeit endlich den Grund ihres Gemütszustandes erriet, kam es bei ihm zu einer heftigen Reaktion – wahrscheinlich eine Mischung von Liebe und

Schuldgefühl –, und er beschloß, mit der Behandlung aufzuhören.« (Jones, 1960, S. 267). Anna O. war der Überzeugung, von Breuer schwanger zu sein und eine sexuelle und Liebesbeziehung mit ihm geführt zu haben, die Rede ist von einer »hysterischen Geburt« bzw. Phantomschwangerschaft. Jones formuliert weiter: »Trotz seines Schreckens gelang es ihm, sie durch Hypnose zu beruhigen, bevor er entsetzt das Weite suchte. Tags darauf fuhr er mit seiner Frau nach Venedig auf seine zweite Hochzeitsreise« und zeugte dort, so Jones, eine Tochter (a. a. O., S. 268f.). Einiges in der Darstellung Jones' ist erwiesenermaßen falsch. Breuer fuhr offenbar nicht reaktiv nach Venedig und auch die Geburt bzw. Zeugung der Tochter passt zeitlich nicht zum Ende/Abbruch der Behandlung mit Anna.

2.1.2 Eine weite Begriffsfassung von Übertragung in der *Traumdeutung*

Anders als Breuer widmet sich Freud der Konzeptualisierung solcher Phänomene. In den Jahren vor der Veröffentlichung der *Traumdeutung* und parallel zum Erscheinen der *Studien über Hysterie* arbeitet Freud an seinem neuropsychologischen Modell des Psychischen, in dem es um Besetzungen, Erregungsweiterleitung und Hemmung geht sowie darum, wie Vorstellungen miteinander verknüpft und assoziiert sind. Hier entwickelt Freud die Grundzüge der psychoanalytischen Abwehrtheorie oder von Primär- und Sekundärprozess als zwei Weisen, in denen psychische Abläufe vor sich gehen können. Als Vorläufer des Übertragungskonzepts ist insbesondere das Modell von Assoziativität relevant: Ähnlich wie zuvor in der »Reihe pathogener Erinnerungen« geht es nun um Überlegungen dazu, wie Vorstellungen auch dann miteinander verknüpft sein können, wenn diese Verbindungen nicht bewusst erlebt werden, und darum, auf welchem Weg etwas bewusst werden kann.

Freuds Überlegungen in der *Traumdeutung* sind eingebunden in ein allgemeines Konfliktmodell aus Wunsch und Verbot bzw. Abwehr. Im Traum, so die Annahme, ist die psychische Zensur, die darüber befindet, welche Vorstellungen für das bewusste Erleben annehmbar sind, »gelockert«, sie wirkt weniger streng. Nichtsdestoweniger wirken auch im Traum Mechanismen der Umarbeitung, Freud nennt vor allem die Verschiebung und Verdichtung, hinzu tritt die Rücksicht auf (bildlich-szenische) Darstellbarkeit und die sekundäre Bearbeitung. Die Traumdeutung selbst als Rückgängigmachen der Mechanismen der Traumarbeit versteht Freud als »via regia« zum Unbewussten (1900a, S. 613f.): Indem nachvollzogen wird, wie sich der manifeste Trauminhalt gebildet hat, können die latenten Traumgedanken erkannt werden. Dieses Nachvollziehen geschieht einzig über die freien Einfälle in der analytischen Stunde – statt entlang einer vorgefertigten, überindividuellen Zuordnungen von Traumsymbolen zu unbewussten Bedeutungen.

Auf diese Weise wird nicht unmittelbar »das Unbewusste« erkannt, sondern vielmehr die Mechanismen der Umarbeitung und die Assoziationsketten, also Verbindungen innerhalb der Vorstellungswelt, die zuvor als solche nicht dem Bewusstsein zugänglich gewesen sind. Eine besondere Bedeutung erfährt in der Freud'schen Konzeption dabei der Tagesrest als ein »notwendiges Ingrediens der Traumbildung« (1900a, S. 568). Freud nimmt an, »daß in jedem Traum eine Anknüpfung an die Erlebnisse des letztabgelaufenen Tages aufzufinden ist« (a. a. O., S. 170; Sperrung aufgeh., TS). Die Einbindung eines solches Tagesrestes folgt einem psychologischen Vorgang, »durch welchen [...] das gleichgültige Erlebnis zur Stellvertretung für das psychisch wertvolle gelangt« (a. a. O., S. 182). Das Aktuelle taucht nicht nur aus Gründen der zeitlichen Nähe im Traum auf, sondern auch aufgrund einer gewissen Ungefährlichkeit, die es dafür geeignet sein lässt, dass sich anderes darin einkleidet. Aus Freuds Sicht ist es so, »als ob eine Verschiebung – sagen wir: des psychischen Akzents – auf dem Wege jener Mittelglieder zustande käme, bis anfangs schwach geladene Vorstellungen durch Übernahme der Ladung von den anfänglich intensiver besetzten zu einer Stärke gelangen, welche sie befähigt, den Zugang zum Bewußtsein zu erzwingen« (a. a. O., S. 183; Sperrung aufgeh., TS). Es gibt etwas psychisch besonders Bedeutsames, das dem Bewusstsein jedoch nicht zugänglich werden darf, so dass stattdessen etwas damit assoziativ Verbundenes bewusst wird (im Rückgriff auf aus dem Tag »Verfügbares«). Die Ereignisse des Tages liefern eine Art von Pool an Bildern, so dass Unbewusstes verkleidet bewusst werden kann. Im Hintergrund stehen hier (auch) psychophysische Modelle (wie Freud sie bei Fechner findet), in denen die Idee einer Bewusstseinsschwelle eine Rolle spielt, die bestimmte Reize überschreiten, andere nicht (vgl. Storck, 2019a, S. 27ff.). Konkret verbindet Freud nun die Konzeption des Tagesrestes mit der Übertragung, wenn er annimmt, »daß die unbewußte Vorstellung als solche überhaupt unfähig ist, ins Vorbewußte einzutreten, und daß sie dort nur eine Wirkung zu äußern vermag, indem sie sich mit einer harmlosen, dem Vorbewußtem bereits angehörigen Vorstellung in Verbindung setzt, auf sie ihre Intensität überträgt und sich durch sie decken läßt. Es ist dies die Tatsache der Übertragung« (Freud, 1900a, S. 568). Wichtig ist hier, dass die Konzeption einer Übertragung nicht unbedingt beziehungshaft gedacht wird, das Konzept ist nicht darauf eingegrenzt, dass sich Affekte oder Fantasien, die aus der einen Beziehung stammen, sich in einer anderen äußeren, sondern es bezieht sich darauf, dass eine Intensität von einer Vorstellung auf eine andere übertragen wird, so dass diese statt jener bewusst wird. Das Verdrängte, so Freud, erhebt einen »Anspruch [...] auf noch assoziationsfreies Material« (a. a. O., S. 569). Die Tagesreste sind es dabei, die dem Unbewussten »etwas Unentbehrliches« liefern, nämlich »die notwendige Anheftung zur Übertragung« (a. a. O.). Es geht um ein letztlich besetzungstheoretisches Argument, es wird eine Vorstellung statt einer anderen mit Besetzungsenergie versehen und Intensität übertragen. »Übertragung« ist in dieser Fassung des Begriffs eher konkret ein Transfer (vgl. Bollas, 2006), »ein besonderer Fall der Affektverschiebung von einer Vorstellung auf die andere« (Laplanche & Pontalis, 1967, S. 552), eine »Affekt- und Bedeutungsverschiebung von unbewußten, infantilen Wunschregungen auf die Tagesreste« (Herold & Weiß, 2014, S. 1007). Dies ist das Mittel des Eintritts ins Bewusste (wenn auch entstellt bzw. unter einem »Deckmantel«).

2.1.3 Übertragung und analytische Beziehung

Die Bemerkungen Freuds stammen aus dem Jahr 1900. Recht bald wandelt sich das Konzeptverständnis stärker in Richtung der analytischen Beziehung, und in dieser Form ist es heute gängiger als in der eben herausgearbeiteten Form, in der die Übertragung den Mechanismus der Bewusstwerdung über den Umweg der Übertragung von »Intensitäten« in allgemeiner Weise auf den Begriff bringt. Laplanche und Pontalis (1967, S. 550) definieren, Übertragung bezeichne »den Vorgang, wodurch die unbewußten Wünsche an bestimmten Objekten im Rahmen eines bestimmten Beziehungstypus, der sich mit diesen Objekten ergeben hat, aktualisiert werden.« Ähnlich heißt es bei Herold und Weiß (2014, S. 1006): »Unter Übertragung verstehen wir [...] im weitesten Sinne alle Phänomene der subjektiven Bedeutungszuschreibung innerhalb einer Begegnung mindestens zweier Personen« – besonders in der Analyse: »In der Gegenwart der Analytiker-Patient-Beziehung wird die unbewusste Objektbeziehung in Szene gesetzt.«

Im Kern geht es auch hier darum, dass sich an die Beziehung zur Analytikerin oder die Bilder, die – ganz wie ein Tagesrest – durch sie zur Verfügung gestellt werden, etwas anheften kann, das an sich unbewusst ist, und so erlebbar wird. Während in der oben beschriebenen »weiten« Fassung des Übertragungskonzepts Intensitäten übertragen wurden, ist in der »engeren« Fassung hier gemeint, dass eine Beziehung eine andere vertritt bzw. etwas als Phänomen in jener verstanden wird, wo es um diese geht.

Autoren wie Bollas sehen darin eine Herabstufung der Bedeutung der Übertragung gegenüber dem früheren Sinn und warnen davor, sich in der klinischen Behandlung zu sehr auf die »Suche« nach der Übertragung zu machen, indem holzschnittartig »Eigentlich meinen Sie mich...« gedeutet würde. Es macht einen Prozess nicht unbedingt dynamisch, sondern statisch oder schablonenhaft, zu sehr die Ohren in die Richtung zu spitzen, wann der Analysand die Analytikerin erlebt wie seine Mutter oder wann er ihr etwas sagt, was er eigentlich seinem Vater sagen wollte. Aus Sicht einiger Autoren bringt der Wandel im Übertragungskonzept (oder im technischen Umgang mit Übertragungsphänomenen) eine solche Gefahr mit sich. Mertens etwa schreibt von der Gefahr einer »Feststellung der Übertragung« als Abwehr denn: »Was kann beruhigender für einen Therapeuten sein, als sich der Auffassung zu vergewissern, daß der Patient nicht ihn persönlich meint, sondern Vater oder Mutter?« (Mertens, 1990, S. 178). Bei einer übermäßig angestrengten Bemühung, herauszufinden, welche Person für eine andere steht und wann der Analytiker nur »vertretungsweise« gemeint ist, wird dem konkreten Beziehungsgeschehen ausgewichen.

2 Das psychoanalytische Konzept der Übertragung

Auch in einer Behandlung Freuds treten Übertragungsphänomene besonders deutlich zutage und führten in eine genauere Konzeptualisierung, nämlich in der Behandlung mit Dora (Freud, 1905e). Er behandelt die damals 18jährige Patientin im Herbst und Winter 1900, schreibt seine Gedanken dazu 1901 nieder und 1905 wird die Falldarstellung veröffentlicht. Als Hauptzeichen Doras werden »Verstimmung und Charakterveränderung« benannt, sie leidet Freud zufolge an einer Hysterie. In der von Dora frühzeitig abgebrochenen Behandlung sei »[g]erade das schwierigste Stück der technischen Arbeit […] nicht in Frage gekommen, da das Moment der ›Übertragung‹ […] während der kurzen Behandlung nicht zur Sprache kam.« (a. a. O., S. 170).

Dora berichtet Freud von einem »Liebesantrag« Herrn K.s, einem Freund der Familie, gegenüber Dora, der dies geleugnet habe (im Hintergrund steht eine Affäre von Doras Vater mit Frau K.), woraufhin sich Doras Zustand verschlechtert habe. Später in der Behandlung erinnert Dora eine Szene im Alter von 14 Jahren, als Herr K. versucht habe, sie zu küssen. Freuds etwas problematische Annahme ist, dass sich hier eine »Affektverkehrung« Doras zeigt, von lustvoller Erregung in Unlust (a. a. O., S. 187). Die Patientin habe es als lustvoll erlebt, dass der Mann ihr Avancen macht und dies ins Gegenteil verkehrt, so dass sie stattdessen empört gewesen und geängstigt reagiert habe, aber eigentlich, so Freud, findet sich darin ein (abgewehrter) Wunsch nach erotischer Nähe. Freud diskutiert ausführlich die möglichen Gefühle Doras dem eigenen Vater gegenüber, erkundet die sexuellen Fantasien und nimmt an, dass Dora in ihren Vater verliebt gewesen sei und sich diese Verliebtheitsgefühle verschoben und entstellt an Herrn K. gezeigt hätten.

Freuds Deutung an Dora lautet: Auf Herrn K.s Werben hin habe sie diesen zurückgewiesen und gehofft, er meine es ernst und werde das Werben fortsetzen; seine Leugnung habe sie gekränkt. Doras Reaktion darauf beschreibt er in folgender Weise: »Sie hatte zugehört, ohne wie sonst zu widersprechen. Sie schien ergriffen, nahm auf die liebenswürdigste Weise mit warmen Wünschen zum Jahreswechsel Abschied und – kam nicht wieder. […] Es war ein unzweifelhafter Racheakt, daß sie in so unvermuteter Weise, als meine Erwartungen auf glückliche Beendigung der Kur den höchsten Stand einnahmen, abbrach und diese Hoffnungen vernichtete.« (a. a. O., S. 272). Freuds Argument ist, dass Dora

2.1 Die Entwicklung des Übertragungskonzepts bei Freud

hier ihren aggressiven Wünschen Freud gegenüber (hinter denen die Gefühle für Herrn K. stehen, hinter denen wiederum Gefühle für den Vater stehen) einen Ausdruck verleihe, diese aber nicht in der Behandlung äußert, sondern im Abbruch in Szene setzt.

Freud reflektiert, was nötig gewesen wäre, damit Dora in der Behandlung geblieben wäre. Er versteht ihre Rachewünsche und den Behandlungsabbruch als Phänomene einer (unerkannten und ungedeuteten) Übertragung. Hätte er diese erkannt und mit Dora bearbeitet, dann hätten die Gefühle innerhalb der Analyse einen Platz finden können. Anhand dieser Erfahrung entwickelt Freud nun das Konzept der Übertragung weiter. Er nimmt an, dass es im Verlauf einer Behandlung keine Neubildung von Symptomen gebe, jedoch: »Die Produktivität der Neurose ist [...] durchaus nicht erloschen, sondern betätigt sich in der Schöpfung einer besonderen Art von meist unbewußten Gedankenbildungen, welchen man den Namen ›Übertragungen‹ verleihen kann« (a. a. O., S. 279). Symptome setzten sich in Übertragungsphänomene um bzw. kann man die Übertragungsbildung als solche mit dem Symptom vergleichen. Darin besteht eine Entlastung (vom Druck, Unbewusstes in Schach zu halten), aber auch eine Intensivierung der analytischen Beziehung. Später wird Freud es genauer darstellen, dass es hier – vermittels von Setting, Haltung und Interventionen – für die Psychoanalyse auch um das Herstellen einer Übertragungsneurose geht (▶ Kap. 2.1.5), um das Zentrieren der Symptome auf die Person des Analytikers, damit sie dort verstanden und etwas an ihnen verändert werden kann.

In der Reflexion des Dora-Falles kommt Freud zur Definition der Übertragung: »Was sind Übertragungen? Es sind Neuauflagen, Nachbildungen von den Regungen und Phantasien, die während des Vordringens der Analyse erweckt und bewußt gemacht werden sollen, mit einer für die Gattung charakteristischen Ersetzung einer früheren Person durch die Person des Arztes. Um es anders zu sagen: eine ganze Reihe früherer psychischer Erlebnisse wird nicht als vergangen, sondern als aktuelle Beziehung zur Person des Arztes wieder lebendig.« (a. a. O., S. 279f.). Damit ist ganz grundlegend gemeint, dass in der Analyse Aspekte anderer (meist früherer) Beziehungen in der Beziehung zur Analytikerin erlebt werden. Es geht nicht um eine mechanische, deterministische Vorstellung von Wiederholung oder Verschaltung (dabei hilft die Erinnerung an die Wurzeln des »breiten« Übertragungsverständnisses, dahingehen, dass die Beziehung zum Analytiker eine Art Tagesrest liefert, der es möglich macht, Assoziationen in Gang zu bringen). Deshalb spricht Freud davon, die Übertragungen seien mal »einfache Neudrucke, unveränderte Neuauflagen«, mal aber auch »kunstvoller gemacht«, mit »Milderung des Inhalts«, in Form von »Neubearbeitungen, nicht mehr Neudrucke[n]« (a. a. O., S. 280). Auch hier ist entscheidend, dass Freud von einer Allgegenwärtigkeit von Übertragungsphänomenen ausgeht, erst recht in der klinischen psychoanalytischen Situation, denn Übertragungen werden vom Kranken »regelmäßig auf die Person des Arztes« vorgenommen (a. a. O., S. 281). Das ist nun nicht nur eine Feststellung über das Auftauchen bestimmter Phänomene in der Analyse, sondern wird von Freud auch als eine Voraussetzung analytischen Arbeitens verstanden: »Wenn man sich in die Theorie der analytischen Technik einläßt, kommt man zu der Einsicht, daß die Übertragung etwas notwendig Gefordertes ist.« (a. a. O.). Man könne ihr daher nicht ausweichen, sondern müsse »diese letzte Schöpfung der Krankheit« »bekämpfen«, so Freud zu dieser Zeit (die Übertragung, in die sich die Symptome umsetzen, ist also notwendige Bedingung für deren Beseitigung) mit einem Blick auf die Übertragung, die dieses eher als Hindernis bezeichnet: »Zu umgehen ist sie aber nicht, da sie zur Herstellung aller Hindernisse verwendet wird, welche das Material der Kur unzugänglich machen«.

In diesem frühen Verständnis sind Übertragungsphänomene vor allem Anzeichen des (Behandlungs-) Widerstands (vgl. a. Storck, in Vorb. a) bzw. genauer gesagt: Freud begegnet die Übertragung zunächst in Form eines Widerstands (ihm gilt z. B. die Verliebtheit einer Patientin in ihren Arzt insofern als Widerstand, als so der professionellen Rolle und Aufgabe der Veranderung ausgewichen wird), jedoch wird ihm bereits hier ersichtlich, dass auf diese Weise etwas zugänglich wird, das nicht verbalisiert oder bewusst erlebt wird. Er formuliert: »Die psychoanalytische Kur schafft die Übertragung nicht, sie deckt sie bloß, wie anderes im Seelenleben Verborgene, auf. [...] In der Psychoanalyse werden [...] alle Regungen, auch die feindseligen, geweckt, durch Bewußtmachen für die Analyse verwertet, und dabei wird die Übertragung immer wieder vernichtet. Die Übertragung, die das größte Hindernis für die Psychoana-

2.1 Die Entwicklung des Übertragungskonzepts bei Freud

lyse zu werden bestimmt ist, wird zum mächtigsten Hilfsmittel derselben, wenn es gelingt, sie jedesmal zu erraten und dem Kranken zu übersetzen.« (Freud, 1905e, S. 281). Die Übertragung ist also ein entscheidendes Mittel dabei, dem Unbewussten auf die Spur zu kommen, nämlich dann, wenn man in Betracht zieht, dass Analysandinnen Angaben über das, was ihnen unbewusst ist, nicht einfach in direkter Form machen können (vgl. a. Storck, 2019b, S. 115ff.). Übertragungsprozesse sind eine Art von Beziehungsdiagnostik jenseits des Verbalisierbaren.

Freud meint zu seiner Behandlung mit Dora, es sei ihm nicht gelungen, »der Übertragung rechtzeitig Herr zu werden« (Freud, 1905e, S. 282), er habe vergessen, »auf die ersten Zeichen der Übertragung zu achten«, in erster Linie im Hinblick auf eine Aktualisierung der Liebesenttäuschung und Rachewünsche Herrn K. (und dem Vater) gegenüber. Er meint: »Zu Anfang war es klar, daß ich ihr in der Phantasie den Vater ersetzte […] Als dann der erste Traum kam, in dem sie sich warnte, die Kur zu verlassen wie seinerzeit das Haus des Herrn K., hätte ich selbst gewarnt werden müssen und ihr vorhalten sollen: ›Jetzt haben Sie eine Übertragung von Herrn K. auf mich gemacht.‹« (a. a. O., S. 282). Dann wäre eine »Lösung dieser Übertragung« möglich gewesen, aber Freud habe die »erste Warnung« überhört: »So wurde ich denn von der Übertragung überrascht und wegen des X, in dem ich sie an Herrn K. erinnerte, rächte sie sich an mir, wie sie sich an Herrn K. rächen wollte, und verließ mich, wie sie sich von ihm getäuscht und verlassen glaubte. Sie agierte so ein wesentliches Stück ihrer Erinnerungen und Phantasien, anstatt es in der Kur zu reproduzieren.« (a. a. O., S. 283). Das ist hier offensichtlich Freuds Lesart, es gibt auch Interpretationen, die stärker den Bezug Doras auf die Mutter und die Inszenierung einer mütterlichen Übertragung herausheben (allgemeiner Überblick z. B. bei King, 2006). Hinzu kommt, dass hier Freuds Gestaltung der Behandlung eine (von ihm unerkannte) Rolle gespielt haben könnte, nämlich dahingehend, dazu beigetragen zu haben, dass sich die Szene einer »Bedrängung durch Sexualität« konstelliert. Dessen ungeachtet entwickelt Freud in der rückblickenden Auseinandersetzung mit der Dora-Analyse auch das Konzept des Agierens (Storck, 2013). Freuds Schilderung des Behandlungsabbruchs Doras allerdings auch mutet an, als wäre bei ihm hier auch die Rolle desjenigen gelandet, dessen Liebeswerben nicht beantwortet wird – Dora gibt ihm einen Korb und kommt nicht weiter zu ihm (▶ Kap. 3 zur Gegenübertragung).

In späteren Bemerkungen zur Übertragung versteht Freud (1912b, S. 364) als deren Grundlage den Erwerb »eine[r] bestimmte[n] Eigenart«, »das Liebesleben aus[zu]üben«, in der Kindheit. Freud verfolgt die Annahme, die (neurotischen) Symptome seien die »Sexualbetätigung der Kranken«; wenn man dann weiter annimmt, dass die Übertragung auch als ein Ersatz für die Symptome aufgefasst werden soll, dann wird die Übertragung zu einem Ort, an dem sich (sexuelle und andere) Fantasien ausdrücken. Wichtig ist außerdem, dass Übertragungsvorgänge nur bedingt an eine Logik von Alter oder Geschlecht gebunden sind – auch in der analytischen Beziehung zu einer 30 Jahre jüngeren Therapeutin kann ein Patient prinzipiell eine Vaterübertragung ausbilden.

Nun bestehen Übertragungsphänomene nicht immer nur in Verliebtheitsgefühlen. Freud unterscheidet die Übertragung »zärtlicher Gefühle« (»positive Übertragung«) und die Übertragung »feindseliger Gefühle« (»negative« Übertragung) und weist außerdem allgemein in der Übertragung bzw. der analytischen Beziehung eine »bewußtseinsfähige und unanstößige Komponente« (a. a. O., S. 371) aus, die eine wichtige Grundlage für das therapeutische Arbeitsbündnis darstellt und es einer Analysandin erst möglich macht, sich im Prozess mit Verunsicherung, negativen Gefühlen oder schmerzlichen Erinnerungen auseinander zu setzen und in der Arbeit mit dem Analytiker darüber zu sprechen. Dann erst kann es in der Übertragung auch um andere Gefühle als die Sehnsucht oder Verliebtheit gehen.

2.1.4 Freuds Bemerkungen über die Übertragungsliebe

In der Arbeit »Bemerkungen über die Übertragungsliebe« schreibt Freud (1915a, S. 306), »die einzigen wirklich ernsthaften Schwierigkeiten bei der Handhabung der Übertragung« bestünden darin, »daß eine weibliche Patientin durch unzweideutige Andeutungen erraten läßt oder es direkt ausspricht, daß sie sich wie ein anderes sterbliches Weib in den sie analysierenden Arzt verliebt hat«.

2.1 Die Entwicklung des Übertragungskonzepts bei Freud

Wie erwähnt, ist eine Grundlage des analytischen Arbeitens darin zu sehen, was ein Analysand in die Beziehung hineinbringt, auch diejenigen Gefühle und Fantasien, die deplatziert erscheinen, unter ihnen die Verliebtheitsgefühle. Freud meint: »Für den wohlerzogenen Laien [...] sind Liebesbegebenheiten mit allem anderen inkommensurabel.« (Freud, 1915a, S. 307). Dass sich eine Patientin in den Arzt verliebt, kann, so Freud, dem nicht-analytischen Blick zufolge in zwei Ausgänge münden: Erstens eine »dauernde legitime Vereinigung« beider (spätestens heutzutage muss gesagt werden, dass darin nicht viel »Legitimes« gesehen werden kann), zweitens, »daß Arzt und Patientin auseinandergehen« und eine Aufgabe der »durch ein Elementarereignis gestört[en]« Arbeit erfolgt.

Freud beschreibt für die psychoanalytische Arbeit noch einen dritten Ausgang aus der Verliebtheit der Patientin in den Arzt, der mit einer Fortsetzung der Kur vereinbar ist. Die Verliebtheitsgefühle seien »unvermeidlich« (a. a. O., S. 306), eine »mit Sicherheit eintreffende Tatsache« (a. a. O., S. 308). Daher müsse der Analytiker »erkennen, daß das Verlieben der Patientin durch die analytische Situation [v. a. regressionsförderndes Setting, aber auch die Realität der Zuwendung; TS] erzwungen wird und nicht etwa den Vorzügen seiner Person zugeschrieben werden kann, daß er also gar keinen Grund hat, auf eine solche ›Eroberung‹ [...] stolz zu sein.« (a. a. O., S. 308). Die Verliebtheit wird durch das analytische Setting mehr oder minder regelhaft hergestellt, sie ist nicht der besonderen Attraktivität des Analytikers geschuldet. Es liegt auf der Hand, dass dieser sich in der Arbeit mit der Übertragung und insbesondere der Übertragungsverliebtheit auf einem schmalen Grat bewegt, wenn es um intensive Gefühle im Rahmen der professionellen Beziehung geht. Freud stellt daher die Forderung nach Abstinenz auf, wenn er formuliert, »daß die analytische Technik es dem Arzte zum Gebote macht, der liebesbedürftigen Patientin die verlangte Befriedigung zu versagen«. Das bedeutet, dass er nicht »konkret« auf ein Liebeswerben eingehen, sondern dies analytisch verstehen soll, als eine Reinszenierung und damit als eine Erkenntnisquelle im Hinblick auf Triebregungen und Objektvorstellungen. Weiter heißt es: »Die Kur muß in der Abstinenz durchgeführt werden; ich meine dabei nicht allein die körperliche Entbehrung [...] Sondern ich will den Grundsatz aufstellen, daß man Bedürfnis und Sehnsucht als zur Arbeit und Veränderung treibende Kräfte bei der Kranken bestehen lassen und sich hüten muß, dieselben durch Surrogate zu beschwichtigen« (a. a. O., S. 313). Freuds Argument lautet, dass die Gewährung der Befriedigung von Triebwünschen in der Analyse nicht nur missbräuchlich wäre, sondern der Arbeit schon allein deshalb entgegenstünde, weil dann keine Veränderung möglich würde. Die Abstinenzforderung hat also zunächst einmal ganz konkret eine praktische Bedeutung: keine sexuelle oder Liebesbeziehung mit dem Analysanden einzugehen. Darüber hinaus geht es darum, von einer Befriedigung der Wünsche der Analysandin abzusehen, und in einem noch weiter gefassten Sinn darum, dass der Analytiker die Analyse nicht zur Befriedigung seiner eigenen Bedürfnisse (sexuelle, narzisstische, kontraphobische) missbrauchen darf. Die Analyse ist dazu da, dass die Patientin sich besser fühlt, nicht dass der Analytiker sich besser fühlt!

Aus heutiger Sicht ist diese Konzeption (Verliebtheitsgefühle entstehen durch das Setting, sind dort »erlaubt« und sogar Teil des Arbeitens mit Beziehungsfantasien) zwar erklärungsbedürftig, aber konzeptuell plausibel. Zu Freuds Zeit wirkt das ungleich kurioser, so dass er sich auch damit auseinandersetzt, was nun Angehörige (Vater oder Gatte) der Patientinnen davon halten mögen. Er schildert zwar, es sei »schließlich ein ähnlicher Fall wie der der gynäkologischen Behandlung.« (a. a. O., S. 309), allerdings kann man dem nur bedingt folgen; um Intimes geht es dort auch, aber ob das Intime nun die Anatomie ist oder das Gefühlsleben in einer intimen Beziehung, dürfte doch einen Unterschied machen. Freud meint, dass eine »Verliebtheit in den Arzt« auch in anderen als in analytischen Behandlungen stattfinde (sie ist als solches kein Spezifikum dieser, sie wird nur durch Setting, Rahmen und Technik gefördert und vertieft[2]), dort aber nicht ausgesprochen und analysiert werde, mithin nicht Teil der (professionellen) Arbeit sei. Es

---

2 Freud schreibt andernorts: »Die Übertragung stellt sich in allen menschlichen Beziehungen ebenso wie im Verhältnis des Kranken zum Arzte spontan her, sie ist überall der eigentliche Träger der therapeutischen Beeinflussung, und sie wirkt umso stärker, je weniger man ihr Vorhandensein ahnt. Die Psychoanalyse schafft sie also nicht, sie deckt sie bloß dem Bewußtsein auf, und bemächtigt sich ihrer« (1905a, S. 55).

gehe bei all dem nun nicht um eine Aufforderung an die Patientin, »sich nur in den Arzt zu verlieben, damit die Analyse vorwärtsgehe'«, denn, so Freud weiter: »Ich kann mir nicht leicht eine unsinnigere Technik vorstellen.« (a. a. O., S. 309). Vielmehr geht es bei der Übertragung um unbewusste und gleichsam spontane Vorgänge – erst dann kann sie Übertragung im eigentlichen Sinn sein, also etwas, das unbewussten Aspekten des Seelischen die Möglichkeit einer »Anheftung« liefert.

Zunächst erscheint für Freud fraglich, ob »etwas für die Kur Förderliches entstehen könnte«, denn »[d]ie Patientin [...] hat plötzlich Verständnis und Interesse für die Behandlung verloren, will von nichts anderem sprechen und hören als von ihrer Liebe, für die sie Entgegnung fordert; sie hat ihre Symptome aufgegeben oder vernachlässigt sie, ja, sie erklärt sich für gesund [die Übertragung fungiert als ein Ersatz für die Symptome; TS]. Es gibt einen völligen Wechsel der Szene, wie wenn ein Spiel durch eine plötzlich hereinbrechende Wirklichkeit abgelöst würde, etwa wie wenn sich während einer Theatervorstellung Feueralarm erhebt. [...] Mit etwas Besinnung findet man sich zurecht.« (a. a. O., S. 309f.). Hier wird einmal mehr die Annahme entscheidend, dass hinter der »stürmischen Liebesforderung« ein Widerstand stehe. Freud sieht im »Bestreben der Patientin, sich ihrer Unwiderstehlichkeit zu versichern«, einen Versuch, »die Autorität des Arztes durch seine Herabsetzung zum Geliebten zu brechen« (a. a. O., S. 310f.) und so der Veränderung etwas entgegenzusetzen bzw. die »Liebeserklärung als Mittel« zu verwenden, »um den gestrengen Analytiker auf die Probe zu stellen«. Der Widerstand steigert wiederum die Verliebtheit, so dass die Verdrängung intensiviert wird und deren Aufhebung umso erschwerter ist.

Auch aus diesem Grund vertritt Freud die Position, »daß der Analytiker nie und nimmer die ihm angebotene Zärtlichkeit annehmen oder erwidern dürfe« (a. a. O., S. 311) – d. h. nicht nur aus moralischen oder ethischen Gründen allein, sondern auch aus behandlungstechnischen. Wichtig ist dabei die Unterscheidung zwischen einer »Annahme« und einer »Erwiderung«. Es geht sehr wohl darum, dass der Analytiker sich als Ziel der auch zärtlichen Wünsche (ebenso wie der aggressiven) zur Verfügung stellt (Sandler, 1976, nennt das Rollenübernahmebereitschaft) und diese in diesem Sinn »annimmt«. Damit ist allerdings weder gemeint, dass er konkret angebotene zärtliche Handlungen annimmt, noch dass er etwas konkret handlungsmäßig insofern erwidert, als er Übertragungsphänomene auf die Ebene einer konkreten sexuellen oder erotischen Beziehung hebt. Sie sollen verstanden werden und sind dann Schlüssel zum Verständnis einer Erkrankung oder der psychischen Struktur überhaupt, aber eben auf der Ebene von Gefühlen, Fantasien und Assoziationen, nicht auf der Ebene der (unreflektierten, nicht-verstandenen) Handlungen.

Der Analytiker stellt sich als Objekt von Fantasien zur Verfügung, nimmt seine emotionale Antwort darauf wahr und ernst. Es solle keine Ermutigung der Analysandin zur »Triebunterdrückung« erfolgen (a.a.O., S. 312), denn ebenso wenig wie die Befriedigung der Triebwünsche in der Übertragungsbeziehung erlaubt ist, würde die schiere Unterdrückung jener die Veränderung von Abwehrstrukturen bewirken: »Die Gewährung des Liebesverlangens der Patientin ist also ebenso verhängnisvoll für die Analyse wie die Unterdrückung desselben.« (a.a.O., S. 314).

Konsequenterweise diskutiert Freud auch die Frage nach »echter« Liebe in der analytischen Beziehung (a.a.O., S. 316ff.). Er meint, dass die »Echtheit des Phänomens […] auch durch den Widerstand nicht entkräftet« werde und dass die »Neuauflage alter Züge« als »der wesentliche Charakter jeder Verliebtheit« zu gelten habe. Das heißt, Freud erkennt an, dass jede Verliebtheit mit der je eigenen Beziehungsbiografie zu tun hat, sowie ferner, dass Verliebtheit sich nicht in »eingebildet« und »echt« unterteilen lässt, mit der Folge, dass die Übertragungsverliebtheit mit authentischen Gefühlen verbunden ist. In der analytischen Situation wird allerdings gegenüber der Realbeziehung die Herkunft der aktuellen, »echten« Gefühle aus anderen Quellen intensiviert und besonders betrachtet. Angesichts der emotionalen »Echtheit« und Unmittelbarkeit erhebt sich umso mehr die Forderung an den Analytiker, »daß er keinen persönlichen Vorteil aus ihr ziehen darf« (a.a.O., S. 318), die Arbeit in der Übertragungs-Gegenübertragungsbeziehung ist mit einem hohen Maß von Verantwortung (z.B. zur Abstinenz und zum Vorrang von Verstehen und Deutung) verbunden und, so Freud, »[b]esonders der jüngere und noch nicht fest gebundene Mann mag die Aufgabe als eine harte empfinden.« (a.a.O., S. 319). Hier verbinden sich ethische und techni-

sche Motive; die Arbeit von Ethikkommissionen zeigt, dass weniger der
»jüngere [...] Mann« für professionelle Grenzüberschreitungen und Entgleisungen anfällig ist, sondern eher der mittelalte Mann in einer persönlichen Krise (Allert, 2017, S. 58). Weitere Kommentare zu Freuds »Bemerkungen über die Übertragungsliebe« finden sich bei Spector Person, Hagelin und Fonagy (2013) oder Krutzenbichler und Essers (2010).

2.2 Konzeptuelle Zusammenhänge

In der klassischen Auffassung kann einer Definition Greensons gefolgt werden: »Als Übertragung bezeichnen wir eine besondere Art der Beziehung zu einer Person; sie ist ein besonderer Typus von Objektbeziehung. Das Hauptmerkmal ist das Erleben von Gefühlen einer Person gegenüber, die zu dieser Person gar nicht passen und die sich in Wirklichkeit auf eine andere Person beziehen. Im Wesentlichen wird auf eine Person in der Gegenwart so reagiert, als sei sie eine Person in der Vergangenheit.« (Greenson, 1967, S. 163). Hier zeigt sich die oben erwähnte Eingrenzung des Übertragungskonzepts auf das Beziehungshafte. Für Greenson ist die Übertragung »Neuauflage einer alten Objektbeziehung«, er sieht in ihr »ein in erster Linie unbewußtes Phänomen« (a. a. O., S. 163f.). Übertragungsreaktionen seien »immer unangemessen, in bezug auf die Qualität, die Quantität oder die Dauer der Reaktion. Man kann übermäßig, zu wenig oder bizarr auf das Übertragungsobjekt reagieren. Die Übertragungsreaktion ist im aktuellen Zusammenhang unangemessen, aber sie war früher einmal eine angemessene Reaktion auf eine Situation der Vergangenheit.« (a. a. O., S. 164).

Ich werde im folgenden Abschnitt einige Zusammenhänge entlang der Konzepte Unbewusstes, (Übertragungs-) Widerstand, Übertragungsneurose, Regression und Durcharbeiten zusammenfassen, auf einige Aspekte werde ich in Kapitel 5 zurückkommen.

Von einer Unbewusstheit der Übertragung kann zum einen dahingehend gesprochen werden, dass die Quellen der Gefühle und Fantasien, die sich bezogen auf die Analytikerin zeigen, unbewusst sind (also funktionell nicht dem bewussten Erleben zugänglich). Das kann zum Beispiel heißen, dass hinter einer Übertragungsliebe zum Analytiker eigentlich eine Angst vor dem verborgen ist, wofür er steht, u. U. Veränderung oder Trennung. Zum anderen ist auch eine Unbewusstheit darin zu sehen, dass die Übertragung zumindest in Teilen einen Widerstandscharakter hat, sie hat zumindest im Freud'schen Verständnis u. a. den Zweck, Heilung und Veränderung zu hemmen. Schließlich können auch Gefühle im Zusammenhang der Übertragung selbst unbewusste Aspekte haben (etwa eine sich nur in der Körperhaltung ausdrückende Angst oder Wut). In der weiteren Konzeptentwicklung ist ferner wichtig, dass man auch dort von Übertragungen sprechen kann, wo nicht explizit Gefühle dem Analytiker gegenüber erlebt geäußert werden, sondern dass sich Übertragungsaspekte auch in der Art des Sprechens oder in der Färbung des Kontakts zeigen können. Gerade im Sinne des weiter gefassten Übertragungskonzepts heißt das, dass sich letztlich prinzipiell alles dazu eignet, dass sich übertragungslogisch etwas daran »anheftet«, nicht nur personale Aspekte der Analytikerin.

Die Übertragung gilt ferner als »der stärkste Widerstand« (Freud, 1912b, S. 366) in Behandlungen. Die Kehrseite der Annahme, dass sich Unbewusstes in der Übertragung an eine bewusstseinsfähige Vorstellung anheftet, ist darin zu sehen, dass sich in Übertragungsphänomenen eine Anziehung durch Unbewusstes zeigt, die Freud mit der Annahme einer »Klebrigkeit der Libido« (1916/17, S. 360f.) verbindet: Nicht nur wird etwas durch Übertragungsvorgänge in entstellter Form bewusst, zugleich bleibt auch ein Anteil der Übertragung unbewusst, eben weil diese mit anderen unbewussten Erlebnisaspekten verbunden ist, welche von ihr überdeckt werden. Freud sieht darin »auf den ersten Blick ein [en] riesige[n] methodischer Nachteil der Psychoanalyse«, was sich bisher auch in den Bemerkungen zur Übertragung als dem größten Hindernis gezeigt hat. Mit dem Konzept des Widerstands (vgl. a. Storck, in Vorb. a) ist alles gemeint, »was in den Handlungen und Worten des Analysierten sich dem Zugang zu seinem Unbewußten entgegenstellt.« (Laplanche & Pontalis, 1967, S. 622) bzw. »die unbewussten Kräfte, die sich gegen den Fortschritt der psychoanalytischen Behandlung richten« (Ermann, 2014b, S. 1078) oder »all das […], was sich im Patienten den

Beeinflussungsversuchen des Arztes, die auf das Erinnern zielen, widersetzt« (Zepf, 2006, S. 368). Widerstand meint also Widerstand gegen die Veränderung und in diesem Zusammenhang sieht Freud die Übertragung im Ursprung der konzeptuellen Entwicklung: Sich in den Arzt zu verlieben und ihn in dieser Weise zu sehen und Wünsche an ihn zu richten, vermeidet die Arbeit mit ihm als einem professionellen Gegenüber, das dazu da ist, therapeutisch zu helfen. Zur Überwindung der Widerstände genügt es nicht, dem Analysanden den Sinn seiner Symptome mitzuteilen (ebenso wenig wie eine Bearbeitung der Übertragung allein darin bestehen kann, sie einem Analysanden zu benennen), sondern es bedarf des Durcharbeitens (▶ Kap. 5.4.5). Freud (1926d, S. 192) differenziert zwischen verschiedenen Widerstandsformen entlang der drei psychischen Instanzen, wenn er vom Es-Widerstand, dem Über-Ich-Widerstand und Ich-Widerständen spricht – unter den letztgenannten ist der Übertragungswiderstand zu finden, der sich genau genommen seinerseits in zwei Formen unterteilen lässt: in den Widerstand, in dem die Übertragung besteht, und im Widerstand gegen die Entwicklung einer vertieften Übertragung (vgl. z. B. Gill, 1982). Allgemein ist Ermanns (2014b, S. 1079) Aussage zu folgen: »Im Grunde hat jeder Widerstand [...] einen Übertragungsaspekt«.

Zugleich erkennt Freud aber auch, dass die Symptome »nur in der erhöhten Temperatur des Übertragungserlebnisses gelöst [...] werden« (Freud, 1905a, S. 55) können, worin eine Grundlage für Veränderungsprozesse zu sehen ist, oben war das unter der Kennzeichnung der Übertragung als mächtigstes Hilfsmittel aufgetaucht. Die Übertragungsphänomene erweisen »uns den unschätzbaren Dienst [...], die verborgenen und vergessenen Liebesregungen der Kranken aktuell und manifest zu machen, denn schließlich kann niemand *in absentia* oder *in effigie* erschlagen werden« (Freud, 1912b, S. 374). Ihnen komme eine »kaum zu überschätzende Rolle« in der »Dynamik des Heilungsvorganges« (Freud, 1923a, S. 223) zu, in ihnen besteht ein unbewusstes Mittel, (biografische) Beziehungserlebnisse in Szene zu setzen, die nicht benannt werden können. Mit Hilfe der Übertragung lassen sich »die verschlossensten Fächer des Seelenlebens eröffnen« (Freud, 1916/17, S. 461). Ebenso wie sich Symptomatik und Ätiopathogenese nur als in Beziehungen und im Affekterleben entstanden denken lassen, so lassen sich auch psychotherapeutische Veränderungsprozesse nur über diese beiden Elemente auf den Weg bringen. Auch über die Wiederholung als Übertragung in der analytischen Beziehung kann gesagt werden, dass sie an sich nicht Selbstzweck ist – nicht die Wiederholung an sich ist entlastend oder zeigt einen anderen Weg des Umgangs auf, sondern sie liefert die Grundlage dafür, per Einsichtsförderung, Durcharbeiten u. a. eine Veränderung einzuleiten. Ohne die affektive Beteiligung in der aktuellen therapeutischen Beziehung keine Veränderung. Für lassen sich einige konzeptuelle Grundlagen in Übertragungsneurose, Regression und Durcharbeiten finden.

Freud (1914g) zieht eine direkte konzeptuelle Verbindung zwischen Übertragung und Wiederholung in seiner Arbeit *Erinnern, Wiederholen und Durcharbeiten* von 1914. Darin heißt es: »[D]ie Übertragung ist selbst nur ein Stück Wiederholung und die Wiederholung ist die Übertragung der vergessenen Vergangenheit nicht nur auf den Arzt, sondern auch auf alle anderen Gebiete der gegenwärtigen Situation« (a. a. O., S. 130). Übertragungen, verstanden als Aktualisierung von Aspekten der Beziehungsbiografie, treten überall auf, nur sind sie ungesteuert, meist nicht vertieft und nicht unmittelbar mit einem Impetus des Verstehens verbunden. Freud formuliert daher die Idee, »den wilden Trieben den Zügel der Übertragung anzulegen« (a. a. O., S. 134). Das bedeutet für ihn, in der analytischen Arbeit die Übertragung in Richtung der Ausbildung einer »Übertragungsneurose« zu vertiefen. Damit meint er eine Zentrierung der (neurotischen) Symptome auf die Person des Analytikers bzw. die Beziehung zu ihm; das hat zum einen den Vorteil eines Schutzes der »Außenbeziehungen« und eine Entlastung von Symptomen, zum anderen liefert es, wie oben beschrieben, insofern die Grundlage des Arbeitens, als hier die affektive und biografisch bedeutsame Beteiligung in die professionelle Beziehung eintritt Darin sieht Freud eine Art des (potenziellen) »Erinnerns«. In der Übertragung wird etwas wiederholt und der analytische Prozess besteht darin, dies als etwas zu erleben, das auch mit »Erinnerung« zu tun hat (derart, dass die Übertragung eine Form dafür bereitstellt, Gefühle erleben und ausdrücken zu können, die unzugänglich waren), die in ihrer Bedeutung dann im nächsten Schritt durchgearbeitet werden.

Die Übertragung steht dabei im Zusammenhang mit dem Konzept der Regression. In analytischen Prozessen soll die Übertragung intensiviert oder vertieft werden. Erreicht wird das durch eine Förderung der Regression, also dem Zugang so weniger vernunftgeleiteten oder »erwachsenen« Erlebnismodi oder Fantasien, so dass sich eine Übertragungsneurose konstelliert. Regression »bezeichnet einen Vorgang, in dem ein Individuum [...] ein schon erreichtes psychisches Struktur- oder Funktionsniveau verläßt und zu einem lebensgeschichtlich früheren und/oder niedriger strukturierten Niveau des Denkens, Fühlens oder Handelns zurückkehrt.« (Körner, 2014b, S. 803). Im Freud'schen Verständnis lässt sich Regression daher zum einen in Bezug auf Symptombildungen und das Entstehen (neurotischer) psychischer Störungen begreifen: Ungelöste infantil-psychosexuelle Konflikte führen dazu, dass Fixierungen bestehen bleiben. Aktualisiert später im Leben ein Aktualkonflikt diesen Grundkonflikt (meist durch eine auslösende Versuchungs- oder Versagungssituation), dann kommt es zu einer Regression auf die Stufe der Fixierung und einer dysfunktional-symptombildenden Verarbeitungsform gemäß dem ungelösten Konflikt. Zum anderen lässt sich Regression auch behandlungstechnisch verstehen, nämlich dahingehend, dass durch das Couch-Setting, die hohe Wochenstundenfrequenz und die abwartend-zuhörende und abstinente Haltung der Analytikerin die Regression und damit auch die Vertiefung der Übertragung gefördert wird.

Das Konzept des Durcharbeitens (vgl. Storck, 2016c) bezieht sich im Freud'schen Denken auf drei Bereiche: das Durcharbeiten von Behandlungswiderständen, das Durcharbeiten der Übertragungsneurose und das Durcharbeiten psychischer Konflikte (wobei alle drei zusammenhängen). Freud (1914g, S. 135) schreibt: »Man muß dem Kranken die Zeit lassen, sich in den ihm unbekannten Widerstand zu vertiefen, ihn durchzuarbeiten, indem er ihm zum Trotze die Arbeit nach der analytischen Grundregel fortsetzt.« Konkreter bezogen auf die Übertragungsneurose besteht das Durcharbeiten darin, die sich darin wiederholenden Konflikte, Affekte oder Fantasien zu erkennen (als sich wiederholende) und in ihrer Bedeutung zu verstehen, so dass bestehende Abwehrformen oder starre Identifizierungen aufgelöst werden können, mit dem Ergebnis, sich »so oder anders« verhalten zu können, statt im Immergleichen der neurotischen Wiederholung.

2.3 Fallbeispiel Nina

Der nordamerikanische Analytiker Foehl (2016) berichtet von der Behandlung mit seiner Patientin Nina, einer 40jährigen Ärztin. Er beschreibt seinen anfänglichen Eindruck aus einem Telefonat zur Vereinbarung eines ersten Gesprächstermines: Die Patientin habe ihm gesagt, sie sei nicht sicher, ob sie und ihr Freund zu einander passen würden, er entziehe sich ihr sexuell und das sei ihr bereits in einer vorangegangenen Partnerschaft passiert. Nina kommt zum Erstgespräch und dem Analytiker fällt der Größenunterschied zwischen sich und der groß gewachsenen Patientin auf. Sie setzt sich und sagt (über den Sessel): »Er ist so klein. Wie für einen Liliputaner!« (a. a. O., S. 245). Beide lachen (auch wenn vorerst unklar ist, worauf sich die Bemerkung der Patientin noch beziehen kann). Der Analytiker kommentiert, sie sei dabei zu prüfen, ob sie beide zueinander passen. Damit greift er auf, was die Patientin ihm am Telefon über ihre Unsicherheit über das Zueinander-Passen gesagt hat.

Nina äußert, sie wolle ihrem Analytiker gerne einen Traum »vorspielen«. Er ist irritiert und versteht dann erst, dass es um eine Aufnahme auf ihrem Mobiltelefon geht, die sie nach dem Aufwachen als ihre Erinnerung an das gerade Geträumte aufgesprochen hat. Der Analytiker denkt, es fühle sich einladend und zugleich provozierend an, und sagt seiner Patientin, er würde sie bitten, erst etwas von sich zu erzählen, bevor sie ihm den Traum vorspiele. Sie berichtet, sie sei das mittlere von drei Kindern, lebhafter und spielerischer als Bruder und Schwester, und habe immer ein enges Verhältnis zum Vater gehabt. Ab dem Teenager-Alter sei der Vater in seiner Zuneigung zu ihr »zudringlich und übergriffig« geworden, habe anzügliche Kommentare gemacht und sie auf eine Weise angesehen, berührt und gestreichelt, die ihr nicht recht gewesen sei. Bis heute müsse sie dem Vater gelegentlich Grenzen setzen. Etwas ganz Ähnliches habe sich in der Schule in einer engen emotionalen Beziehung zu einem jungen Lehrer gezeigt. Viele hätten sich gefragt, ob das zwischen ihnen zu nah sei. Als Achtklässlerin sei sie nach Europa gereist und bei einem Date vergewaltigt worden. Sie habe Schuldgefühle gehabt und lange Zeit sich selbst und anderen gegenüber nicht benennen können, dass es eine Vergewaltigung gewesen sei. Seitdem habe sie enttäuschende Beziehungen zu »passiven« Männern gehabt, die emotional und körperlich zögerlich oder distanziert gewesen seien. Dann spielt sie den Traum vor, allerdings reicht die Lautstärke nicht aus. Die Patientin findet die Lösung, dass sie Kopfhörer verwenden und sie einen Ohrstöpsel in ihr Ohr steckt und der Analytiker sich den anderen in seines – eine skurrile und sehr nahe Szene ist. Ninas Stimme klingt auf der Aufnahme schlaftrunken und intim, sie liegt offenbar noch im Bett und ist gerade aufgewacht. Sie sagt über ihren Traum: »Ich bin mit einem Mann zusammen in einer Bar, überlege, ob ich etwas trinken will oder nicht. Gewöhnlich trinke ich nicht, aber die Aussicht darauf erscheint mir so verlockend und der Mann wirkt so anziehend, dass ich den Drink von ihm annehme. Er war exotisch und verlockend. Aber dann zögere ich. Mir fällt ein, dass ich diese wichtige Verabredung mit einem anderen Mann habe. Ich spüre, dass ich sofort gehen sollte, aber ich stecke fest zwischen dem Mann mit seinem exotischen Getränk und dem Gefühl, dass ich gehen muss.« (a. a. O., S. 247). In der psychoanalytischen Arbeit mit Träumen geht es nicht darum, etwas »auszudeuten«, sondern ausgehend von den Assoziationen der Träumenden in einen Verstehensprozess einzusteigen und zwar sowohl bezogen auf den Inhalt als auch auf die Art der Erzählung des Traumes, hier gerade die Besonderheit der gemeinsam angehörten Aufnahme. Der Analytiker thematisiert »gemischte Gefühle« im Traum und regt dazu an, darüber nachzudenken, was gerade zwischen ihnen passiere. Er bezieht sich also weniger auf den Traum als auf die aktuelle Szene im Hier-und-Jetzt. Nina beginnt zu weinen und sagt, es mache ihr Angst, wie nah es sich anfühle. Darüber nachzudenken, sei neu für sie. Der Analytiker sagt: »Vielleicht dreht sich unsere ganze Sitzung um die Bewegungen, die sich zwischen uns ereignen, und die unterschiedlichen Weisen, wie wir uns fühlen, wie etwas zusammenpasst, wobei manche ziemlich vertraut wirken, andere Sie jedoch mehr ängstigen und Ihnen neu erscheinen.« (a. a. O., S. 247). Der Analytiker parallelisiert also nicht seine Person mit der des Vaters, des Lehrers oder des Mannes, der die Patientin vergewaltigt hat, sondern benennt die Bedeutung von gemischten Gefühlen oder Wechseln zwischen Vertrautheit, Zudringlichkeit und Angst. Implizit werden dabei biografische Elemente miteinander verbunden: die Zudringlichkeit des Vaters, das Ende des Dates in einer Vergewaltigung und u. U. auch die überkompensatorische Wahl »gehemmter«, passiver Männer. Entscheidend ist, dass hiermit keine Schuldzuweisung gemacht oder gemeint ist, sondern beachtet wird, wie verunsichert Nina über angemessene Grenzen in Beziehungen ist – was sich in einer Inszenierung fraglicher Grenzen in der analytischen Beziehung zeigt und die Frage aufwirft, welche Art von Beziehung und Nähe darin »passt«. Auch dort geht es um die Frage, was zu nah ist, wie schnell es wie nah wird und wie es sich anfühlt. Der Analytiker arbeitet damit, indem er aus der (Übertragungs-) Beziehung herausgreift, dass es um die Prüfung angemessener Nähe geht. Es wäre wohl eine falsch verstandene Abstinenz gewesen, das besondere Angebot nach Beziehung(sprüfung) der Patientin zurück zu weisen und den Traum nicht bzw. nicht über die geteilten Kopfhörer anzuhören. Insofern würde man hier nicht sagen, dass der Analytiker nicht auf die Inszenierung der Patientin handelnd eingehen dürfe; aber man würde sagen, er sollte nicht darauf eingehen, ohne zu verstehen, welche Art von Inszenierung es ist und der Patient ein Angebot zu machen, gemeinsam zu verstehen, was passiert.

3 Die Gegenübertragung des Psychoanalytikers

Im vorangegangen Kapitel stand die Seite des Analysanden in analytischen Behandlungen im Zentrum, auch hinsichtlich der beiden Begriffsfassungen des Übertragungskonzepts bei Freud (weit: Übertragung als Mittel der Bewusstwerdung, eng: Aktualisierung früherer Beziehungserfahrungen in der aktuellen, analytischen). Dabei hat sich auch die Allgemeinheit von Übertragungsprozessen gezeigt, selbst in der »engen«, beziehungsbezogenen Begriffsfassung: Aktualisierungen von Aspekten aus frühen Beziehungen in aktuellen finden sich in allen Beziehungen, analytische Prozesse vertiefen diese Vorgänge. Auch für Psychoanalytikerinnen gilt, dass, aktuelle Beziehungen in der einen oder anderen Weise im Licht der vergangenen erlebt werden. Das wirft also die Frage auf, wie es mit Übertragung steht, die vom Analytiker ihren Ausgang nehmen, und ferner, in welcher Weise die Arbeit in der analytischen Beziehung verstanden wird, als etwas, das von beiden Beteiligten bewusst und unbewusst mitgestaltet wird.

3.1 Übertragung als »Gesamtsituation«

Mertens (1990, S. 172) spricht von der Übertragung als einem »Beziehungsfeld«: »Im Unterschied zu anderen Therapieverfahren, die vor allem nicht die unbewußten [= die nicht unbewussten?; TS] Dimensionen der Therapeut-Patient-Beziehung thematisieren, geht es der Psychoanalyse gerade und vor allem um die bewußte und unbewußte Beziehungsgestaltung. Der Psychoanalytiker achtet nicht nur darauf, was der Patient über gegenwärtige Konflikte, analyseexterne Themen u. dgl. m. in seinen Äußerungen, Einfällen und Assoziationen sagt, sondern insbesondere versucht er, empathisch zu erfassen, wie sich allmählich ein Beziehungsfeld zwischen ihm und seinem Patienten aufbaut; nahezu alle Themen, die Art und Weise, wie der Patient darüber spricht und worüber er nicht spricht, haben mit der Beziehung zum Analytiker zu tun« (vgl. a. die Unterscheidung zwischen prozeduraler und episodischer Übertragung bei Ermann, 2010). Das deutet zum einen auf die notwendige Betrachtungsebene hin, im Blick auf die Übertragung das *Zusammenspiel* von Analytikerin und Analysand zu beachten (und damit die Gegenübertragung in ihrem Verhältnis zur Übertragung), zum anderen aber auch auf die Notwendigkeit, Übertragungen nicht nur dort wahrzunehmen, wo konkret personale Verbindungen benannt oder auf diese angespielt wird, sondern auch subtilere und somit schwerer erkennbare Elemente des Geschehens in einer analytischen Stunde und im analytischen Prozess als Übertragungsaspekte zu verstehen. Eine konzeptuelle Überlegung, die dies akzentuiert, ist die Auffassung der Übertragung als »Gesamtsituation«.

3.1.1 Zum Ansatz Melanie Kleins

Das Konzept der »Gesamtsituation« steht im Kontext der psychoanalytischen Theorie Melanie Kleins. In deren Überlegungen und klinischer Praxis findet sich eine wichtige Linie der Entwicklung der Kinderanalyse, ferner gilt sie als eine der Begründerinnen der psychoanalytischen Objektbeziehungstheorie. In ihrer Konzeption der psychischen Entwicklung stehen frühe Ängste (verbunden mit physiologischen Spannungszuständen) im Zentrum, die zu bewältigen versucht werden, indem – durch die Tätigkeit der unbewussten Phantasie (vgl. Storck, 2018a, S. 70ff.) – erste psychische Objektvorstellungen gebildet werden (Isaacs, 1948). Diese werden als verfolgend erlebt, binden aber Angst und ermöglichen in Grundzügen deren Bewältigung durch psychische Repräsentation. Klein (1946) nimmt an, dass hier zunächst Spaltungszustände und -prozesse vorherrschen und die Erlebniswelt in »gut« und »böse«

aufteilen, sowohl im Hinblick auf das Selbst als auch auf die Vorstellung von anderen. Klein nennt dieses Entwicklungsstadium (bzw. die darin beschriebene Haltung) paranoid-schizoide Position, wobei mit den Begriffen »paranoid« und »schizoid« hier keine klinisch-pathologischen gemeint sind, sondern zum einen Verfolgungsängste, zum anderen Spaltungsphänomene. Durch in einander wechselseitig befördernden Prozessen von Projektion und Introjektion (vgl. Storck, 2019c, S. 65ff.) entsteht die Möglichkeit einer Integration unterschiedlicher (Teil-) Repräsentanzen von Selbst und Objekten. Dies nennt Klein das Erreichen der depressiven Position, einer psychischen Kapazität für (reife) Schuldgefühle, Wiedergutmachungsimpulse und gelingende Trauerprozesse.

Einige Annahmen Kleins zur Übertragung stammen aus einem Text von 1952, sie stehen im Kontext von Überlegungen zum Vorhandensein psychischer (»innerer«) Objekte von Geburt an. Sie formuliert dort, die Übertragung »entstamme denselben Prozessen, die in den frühen Stadien die Objektbeziehungen bestimmen« (Klein, 1952, S. 436; Übers. TS). Übertragungsphänomene haben demzufolge mit paranoiden Ängsten, Spaltungsprozessen, Introjektions- und Projektionsvorgängen sowie der Aufgabe einer Integration zu tun. Der Analytiker als Beziehungsgegenüber in der klinischen Situation wird zu einem Objekt, anhand dessen diese Elemente der frühen Entwicklung zur Anschauung kommen. Einerseits markiert das die Aufgabe der Veränderung in der Psychoanalyse in Kleinianischer Perspektive (Arbeit an archaischen Ängsten und Mechanismen), zum anderen wird es durch die Förderung der Regression bewirkt bzw. intensiviert (durch Setting und Technik). Klein ist davon überzeugt, »dass die Analyse der negativen Übertragung […] eine Voraussetzung dafür ist, die tieferen Schichten der Psyche zu analysieren« (a. a. O.). Im Zuge des Durcharbeitens der Repräsentanzen in der Übertragung finden sich in erster Linie deren negative Aspekte (Wut, Neid, Gier, Angst). In der negativen Übertragung zeigt sich das, was nicht integriert ist, jemanden innerlich quält etc. Durch die Förderung der Regression wird dies erlebbar, d. h. es werden Formen des frühen Objekterlebens aktualisiert. Klein schreibt weiter: »Es gibt im Leben des Kleinkindes nur wenige Menschen, aber es erlebt diese als eine Vielzahl von Objekten, weil sie ihm in unterschiedlichen Aspekten erscheinen« (a. a. O.). Angesichts des Vorherrschens von Spaltungszuständen und

-prozessen in der frühen Entwicklung heißt Übertragung in diesem Kontext also, dass der Analytiker für Aspekte der frühen Bezugspersonen steht (und für Fantasien zu diesen), sich an ihm aber auch Selbstaspekte, psychische (Teil-) Instanzen oder Ich-Funktionen zeigen. Klein spricht von »raschen Wechseln« in der Übertragung und von der Möglichkeit einer »kombinierten Elternfigur«, zu welcher der Analytiker in der Übertragung wird. Das zeigt einmal mehr, dass sich aus dem Freud'schen Denken zur Übertragung kein mechanisches Modell ergibt, in dem die Vergangenheit und die Personen, die jemand erlebt hat, sich unmittelbar und vermittlungslos darüber, wie das Individuum aktuell andere Personen erlebt, sondern dass miteinander verschlungene Prozesse von Introjektion und Projektion (als Austausch zwischen Anteilen der Selbst- und der Objektrepräsentanzen) ganz konkret Erlebnisformen der analytischen Beziehung erzeugen. Eine »Vielzahl von Objekten« tritt in Wirkung.

3.1.2 Nicht-personale Aspekte der Übertragung

Von Klein stammt die Formulierung einer »Gesamtsituation« der Übertragung: »Meiner Erfahrung nach ist es beim Aufdecken der Details der Übertragung wesentlich, in Begriffen von Gesamtsituationen zu denken, die von der Vergangenheit in die Gegenwart übertragen werden, ebenso wie an Emotionen, Abwehrformen und Objektbeziehungen« (Klein, 1952, S. 437; Übers. TS). In dieser grundlegenden Bemerkung meint das »Gesamte« der Übertragung, dass nicht schlicht isolierbare, ganze Objektvorstellungen in der analytischen Beziehung wiederkehren, sondern auch fragmentarische und nicht-personale Aspekte (»Gesamtsituation« meint also gerade nicht »Vollständigkeit« oder »Kohärenz« im Hinblick auf Figuren der Entwicklung und deren Repräsentation). Die Folge ist, dass im gesamten Material einer analytischen Stunde Übertragungsaspekte herausgearbeitet werden können, z. B. im Wechsel von Stimmungen, im Sprechen oder Schweigen überhaupt u. v. m. Übertragungsaspekte zeigen sich in allem, auch im »Wie« des Sprechens, statt ausschließlich in den Inhalten. In Kleins Worten heißt es: »Meine Konzeption der Übertragung als etwas, das in den frühsten

3.1 Übertragung als »Gesamtsituation«

Entwicklungsstadien und in den tiefen Schichten des Unbewussten verwurzelt ist, ist viel weiter und bringt eine Technik mit sich, im Zuge derer aus dem gesamten Material, das präsentiert wird, Elemente der Übertragung abgeleitet werden. So geben Berichte von Patienten über ihren Alltag, ihre Beziehungen und Aktivitäten nicht nur einen Einblick in das Funktionieren des Ichs, sondern sie zeigen auch [...] die Abwehr gegen Ängste, die in der Übertragungssituation hervorgerufen werden« (a. a. O.).

Das »Gesamte« der Übertragungssituation bezieht sich bei Klein also nicht (vornehmlich) auf die gemeinsame Gestaltung der Beziehungsphänomene durch Analytikerin und Analysand oder auf die wechselseitig bewirkten Phänomene von Übertragung und Gegenübertragung (also das Gesamte, Ko-Kreative in der Gestaltung der analytischen Beziehung in all ihren Ebenen). Anders als bei ihr nachfolgenden Autorinnen ist bei Klein ein höchst skeptischer Blick auf das Nutzen der Gegenübertragung zu finden (also auf das Erleben der analytischen Beziehung durch den Analytiker im Lichte seiner eigenen Beziehungserfahrungen und in Beantwortung der Übertragung der Analysandin). So heißt es etwa bei ihr: »Ich habe nie gefunden, dass die Gegenübertragung mir geholfen hat, meinen Patienten besser zu verstehen, aber [...] sie hat mir geholfen, mich selbst besser zu verstehen.« (Klein, 1958, S. 144; Kommentar bei Weiß, 2018). Zwar sei es nötig, genau darauf zu achten, was ein Patient mit der analytischen Beziehung »anstellt« und wofür er sie unbewusst nutzt, d. h. welche Übertragung sich herstellt, aber zumindest für Klein geht es im Verstehen dessen nicht um ein Versenken in die eigene affektive Reaktion seitens der Analytikerin, sie sehe »nicht die Logik darin« (a. a. O.). Erst im Verlauf und in der Entwicklung einer kleinianischen Richtung in der Psychoanalyse hat es diesbezüglich einen Wandel gegeben (s. u.).

Die Terminologie der Übertragung als »Gesamtsituation« wurde von Joseph (1985) entscheidend weiter geprägt. Sie versteht Übertragung als »einen Rahmen, in dem immer etwas passiert, wo es immer Bewegung und Aktivität gibt« (a. a. O., S. 447; Übers. TS) bzw. als »eine lebendige Beziehung, in der es fortwährende Bewegung und Veränderung gibt« (a. a. O., S. 453). Ein Verständnis der Übertragung müsse daher »alles einschließen, das der Patient in die Beziehung einbringt« (a. a. O.,

S. 447)³. Das hat nicht nur Konsequenzen für das Verstehen und mittelbar auch für die Interventionen, sondern auch dafür, wie in der Analyse Veränderungen sichtbar werden, neben einem Rückgang von Symptomen oder Leidensdruck nämlich eben auch darin, was sich in der Übertragung zeigt, d. h. die affektive und relationale Färbung des Kontakts in der analytischen Beziehung.

3.1.3 Das Arbeiten »im Hier und Jetzt«

Ebenfalls stark mit Arbeiten Josephs verbunden ist die Akzentuierung eines Arbeitens »im Hier-und-Jetzt«. Rückblickend formuliert Joseph (2013, S. 223) dazu, »dass ich [...] von dem ausgegangen bin, was sich im Behandlungsraum zwischen Patient und Analytiker abspielt«. Mit diesem Hinweis wolle sie die Wichtigkeit dessen zeigen, »den von einem Moment zum nächsten stattfinden Bewegungen innerhalb einer Sitzung möglichst dicht zu folgen« (a. a. O., S. 225). Sie versuche, »zu verstehen, was im jeweiligen Moment vom Patienten ausgelebt wird und welche Rolle ich dabei übernehmen soll« (a. a. O., S. 227). Diese Bemerkungen sind besonders deshalb wichtig, weil sie den Hinweis geben, dass der übermäßige Blick in die Vergangenheit eine Vermeidung des aktuellen und affektiven Geschehens in der analytischen Beziehung bedeuten kann. Es ist in den meisten Fällen ein Ausweichen der affektiven Aktualität, wenn eine Analytikerin in Momenten besonderer Spannung zur Reflexion darüber anregt, wie es vor 20, 30, 40 Jahren gewesen sein mag. Eine geeignete Bearbeitung der Übertragung erfolgt überdies nicht rational und rückblickend, sondern besteht im Durcharbeiten des Geschehens, wie Analytiker und Analysandin es zu spüren bekommen. Hier erscheint nun ein weiterer Aspekt des »Gesamten« der Übertragung, neben dem besonders mit Klein gegebenen Hinweis auf nicht-personale Aspekte der Übertragung, nämlich das »Beziehungsgesamte«, in dem das, was in einer Stunde auftaucht, als Inszenierung begriffen wird, in dem (vor allem unbewusst) verschiedene Rollen zugewiesen, erlebt und verstan-

---

3 Damit ist allerdings der Hinweis wichtig, dass dies mitnichten auch heißen soll, es wäre auch alles zu *deuten*, was der Patient in die Beziehung einbringt (▶ Kap. 5; genauer in Storck, in Vorb. c).

den werden können. Der Analytiker sollte sich dort nicht aus dem Spiel nehmen. Dazu ist es im vorliegenden Zusammenhang erforderlich, Konzeptionen der Gegenübertragung in den Blick zu nehmen.

3.2 Gegenübertragung in konzeptgeschichtlicher Perspektive

Bei der Gegenübertragung geht es grundlegend um die Reflexion der eigenen Gefühle, Gedanken, Fantasien o. ä., die eine Analytikerin im Kontakt mit ihrem Analysanden erlebt. Die allgemeinen Überlegungen dazu, wie Psychisches in der Entwicklung gebildet wird und woraus es sich »zusammensetzt« (nämlich aus in Form von Beziehungsvorstellungen verinnerlichten Interaktionserfahrungen), können natürlich auch auf den Analytiker gemünzt werden. Auch hier ist zu sagen, dass sich Interaktionen in Beziehungsvorstellungen niederschlagen und dass diese in irgendeiner Weise färben, wie weitere Interaktionen erlebt werden. Wenn sich in dieser Art also etwas aktualisiert, dann kann auch von Übertragungsaspekten der Analytikerin gesprochen werden. In der konzeptuellen Betrachtung der Gegenübertragung geraten zwei Aspekte ins Zentrum: einmal die Frage, wie und wovon sich der Analytiker bezüglich der Übertragungen der Analysandin erreichen lässt, und einmal die Frage, wie eigene Übertragungen des Analytikers auftauchen und Teil der Arbeit werden. Beides zeigt sich in der Geschichte der Konzeptentwicklung.

Freud musste erst verstehen, dass (innere) affektive Reaktionen des Analytikers als eine wertvolle Erkenntnisquelle für die verschiedenen Ebenen des Behandlungsprozesses gelten können. In einer Sitzung der Wiener Psychoanalytischen Vereinigung (der sogenannten psychoanalytischen Mittwochsgesellschaft) vom 9. März 1910 äußert sich Freud laut Protokoll: »Während [...] der Patient sich an den Arzt hängt, unterliegt ja der Arzt einem ähnlichen Proʒeß, der ›Gegenübertragung‹. Diese [...] muß vom Arzt vollständig überwunden werden, das allein macht ihn psychoanalytisch mächtig. Das macht ihn zum vollkommen kühlen Objekt, um das der andere liebend sich bewerben muß.« (Nunberg, 1967, S. 407). Nunberg kommentiert zu dieser Passage, Freud habe die Gegenübertragung in der Arbeit mit einem phobischen Patienten »entdeckt« (d. h. dieses Phänomen zu konzeptualisieren begonnen). In Formulierungen wie »vollständige Überwindung«, »Mächtig«-Sein oder »vollkommen kühles Objekt« ist erkennbar, als wie problematisch es anfangs empfunden werden musste, in einem professionellen Vorgehen die eigene Emotionalität oder Spontaneität als Erkenntnisquelle zu nutzen (vgl. zu einem differenzierten Blick auf Freuds Auffassung zur Gegenübertragung Nerenz, 1985). Natürlich geht es nicht darum, sich als Analytikerin dem Analysanden gegenüber bedürftig, rächend o. ä. zu zeigen und eigene Konflikte an ihm auszulassen. Aber es geht darum, einen Weg zu finden, die eigene Responsivität in ein Verstehen und in die Behandlungstechnik einmünden zu lassen. Freuds Forderung einer Niederhaltung der Gegenübertragung (als Erleben) ist ungünstig – aber es ist zu klären, wie diese anders als in unreflektierter Handlung genutzt werden kann.

3.2.1 Freuds Ringen mit der Gegenübertragung

Bei Laplanche und Pontalis (1967, S. 164) heißt es, die Gegenübertragung sei die »Gesamtheit der unbewußten Reaktionen des Analytikers auf die Person des Analysanden und ganz besonders auf dessen Übertragung«, und Ermann (2014a, S. 294) meint, das Konzept betone »den unbewussten Anteil der Interaktionen zwischen dem Analytiker uns seinem Analysanden«, es beschreibe die der Übertragung »korrespondierenden Prozesse im Analytiker, mit denen dieser unmittelbar auf die Übertragungen reagiert«. In diesen Definitionen wird die größte Herausforderung einer Arbeit mit der Gegenübertragung deutlich, nämlich die Frage nach einer möglichen, wenn auch nur abstrakten, Trennung zwischen den »eigenen Filmen« und einer genuin responsiven Haltung, die etwas vom Anderen aufnimmt, was zunächst jenseits des Verbalisierbaren liegt. Nicht zufällig ist daher der hohe Umfang der Selbsterfahrung (Lehranalyse) in der Ausbildung zum Psychoanalytiker.

3.2 Gegenübertragung in konzeptgeschichtlicher Perspektive

Auch dies mussten die Analytiker der »ersten Generation« erst erkennen. Die Herausforderung einer selbstreflektierten und ethischen Haltung und Praxis zeigt sich gleichwohl von Beginn an. Der Grat dazwischen, Übertragungsprozesse zu fördern und sich emotional empfänglich zu machen, und zugleich nicht selbst zu »agieren«, d. h. in der einem zugeschriebenen Rolle oder Fantasie zu handeln und so der Behandlung und die Analysandin zu schädigen, ist schmal.

Es gibt in der Geschichte (und Gegenwart) der Psychoanalyse viele Fälle von Entgleisungen und Fehlverhalten von Analytikern (Zwettler-Otte, 2007; Pflichthofer, 2012), diejenige C. G. Jungs in seiner Arbeit mit Sabina Spielrein ist zuletzt Gegenstand des Spielfilms *A dangerous method* (2011) von David Cronenberg geworden (Walker, 2013) – kein zufälliger Titel, benennt er doch genau den schmalen Grat zwischen professioneller Responsivität und Entgleisung. Jung hatte Spielrein in Zürich behandelt und eine sexuelle Beziehung mit ihr begonnen. Dies wurde Gegenstand des Briefwechsels zwischen Jung, zu dieser Zeit als »Kronprinz« der psychoanalytischen Bewegung gehandelt, und Freud. Freud antwortet dem jüngeren Kollegen auf dessen Schilderungen und formuliert in einem Brief vom 7. 6. 1909, er sei in ähnlichen Situationen gewesen wie Jung, wenn auch weniger heftig (und selbst 10 Jahre älter als Jung). Solche Ereignisse würden zeigen, wie wichtig es sei, der Gegenübertragung »Herr zu werden« (Freud & Jung, 1979, S. 112). Später wird er auch von der Notwendigkeit einer »Niederhaltung der Gegenübertragung« (Freud, 1915a, S. 313) schreiben. Was zwischen Jung und Spielrein passiert sei, sei ein »blessing in disguise«, ein Vorfall, der dabei helfe zu konzeptualisieren, was im Hinblick auf die Arbeit mit Übertragungen wichtig sei. Freud schreibt in einem späteren Brief vom 18. 6. 1909 dann: »Kleine Laboratoriumsexplosionen werden bei der Natur des Stoffes, mit dem wir arbeiten, nicht zu vermeiden sein« (Freud & Jung, 1979, S. 114). Die Geschehnisse und Kommentare lassen weder Jung noch Freud in einem besonders guten Licht stehen, geht doch gegenüber der zunehmenden Erkenntnis über analytische Arbeit und den Wert der affektiven Reaktion des Analytikers dessen konkrete Übergriffigkeit und potenzielle Schädigung von Analysandinnen zu leicht verloren. Nichtsdestoweniger sind von Freud in diesem Kontext geäußerten Überlegungen wichtig für die Entwicklung der Gegenübertragung als Konzept sowie ihre behandlungstechnische Bedeutung und entscheidend gewesen für die erforderliche Aufnahme einer Lehranalyse in die Ausbildung zum Analytiker (konkret verankert dann erst 1926; vgl. Nunberg, 1962, S. XXIV).

> Der schmale Grat in der Arbeit mit Übertragungs-Gegenübertragungs-Prozessen und die Erfordernisse an die Professionalität sind auch Teil der TV-Serie *In Treatment* (vgl. Zwiebel, 2017), welche die Arbeit eines Psychotherapeuten mit seinen Patientinnen und Patienten thematisiert. Die Patientin Laura äußert ihrem Therapeuten Paul gegenüber ihre Liebe und ihre Wünsche nach Sexualität. In der Serie ist dies einer der Anlässe für Paul, Supervision bei seiner Kollegin und ehemaligen Mentorin Gina zu suchen. In einer Supervisionssitzung (»Week 1: Paul und Gina«; 2008) wirft diese die Frage auf, wie viele Fälle von erotischer Übertragung man finden würde, wenn man sich Therapeuten ansähe, deren Ehe in die Brüche gehe, und thematisiert damit die besondere Gefährdung von Therapeutinnen in einer privaten Krise, in Behandlungen die professionelle Grenze aus dem Blick zu verlieren. Manchmal, so Gina, sei erotische Übertragung ein Test für das Eheleben des Therapeuten: »Wenn ein Therapeut nicht damit umgehen kann, dass eine Patientin sich in ihn verliebt, dann kann es ein Hinweis auf einen Zusammenbruch im Privatleben sein.« Paul stellt dar, dass sich Patientinnen ständig in ihre Therapeuten verlieben und dass es keinen besseren Weg gebe, als es auf den Tisch zu bringen, um damit umzugehen, im sicheren Rahmen der Therapie. Es gehe darum, wie man damit umgehe, und er wisse, wie er das zu tun habe. Gina stellt die Frage, ob er ehrlich sagen könne, dass die Verliebtheit Lauras in ihn Teil des Heilungsprozesses sei und nichts mit ihm zu tun habe (d. h. nicht durch ihn aktiv, wenn auch unbewusst beeinflusst).

Hier werden viele Aspekte von Übertragung und Gegenübertragung berührt: die Frage nach dem Verhältnis zwischen Übertragungsbeziehung und Realbeziehung (vgl. z. B. Gödde & Stehle, 2016; Staats, 2018), nach der »Echtheit« von Übertragungsgefühlen oder nach den notwendigen

3.2 Gegenübertragung in konzeptgeschichtlicher Perspektive

Voraussetzungen an persönliche Stabilität als Persönlichkeitsmerkmal, emotionale Responsivität, Privatleben und dessen Einfluss auf die Behandlung auf Seiten des Analytikers – und nicht zuletzt die Frage, was für die Analytikerin die Voraussetzungen dafür sind, mit heftigen Übertragungen professionell umzugehen. Dazu ist neben der Lehranalyse und einer persönlichen Stabilität auch entscheidend, welche Gefühle der Analytiker für seine Analysandin empfindet. Nicht die Übertragungsliebe des Analysanden ist das Problem für die Prognose der Behandlung, sondern die fragliche Übertragungsliebe der Analytikerin.

Freud erkennt die Gefahren, benennt sie allerdings insbesondere für den jüngeren (männlichen) Analytiker: »Es ist gewiß verlockend für den jungen und eifrigen Psychoanalytiker, daß er viel von der eigenen Individualität einsetze, um den Patienten mit sich fortzureißen und ihn im Schwung über die Schranken seiner engen Persönlichkeit zu erheben. [...] Für die Aufdeckung des dem Kranken Unbewußten leistet diese Technik nichts. [...] Der Arzt soll undurchsichtig für den Analysierten sein und wie eine Spiegelplatte nichts anderes zeigen, als was ihm gezeigt wird.« (Freud, 1912e, S. 383f.). Freud begründet so eine abstinente Haltung weniger ethisch als behandlungstechnisch: Die Zurückweisung der Wunscherfüllung durch die Analytikerin ermöglicht die Veränderung, weil sich Triebwünsche und deren Energie dann in Fantasien umsetzen und so verstanden und verändert werden können. Freuds Bemerkung zur »Spiegelplatte« ist vielfach zitiert und kritisiert worden, wenn auch die Konzeption des Spiegelns als solche für die Entwicklung der Psychotherapie (auch der klientenzentrierten) von hoher Bedeutung gewesen ist. Aber das Idealbild eines Analytikers, der nur zurückwirft (und dann auch noch bild-identisch), ist weder erreichbar (selbst die neutralste und nüchternste Analytikerin zeigt ihrem Analysanden ja etwas: nämlich Neutralität und Nüchternheit), noch erscheint sie besonders sinnvoll. Unterstrichen werden muss gleichwohl, dass es die Aufgabe des Analytikers ist, der Analysandin Raum dafür zu geben, sich mit Fantasien, Affekten und Unvernunft in die analytische Beziehung zu entwerfen. Die relative Kontrolle über die Gegenübertragung meint also nicht zuletzt, dass der Raum in der analytischen Stunde für den Analysanden bereitstehen und dass die Analytikerin reflektieren und verstehen, aber nicht gemäß der Gegenübertragung handeln soll.

Freuds Ideal der Kühle/Nüchternheit (dem er, nebenbei bemerkt, in seinen Behandlung selbst nicht in dieser Form nachkam; vgl. May, 2007a, b) zieht sich durch Bemerkungen der 1910er Jahre, sie sind zumindest in Teilen als Antwort auf die Geschehnisse rund um Jung und Spielrein aufzufassen. Die Psychoanalyse dürfe »dieselben Ansprüche erheben wie die Chirurgie; der Zuwachs an Beschwerden, den sie dem Kranken während der Behandlung zumutet, ist bei guter Technik ungleich geringer, als was der Chirurg ihm auferlegt, und überhaupt gegen die Schwere des Grundleidens zu vernachlässigen.« (Freud, 1910a, S. 56f.). Sicher, es geht Freud stark darum, die Genauigkeit und Wissenschaftlichkeit der psychoanalytischen Methode herauszustellen; der Vergleich des Analytikers mit dem Chirurgen (immerhin unter Anästhesie der Patientin arbeitend...) wirkt spätestens aus heutiger Perspektive befremdlich, auch deshalb, weil damit gerade die Stärken der psychoanalytischen Methode und der Arbeit mit Übertragung und Gegenübertragung ungenutzt blieben. Eine Variation der Chirurgen-Metapher gebraucht Freud etwas später: »Ich kann den Kollegen nicht dringend genug empfehlen, sich während der psychoanalytischen Behandlung den Chirurgen zum Vorbild zu nehmen, der alle seine Affekte und selbst sein menschliches Mitleid beiseite drängt und seinen geistigen Kräften ein einziges Ziel setzt: die Operation so kunstgerecht als möglich zu vollziehen. [...] Die Rechtfertigung dieser vom Analytiker zu fordernden Gefühlskälte liegt darin, daß sie für beide Teile die vorteilhaftesten Bedingungen schafft, für den Arzt die wünschenswerte Schonung seines eigenen Affektlebens, für den Kranken das größte Ausmaß an Hilfeleistung, das uns heute möglich ist.« (1912e, S. 381). Auch hier zeigt sich die nötige Differenzierung: Mitnichten sollte es um Affekt- oder Mitleidslosigkeit (wohl im Sinne von Mitleiden gemeint) in einer kunstgerechten Operation gehen, allerdings darum, die Hilfeleistung für die Analysandin ins Zentrum zu stellen. Ein Beispiel dafür, wie nachfolgende Analytiker mit Freud über Freud hinausgedacht haben, zeigt sich, wenn man sich vor Augen hält, dass die Hilfeleistung, die einem Patienten bei psychischer Veränderung hilft, die analytische Beziehung ist, in der sich die Analytikerin emotional erreichen lässt. Freud selbst liefert die Argumente dafür, ein anderes Modell von analytischer Behandlung und Beziehungsgestaltung zu führen, ohne es selbst in diesen Passagen zu benennen. Auch wenn er an

3.2 Gegenübertragung in konzeptgeschichtlicher Perspektive

Jung schreibt, der Analytiker müsse die Gegenübertragung »beherrschen« und sie müsse »vollständig überwunden werden«, oder wenn er die erforderliche »Niederhaltung der Gegenübertragung« (Freud, 1915a, S. 313) benennt, so kann doch ebenso erkannt werden, dass der Wert einer Reflexion der eigenen, auch überraschenden Reaktionen im Freud'schen Denken angelegt ist.

Der Begriff der Gegenübertragung bekommt bei Freud ab 1909/1910 Bedeutung und erhält früh Einzug in »Neuerungen der Technik«, die Freud in der Arbeit »Die zukünftigen Chancen der psychoanalytischen Therapie« beschreibt: »Wir sind auf die ›Gegenübertragung‹ aufmerksam geworden, die sich beim Arzt durch den Einfluß des Patienten auf das unbewußte Fühlen des Arztes einstellt, und sind nicht weit davon, die Forderung zu erheben, daß der Arzt diese Gegenübertragung in sich erkennen und bewältigen müsse. Wir haben […] bemerkt, daß jeder Psychoanalytiker nur soweit kommt, als seine eigenen Komplexe und inneren Widerstände es gestatten, und verlangen daher, daß er seine Tätigkeit mit einer Selbstanalyse beginne, und diese […] fortlaufend vertiefe« (Freud, 1910d, S. 108). Wenngleich Freud auch hier davon spricht, die Gegenübertragung sei zu bewältigen (nicht ganz so starr wie ein Niederhalten oder eine Beherrschung), so findet sich doch das Argument einer erforderlichen Selbstanalyse und der Hinweis auf die Grenzen der Veränderung, wenn eigene Komplexe im Weg stehen. Dies war ein wichtiger Bestandteil der Diskussionen innerhalb der Wiener Psychoanalytischen Vereinigung dieser Zeit, wie Nunberg (1962, S. XXIV) berichtet: »Wenn die Konflikte des Patienten sich mit jenen des Arztes decken, kann es geschehen, daß dieser sie nicht erkennt, daß er sie mißversteht oder aber sich mit dem Patienten identifiziert.« So weit wie in Formulierungen zur Übertragung, die Freud vergleichsweise früh zugleich als Hindernis und als Hilfsmittel beschreibt, geht er in Bezug auf die Gegenübertragung nicht. Eine erfolgreiche Behandlung wird möglichst wenig durch Komplexe gestört und das unbewusste Fühlen der Analytikerin soll bewältigt, das heißt, erkannt, aber nicht umgesetzt werden. Dass Freud noch einen Schritt von einer Konzeptualisierung der Gegenübertragung entfernt war, zeigt sich auch darin, dass vieles der dazugehörigen Überlegungen in Briefen oder Diskussionsprotokollen zu finden ist. Freuds Biograf Ernest Jones, nicht unbedingt bekannt für seine freundlichen Worte über einige andere Mitglieder des engen psychoanalytischen Kreises um Freud, konstatiert bei Ferenczi »ein unmäßiges, unersättliches Verlangen, von seinem Vater geliebt zu werden« (Jones, 1960, S. 106). Freud selbst schreibt in einem Brief an Ferenczi vom 6. 10. 1910 (also einige Monate nach dem auf Spielrein zugespitzten Briefwechsel mit Jung): »[I]ch bin auch nicht jener [psychoanalytische] Übermensch, den wir konstruiert haben, habe auch die Gegenübertrag[un]g nicht überwunden.« (zit. n. Jones, a. a. O.).

Es wird deutlich: Freud schwankt zwischen rigiden Forderungen zum Umgang mit der Gegenübertragung (Niederhaltung, Beherrschung, Überwindung) und flexibleren (Bewältigen, durch Selbstanalyse kennenlernen). Ähnlich wie in den 1910er Jahren eine erste Welle der Überlegungen zur Gegenübertragung auftaucht, findet sich in den 1950ern eine zweite, nun mit deutlicher Konzeptualisierung durch andere Autoren.

3.2.2 Die Auffassung der Gegenübertragung bei Paula Heimann

Die Konzeptualisierungen der Gegenübertragung in den 1950er Jahren sind von hoher Relevanz für die zeitgenössische Psychoanalyse. Am deutlichsten wird dies in Arbeiten von Paula Heimann, einer Lehranalysandin von Melanie Klein (und ihrerseits die Analytikerin von Betty Joseph), zu der sie eine enge persönliche und fachliche Verbindung unterhielt. Anders als Klein macht sich Heimann an eine Konzeptualisierung der Gegenübertragung als behandlungstechnisches Mittel. Nach ihrer Arbeit »Über die Gegenübertragung« von 1950 kommt es zum Bruch mit Klein.

Heimann kritisiert Freuds Bemerkung, die Gegenübertragung sollte niedergehalten oder beherrscht werden, nennt es allerdings eine »Fehldeutung einiger Äußerungen Freuds« (Heimann, 1950, S. 180), wenn diese derart gelesen werden, dass in der Gegenübertragung kein Erkenntniswert liege. Freuds Theoriemetaphern (Spiegelplatte, Chirurg) seien falsch aufgefasst worden, als eine Forderung nach maximaler Nüchternheit oder Kühle. Sie will mit ihrer Arbeit, schreibt sie, »das Gespenst des ›gefühllosen‹, inhumanen Analytikers [...] bannen« (1960, S. 485). Dazu

3.2 Gegenübertragung in konzeptgeschichtlicher Perspektive

stellt sie die These auf, »daß die emotionale Antwort des Analytikers auf seinen Patienten innerhalb der analytischen Situation eines der wichtigsten Werkzeuge für seine Arbeit darstellt. Die Gegenübertragung des Analytikers ist ein Forschungsinstrument in Hinblick auf das Unbewußte des Patienten.« (1950, S. 180). Heimanns Arbeit gehört zu den ersten, in denen die Gegenübertragung als ein solches Forschungsinstrument betrachtet wurde: Es wird darin etwas vom Analysanden erfahrbar, was dieser nicht verbalisieren kann, und die Analytikerin reflektiert, dass das, was sie fühlt, ihr die Möglichkeit liefert, Re-Inszenierungen zu verstehen. Die Gegenübertragung wird so als etwas aufgefasst, das mit der »Beziehung zwischen zwei Personen« (a. a. O.) zu tun hat. Der Analytiker solle sich nicht »zu einem mechanischen Gehirn [..] machen, das Deutungen auf der Grundlage eines rein intellektuellen Vorgangs hervorbringt«, sondern durch die Selbstanalyse vielmehr dazu befähigt werden, »die Gefühle, die in ihm in Gang gesetzt werden, auszuhalten« (a. a. O.). Der Wandel wird deutlich: Die Gegenübertragungsgefühle sollen nicht mehr nieder-, sondern ausgehalten werden. Die implizite Idee darin ist, dass Analysanden auch einen impliziten Auftrag an die Analytikerin geben, nämlich so etwas wie: Zeig mir, wie man schwierige Gefühle aushält und verarbeitet. Insofern wird Freuds Postulat der Beherrschung und Niederhaltung noch merkwürdiger, denn es verfehlt ja genau das, was Analysandinnen bei Analytikern suchen, nämlich Hilfe in der Bewältigung schwieriger Gefühle. Eine Analytikerin, der schwierige Gefühle unliebsam sind, wird ein nur sehr reduziertes Beziehungsangebot machen.

Heimann bezeichnet Deutungen als »mager«, bei denen der Analytiker nicht auf seine Gefühle achte, dann würden sie unemotional, unbezogen und abstrakt. Erforderlich sei ein »ungehindert erregbares emotionales Empfindungsvermögen« beim Analytiker, so dass dessen Unbewusstes »das des Patienten versteht« (a. a. O., S. 181). Er muss sich empfänglich machen für das, was die Analysandin mit ihm unbewusst wiederholt, so findet er einen Zugang zum Unbewussten. Wenn Heimann hier davon schreibt, das Unbewusste des Analytikers versteht das der Analysandin, greift sie ein anderes Bild von Freud (1912e, S. 381f.) auf, der meint, der Analytiker »soll dem gebenden Unbewußten des Kranken sein eigenes Unbewußtes als empfangendes Organ zuwenden [...Das] Unbewußte des Arztes [ist] befähigt, aus den ihm mitgeteilten

Abkömmlingen des Unbewußten dieses Unbewußte, welches die Einfälle des Kranken determiniert hat, wiederherzustellen.«
Die Analyse von Übertragung und Gegenübertragung ist Teil der unbewussten Beziehungsanamnese eines Analysanden. Dieser kann in die Analyse kommen und davon berichten, mit wie vielen Geschwistern er aufgewachsen ist und mit welchen davon er sich worüber gestritten hat und vielleicht auch von Gefühlsambivalenzen. Unbewusste Aspekte der Biografie, der Beziehungen und dem aktuellen Selbsterleben, wird er aber nicht anders als szenisch-beziehungshaft einbringen können. Wenn es bei Heimann also heißt, die Gegenübertragung sei »die dynamischste Art, wie die Stimme des Patienten [...den Analytiker] erreicht« (Heimann, 1950, S. 181), dann ist gemeint, dass hier etwas kommuniziert wird, für das die Worte fehlen bzw. das Worte nur in Anspielungen oder in der Form des Sprechens berühren können. Die Antwort der Analytikerin darauf sollte keine starre oder repetitive sein, sondern »die emotionale Aufnahmebereitschaft [...sollte] möglichst weit, differenzierend und beweglich sein« (a. a. O.). Eigene Affekte sollten nicht Teil eines Verstehensschemas werden, etwa dass Ärger auf Analysandinnen immer und ausschließlich damit zu tun hätten, dass diese ihren eigenen Ärger nicht spürten. Das Spüren und Verstehen der Gegenübertragung beruht auf einer Haltung, sich der eigenen (inneren) Spontaneität und Überraschung überlassen zu können. In Heimanns Perspektive ist dabei die Gegenübertragung des Analytikers »die Schöpfung des Patienten« und »Teil der Persönlichkeit des Patienten« (a. a. O., S. 183). So wird die Gegenübertragung ein »Schlüssel zum Unbewußten des Patienten« (a. a. O.).

Es darf bei all dem gleichwohl nicht übersehen werden, dass eine solche Beachtung und Handhabung der Gegenübertragung »keine Tarnung für Unzulänglichkeiten des Analytikers« (a. a. O.) liefern soll. Eigene heftige Affekte, Fantasien etc. sind darauf zu prüfen, woher sie stammen; das wird weiter unten unter der Perspektive der Eigenübertragung eine Rolle spielen. Hier genügt der Hinweis, dass der Analysand nicht dafür verantwortlich gemacht werden soll, dass die Analytikerin sich schlecht fühlt – oder dass es Fälle gibt, in denen die Ratlosigkeit des Analytikers nicht nur Gegenübertragungsempfinden ist.

In ihrem grundlegenden Text zur Gegenübertragung berührt Heimann am Ende zwei Grundfragen, nämlich zum einen die Frage nach der terminologischen Reichweite von »Gegenübertragung«, zum anderen die Frage nach dem Grad der Mitteilung der Gegenübertragung an die Analysandin. Heimann benutzt »den Begriff ›Gegenübertragung‹ für alle Gefühle, die der Analytiker gegenüber seinem Patienten erlebt« (a. a. O., S. 180), d. h. nicht nur für die Reaktion der Analytikerin auf die Übertragung, sondern für alles, was sie in einer Stunde empfindet, auch jenseits einer unbewussten Aktualisierung von Rollenbeziehungen durch den Analysanden. Als zweite Hauptfrage zeigt sich das Thema der »Selbstoffenbarung« der Gegenübertragung. Heimann sieht es »für den Analytiker nicht als richtig an, dem Patienten seine Gefühle mitzuteilen« (a. a. O., S. 183), dies sei eine »Last« für diesen. Das ist einer der Hauptstreitpunkte der internationalen Psychoanalyse während der vergangenen 10–15 Jahre gewesen: Wieviel Selbstoffenbarung der Analytikerin hilft dem Analysanden? Sollte man es ihm mitteilen, wenn man sich traurig, provoziert etc. fühlt und falls ja, mit welcher Zielsetzung und in welcher Weise? Grundlegend kann das sinnvoll sein, solange der Analytiker bedenkt, dass die Analyse und einzelne Interventionen dazu dienen sollen, dass der Analysandin Einsicht und psychische Veränderung möglich wird, statt dass der Analytiker sich entlastet. Meist wird darüber hinaus davon gesprochen, dass es sinnvoll ist, dass die Analytikerin sich persönlich (mit authentischer emotionaler Reaktion und u. U. deren Verbalisierung) zeigt, aber nicht privat.

3.2.3 Weitere Facetten bei Margaret Little und Roger Money-Kyrle

Die 1950er Jahre erweisen sich als frühe »Blütezeit« von Konzeptualisierungen der Gegenübertragung. So findet sich in unmittelbarer Folge der Arbeit Heimanns ein Text von Margaret Little (1951), in dem vier Bedeutungen von »Gegenübertragung« genannt werden (a. a. O., S. 163f.):

- »Die unbewußte Einstellung des Analytikers zum Patienten«;
- »Verdrängte, bisher unanalysierte Anteile des Analytikers«, also in Analogie zu dem, was der Analysand am Analytiker »in« der Übertragung erlebt;

- »Eine spezifische Haltung oder ein spezifischer Mechanismus des Analytikers, der Übertragung des Patienten zu begegnen«;
- »Die gesamten Einstellungen und das gesamte Verhalten des Analytikers dem Patienten gegenüber.« (bewusst und unbewusst).

Little kritisiert eine »paranoid[e]« oder »phobisch[e]« Haltung gegenüber Gegenübertragungsgefühlen auf Seiten der Analytikerinnen (vgl. a. Zwiebel, 2007, zur »Angst, Psychoanalytiker zu sein«). Damit ist darauf Bezug genommen, welche Schwierigkeiten es bereiten kann, eigene Gefühle von Angst, Hass, Ekel o. a. dem Analysanden gegenüber zu empfinden, und auf die Forderung nach einer Ehrlichkeit sich selbst gegenüber und die Möglichkeit, das eigene Erleben auf seine Quellen hin zu befragen. Die Angst kann sich natürlich auch darauf beziehen, ob es gelingt, die Grenze zwischen Ungesteuertheit in der eigenen Responsivität und Ungesteuertheit/Unprofessionalität in den Handlungen zu wahren. Dabei darf nicht vergessen werden, dass es sich definitionsgemäß bei der Gegenübertragung (versteht man sie als konzeptuelles Gegenstück zur Übertragung) um einen unbewussten Vorgang handelt (d. h., dass die Quellen und die Bedeutung eines Affekts oder einer Fantasie oder deren jeweiliger Hemmung unbewusst sind). Little (1951, S. 164) meint daher, Gegenübertragungsphänomene seien »bekannt und anerkannt«, aber es sei zugleich »unmöglich und gefährlich«, die Gegenübertragung zu deuten. Damit bezieht sie sich auf das Problem, dass der Analytiker angesichts der Unbewusstheit der Bedeutung seiner Gegenübertragungsempfindungen (zunächst) nicht wissen kann, was sich darin zeigt. Der Versuch, so Little, »etwas Unbewußtes in sich selbst zu beobachten und zu deuten, gleicht am ehesten dem Versuch, den eigenen Hinterkopf zu sehen« (a. a. O.). Zumindest gilt dies für die Unmittelbarkeit des Gegenübertragungserlebens. Wenn sie sich emotional erreichen lässt, weiß die Analytikerin vermutlich in aller Regel nicht, was los ist. Kennt sie ihre »eigenen Filme« gut genug und hat sie bereits eine Weile mit einem jeweiligen Analysanden gearbeitet, wird es vermutlich leichter werden, sich ein Bild davon zu machen, was es genau ist, was sich gerade in der Beziehung zeigt. Unter ethischer Perspektive ist daher zu sagen, dass der Analytiker zwar – auch im Moment der Deutung, die ja ihrerseits genügend spontan gegeben werden sollte –

3.2 Gegenübertragung in konzeptgeschichtlicher Perspektive

nicht in jedem Moment wissen muss, was los ist und was es bedeutet, was sich zeigt, aber er muss in jedem Moment dessen gewahr sein, dass er sich in einer Beziehung mit seiner Analysandin *als* Analysandin befindet und dass damit eine Verpflichtung und Verantwortung einhergeht.

Auch bei Little lautet das zentrale Argument: »[W]enn wir die Gegenübertragung richtig verwenden, würden wir nicht zum Ergebnis kommen, daß wir über ein zusätzliches, außerordentlich wertvolles, vielleicht sogar unersetzliches Arbeitswerkzeug verfügen?« (a.a.O., S. 165). Sie meint, dass die »ehrliche Anerkennung« der eigenen Gefühle (Wut, Angst, Liebe etc.) »wesentlich für den analytischen Prozess« sei (a.a.O., S. 172).

Angesichts der bisher geäußerten Überlegungen ist es nicht verwunderlich, dass in zentralen psychoanalytischen Arbeiten zur Gegenübertragung auch das Verhältnis zwischen »normaler« Gegenübertragung und Abweichung von dieser diskutiert werden, besonders bekannt ist die Arbeit von Roger Money-Kyrle (1956) dazu. »Normale« Gegenübertragung bedeutet für ihn eine Haltung von Wohlwollen und Neugierde sowie partielle Identifizierungen, die im Dienst eines empathischen Verstehens stehen. Dazu gelangt der Analytiker auf der Basis eines »Kontakt[s] mit seinem eigenen Unbewußten« (Frank & Weiß, 2013, S. 7). Damit ist zunächst gemeint, dass die Analytikerin sich spontan und auch intuitiv empfänglich macht, und zwar gerade für das Unverstandene und Überraschende. In der normalen Gegenübertragung erfolgt aus Sicht Money-Kyrles (1959, S. 31) »eine ziemlich schnelle Oszillationsbewegung zwischen Introjektion und Projektion«. Der Analytiker nimmt etwas auf und gibt etwas zurück, ebenso wie die Analysandin etwas von sich beim Anderen deponiert und etwas von dem durch den Analytiker Verarbeiteten wieder aufnimmt (▶ Kap 4.1 zur projektiven Identifizierung). Man sollte sich das nicht als einen linearen Prozess vorstellen, sondern vielmehr als ein Geschehen, in dem im Erleben beider Beteiligter eine gewisse Durchlässigkeit gegeben ist, sich vom Anderen unbewusst erreichen zu lassen und ihn etwas von sich spüren zu lassen. Gerade bezogen auf die Gegenübertragung bedeutet das eben auch, dass die Analytikerin sich auf ungesteuerte Elemente der Beziehung einlassen können muss, auch bei ihr vollziehen sich Prozesse von Introjektion und Projektion. Eine wichtige konzeptuelle Idee dahinter ist, dass der Veränderungsprozess darin besteht, dass ein Analysand der Analytikerin gegenüber etwas von sich zeigt, das überwältigend und ängstigend ist, und ihr implizit den Auftrag gibt zu zeigen, was man damit anstellt, wenn man es spürt. Es obliegt dem Analytiker, etwas aufzunehmen, es zu verarbeiten und in dieser verarbeiteten Form, in Form einer Intervention, an die Analysandin zurück zu geben.

Als »Abweichungen« von der »normalen« Gegenübertragung beschreibt Money-Kyrle ein Scheitern der Oszillationsbewegung aus Introjektion und Projektion, das sich in Brüchen und (dauerhaftem) Nicht-Verstehen äußert. Als Ursache dafür benennt er, dass u. U. »der Patient [...] für etwas steht, das der Analytiker noch nicht gelernt hat, in sich selbst schnell zu verstehen« (a. a. O., S. 35). Dann ist die Analytikerin daran gehindert, etwas vom Analysanden aufzunehmen. Die analytische Funktion, etwas von der Analysandin Kommendes aufzunehmen und zu verarbeiten, ist gestört, wenn dem Analytiker seine eigenen blinden Flecken unbekannt sind oder ihn eigene Ängste hemmen. Möglicherweise entstehen weitere »Komplikationen, wenn der Analytiker, indem er den Patienten projiziert, gleichzeitig auch Aspekte seiner selbst projiziert« (a. a. O.). Offensichtlich entsteht ein Problem, wenn die Analytikerin eigene Konflikte unbewusst (und bewusst) mit dem Analysanden verhandelt und an diesem unerkannte eigene Rollenzuschreibungen vornimmt. Die Abweichung in der Gegenübertragung besteht also darin, dass das, was die Analysandin dem Analytiker unbewusst kommuniziert, von diesem nicht weiterverarbeitet werden kann, sondern er an eigene Hemmnisse stößt. Der Grat dazwischen, sich einerseits emotional empfänglich zu machen und das eigene Innenleben zu nutzen, um das Gegenüber besser zu verstehen, und sich andererseits in eigenen Konflikten zu verlieren, ist schmal. Vor allen Dingen ist es deshalb eine Herausforderung, weil die Analytikerin einerseits Teil einer authentischen unmittelbaren Beziehung zum Analysanden ist, und es gleichzeitig ihre Aufgabe ist, den Analysanden anzuregen, darauf zu blicken, was gerade passiert (vgl. zur Gegenübertragung als Erkenntnisquelle Löffler-Stastka et al., 2019). So macht sie ein doppeltes Angebot (▶ Kap. 5.2 zur »therapeutischen Ich-Spaltung«).

3.3 Ausgewählte Aspekte der Gegenübertragung

Neben diesen grundlegenden Arbeiten, die den Erkenntniswert der Gegenübertragung und deren Reflexion betonen bzw. zeigen, in welcher Weise Gegenübertragungshemmnisse darin bestehen, sie nicht zu erkennen oder zu beachten, gibt es weitere Aspekte der Gegenübertragung.

3.3.1 Konkordante und komplementäre Identifizierung

Eine wichtige und sehr gebräuchliche Unterscheidung stammt von Heinrich Racker (1959), der zwischen komplementären und konkordanten Identifizierungen in der Gegenübertragung unterscheidet. Folgt man dem Gedanken, dass sich der Analytiker von etwas erreichen lässt, dass mit den Beziehungsrepräsentanzen der Analysandin zu tun hat, dann stellt sich die Frage, was genau sich auf diese Weise aktualisiert. Rackers Unterscheidung zielt darauf ab, zwischen Aspekten der Selbst- und Aspekten der Objektrepräsentanz(en) in der Übertragung zu differenzieren.

Über die konkordante Identifizierung (in der Gegenübertragung) schreibt Racker, es sei eine »Identifizierung des Analytikers mit dem Ich und dem Es des Patienten« (a. a. O., S. 73) bzw. wie heute besser zu sagen wäre: mit Aspekten der Selbstrepräsentanz. Die Analytikerin bekommt so zu spüren, wie der Analysand (sich selbst) bewusst und unbewusst erlebt. Mal kann das heißen, etwas zu teilen, mal, das zu spüren, was der Analysandin in ihrem Gefühls- und Fantasieleben unzugänglich ist. Davon unterscheidet Racker die komplementäre Identifizierung (in der Gegenübertragung), die er als eine »Identifizierung des Analytikers mit den inneren Objekten des Patienten« versteht (a. a. O.), d. h. mit Aspekten der Objektrepräsentanzen. Hier spürt der Analytiker, welche Vorstellungen von anderen die Analysandin bewusst und unbewusst beschäftigen, etwa eine anklagende Stimme, ein Wertlosigkeitsgefühl, in einer Haltung, die davon geprägt ist, sie unbewusst ihren inneren Objekten entsprechend zu erleben. Angenommen, eine Analysandin erlebt sich selbst als klein und wertlos gegenüber einem mächtigen Objekt. Konkordant identifiziert würde der Analytiker sich dann ebenfalls als klein und wertlos, komplementär identifiziert als machtvoll und die Analysandin als klein und wertlos erleben. So wird differenzierbar, was es ist, was die Analytikerin von ihrem Analysanden zu spüren bekommt, d. h. welche Erfahrungen von sich selbst in Relation zum Anderen für diesen psychisch leitend sind.

Der Hintergrund von Rackers Konzeption sind objektbeziehungstheoretische Überlegungen. Der Analytiker müsse seine Gegenübertragung erkennen und nutzen, um die Übertragung zu verstehen (statt unreflektiert zu handeln) und sich dabei »mit dem übertragenen Objekt identifizieren«. Dies ist der Weg, »mit der inneren Realität des Patienten in nähere Fühlung« zu kommen, und eine Möglichkeit, »nicht nur mehr über die Beziehungen des Subjekts zu seinen inneren und äußeren Objekten, sondern auch über die Beziehungen der Objekte zum Subjekt« zu erfahren (a. a. O., S. 74).

3.3.2 Bereitschaft zur Rollenübernahme

Joseph Sandler legt 1976 seine einflussreiche Arbeit »Gegenübertragung und Bereitschaft zur Rollenübernahme« vorvor. Er geht von der Annahme aus, »daß die Rollenbeziehung des Patienten innerhalb der Analyse zu jedem beliebigen Zeitpunkt aus einer Rolle, die er sich selbst zuweist, und einer komplementären Rolle, die er dem Analytiker zu diesem Zeitpunkt zuweist, besteht. Die Übertragung würde demnach einen Versuch des Patienten darstellen, von sich aus zwischen sich und dem Analytiker eine Interaktion, eine Wechselbeziehung durchzusetzen.« (Sandler, 1976, S. 300; ▶ Kap. 5.4.3 zum szenischen Verstehen). Um dafür nun nicht nur aufnahmefähig zu sein, sondern es auch für ein analytisches Verstehen zu nutzen, ist es in der Perspektive Sandlers wichtig, dass der Analytiker eine »sein Verhalten betreffende gleichschwebende Rollenübernahmebereitschaftbernahmebereitschaft« (a. a. O., S. 304) einbringt, die »sich auch in den offen Reaktionen des Analytikers gegenüber dem Patienten, ebenso wie in seinen Gefühlen und Gedanken« zeigt, also »auch in seinen Einstellungen und seinem Verhalten und [...] ein entscheidendes Element innerhalb der ›nützlichen‹ Gegenübertragung dar[stellt]« (a. a. O., S. 301). Was der Analytiker in der Rolle, die er seinem Analysanden gegenüber einnimmt, erlebt, ist immer eine »Kompromißbildung zwischen eigenen Strebungen und der kontrollierten Übernahme der Rolle, die ihm der Patient aufzwingt« (a. a. O., S. 302).

Es wäre dabei ein Irrtum anzunehmen, dass die »Rollenübernahmebereitschaft« eine Analytikerin betrifft, die nichts anderes als die ihr zugeschriebene Rolle in die Beziehung einbringt. »Objektive« Ansatzpunkt wie Alter, Geschlecht, Kleidung, Praxiseinrichtung, Sprachstil u. a. liefern zwar gewisse Anknüpfungspunkte für Rollenzuschreibungen, allerdings darf nicht vergessen werden, dass Übertragungsphänomene vor scheinbar »objektiven« Grenzen nicht Halt machen und Rollenzuschreibungen in verschiedener Weise stattfinden (so dass z. B. eine ältere Patientin eine Mutter-Übertragung auf einen jüngeren Therapeuten ausbilden kann). Sandlers Hinweis bezieht sich im Wesentlichen darauf, dass Übertragungs- und Gegenübertragungsphänomene Teil eines gemeinsam gestalteten Geschehens ist, das der Analytiker in Relation zu seiner Analysandin weniger aktiv mitbestimmt, in das er jedoch auch Eigenes einbringt.

3.3.3 Zum Konzept der »Eigenübertragung«

Die Grundlegung des Übertragungskonzepts hat gezeigt, dass es sich um Prozesse handelt, die mit der Struktur des Psychischen zu tun haben: Psychisches wird gebildet durch Interaktionserfahrungen und setzt sich aus Beziehungsvorstellungen zusammen, die es färben, wie weitere Interaktionen und Beziehungen des Selbst zu Anderen erlebt werden. Dabei handelt es sich also nicht um Prozesse, die nur bei psychischen Erkrankungen und nur bei einem Analysanden in Relation zu einer Analytikerin auftauchen würden, sondern um allgemeine Aspekte menschlicher Beziehungsgestaltung. Das heißt, dass sich ebenso Übertragungsphänomene und -prozesse auf Seiten des Analytikers einstellen, auch in der klinischen Situation. So begründet sich das Erfordernis einer Lehranalyse bzw. Lehrtherapie in allen psychotherapeutischen Verfahren: Man muss die eigenen Filme kennen.

Das ist die Voraussetzung für die Arbeit mit der Gegenübertragung. Diese ist konzeptuell in unterschiedlicher Reichweite verstanden worden: Von einigen Autoren werden alle Gefühle, Fantasien u. ä., die die Analytikerin in der Stunde erlebt, als Gegenübertragung bezeichnen (so etwa bei Laplanche und Pontalis, die unter Gegenübertragung die »Gesamtheit der psychischen Reaktionen« des Analytikers verstehen; 1967, S. 164), und andere bezeichnen nur die (innere) Beantwortung der Übertragung der Analysandin durch den Analytiker als Gegenübertragung. Im Weiteren folge ich der Unterscheidung zwischen Gegenübertragung und Eigenübertragung. M. E. ist es nützlich, von der *Gegenübertragung* als dem zu sprechen, was direkter Teil des Übertragungs-Gegenübertragungs-Geschehens ist und mit den Inszenierungen zu tun hat, die sich zwischen Analytikerin und Analysand angesichts der »Beziehungsbiografie« des Analysanden ergeben. Gegenübertragung meint dann das Eingebundensein der Analytikerin in das Übertragungsgeschehen. Unter *Eigenübertragung* wäre in Abgrenzung das zu verstehen, was der Analytiker mehr oder minder unabhängig von der konkreten, individuellen Analysandin, mit der er es zu tun hat, in die Stunde einbringt (seien es eigene biografische Konflikte oder das, was ihn direkt vor der Stunde beschäftigt hat). Dabei ist zu beachten, dass es sich bei einer solchen Unterscheidung zwischen Gegenübertragung und Eigenübertragung um eine terminologische, also abstrakte handelt. In einer analytischen Stunde treten beide Aspekte zusammen, es wird sich nicht trennen lassen, was der Analytiker an eigenen Aspekten einbringt und wo er auf seine Analysandin antwortet. Konzeptuell erscheint die Differenzierung allerdings sinnvoll, weil sie eine differenzierende Reflexion konkreter klinischer Situationen erlaubt.

Die Frage nach der »Eigenübertragung« und dem Erfordernis eines gesonderten Konzepts wird auch von Heuft (1990) diskutiert. Bei ihm taucht der Terminus eher in Richtung von Hemmnissen des analytischen Prozesses auf: »Mit Eigenübertragung des Therapeuten in der analytischen Situation werden [...] alle die innerseelischen Konflikte des Analytikers beschrieben, die ihn nachhaltig daran hindern, die Gegenübertragungsabbildungen im Dienste des Prozesses zu analysieren.«

(a. a. O., S. 306). Die Eigenübertragung rückt hier also nah an eine Konzeption des (Gegenübertragungs-) *Widerstands* (vgl. Storck, in Vorb. a. Kap. 4), wohingegen erkannte und reflektierte eigene Konfliktanteile weniger konzeptuell aufgegriffen werden. Dementsprechend können aus der Sicht Heufts Eigenübertragungsphänomene »per definitionem zunächst nicht für die Analyse nutzbar gemacht werden« (Heuft, 1990, S. 303). Eigenübertragung tritt dann auf, wenn die Analysandin beim Analytiker »nicht ausreichend durchgearbeitete und damit bewußtseinsfähige Latenzen anspricht« (a. a. O.). Gleichwohl birgt diese Auffassung eine Gefahr in sich, denn implizit wird damit ja angenommen, es könne klinische Verläufe geben, die (zumindest idealtypisch) frei von Eigenübertragungen als »nicht [...] bewußtseinsfähige[n] Latenzen« sind, bzw. dass die analytische Selbsterfahrung den komplett durchgearbeiteten Analytiker nach sich ziehen würde. Zwar taucht auch hier der bei Money-Kyrle gegebene Hinweis auf, dass »abweichende« Gegenübertragung sich als Hemmnis des Verstehens äußert, und doch wäre die Forderung danach irrig, die analytische Haltung und Technik frei von »Hindernissen« lassen zu können, die mit der Analytikerin zu tun haben. Der Umgang mit der »Eigenübertragung« wäre m. E. weniger reflexionslogisch als ethisch zu bestimmen: Wie oben erwähnt wäre dann für den Analytiker nicht entscheidend, immer und unmittelbar zu wissen, was das bedeutet, was er sagt oder tut, sondern zu wissen, dass er es in Relation zu seinem Analysanden *als* Analysanden sagt oder tut, d. h. in Anerkennung seiner ethischen Verantwortung. Hier die Formulierung eines Konzepts der Eigenübertragung (als Grundlage für eine dem Analysanden zugutekommende Arbeit mit der Gegenübertragung) zurate zu ziehen, erscheint nützlich, um die Gefahren von Abstinenzverletzungen zu bannen, insbesondere solchen, in denen sich die narzisstische Bedürftigkeit der Analytikerin verbirgt.

Eine Linie, anhand derer sich die Anteile von Eigenübertragung und Gegenübertragung konkret abwägen lassen, kann darin liegen, das eigene spontane Erleben als Analytikerin darauf zu befragen, ob es sich fremdartig oder ungewohnt anfühlt. Als ein Beispiel dafür kann die Müdigkeitsreaktion genommen werden.

3.3.4 Die Müdigkeitsreaktion

Die Müdigkeitsreaktion des Analytikers in einer Behandlungsstunde wird bereits von Dean (1957) als Gegenübertragungsphänomen beschrieben. Der Gedanke dabei ist, dass eine negative Übertragung von der Analytikerin (noch) nicht erkannt und somit nicht gedeutet wird, sondern statt dessen eine Abwehr von Gefühlen der Hilf- oder Machtlosigkeit erfolgt (auf beiden Seiten der Beteiligten) mit dem Ergebnis einer Müdigkeit beim Analytiker. Zwiebel (1992, S. 9) formuliert, die »Müdigkeitsreaktion des Analytikers« sei »als ein Beziehungsphänomen in den verschiedenen subtilen Interaktionen zwischen Patient und Analytiker zu beschreiben«. Es handele sich um »ein[en] Versuch […], sich einer als problematisch erlebten, aber nicht veränderbar erscheinenden Situation zu entziehen« (a. a. O., S. 16). Von einer heftigen Müdigkeit übermannt zu werden, habe oft damit zu tun, sich selbst (unbewusst) gleichsam emotional ›auszuschalten‹. Dem Analytiker wird etwas Zuviel (Wut, Hass) und es erfolgt ein Ausweichen in Müdigkeit und im Extremfall das Einschlafen. Wird dies von der Analytikerin bemerkt, ist es der Ansatzpunkt für ein Verstehen: Der Analysand hat mit intensiven abgewehrten Affekten zu tun und in Teilen wird die Analytikerin von dieser Abwehr erfasst und identifiziert sich mit den Strategien der unbewussten Vermeidung. Von der Müdigkeit des Analytikers als einer Gegenübertragungsreaktion (u. U. einem Gegenübertragungswiderstand) zu sprechen, ist nur dann sinnvoll, wenn ausgeschlossen wird, dass die Analytikerin übernächtigt ist und an Schlafmangel leidet. Es wäre absurd, dann Analysanden eine Aggressionsabwehr zu unterstellen, von denen man erfasst würde. Ebenso problematisch wäre es, wenn der Analytiker heftige eigene negative Affekte bei sich und in der interpersonellen Wahrnehmung der Analysandin abwehrt und mehr oder minder immer müde wird, wenn Aggression auftaucht.

Von diesen Voraussetzungen ausgehend kann es einen hohen Erkenntniswert haben, eine eigene Müdigkeitsreaktion zu reflektieren. Drei Aspekte sind dabei von besonderer Bedeutung. Die Müdigkeit tritt

- »überfallartig« auf, im Verlauf einer Stunde, während der Analytiker vorher und nachher eher das Gefühl hat, genügend ausgeruht und aufnahmefähig zu sein;

- bei einer bestimmten Analysandin auf, bei anderen nicht, u. U. auch unabhängig von der Tageszeit;
- zu bestimmten Phasen im Prozess der analytischen Arbeit auf.

Dies zu beachten, hilft bei der Bewertung der eigenen Müdigkeit, wobei ebenso darauf zu achten ist, hier nicht schematisch zu denken oder Analysanden die eigene Müdigkeit »vorzuwerfen«. Vielmehr ist auch diese Art der Gegenübertragung potenziell Teil einer gelingenden Kommunikation über schwer aushaltbare innere Zustände. Vier mögliche Bereiche, vor deren Hintergrund eine Müdigkeitsreaktion verstanden werden können, lassen sich so differenzieren (Zwiebel, 1992):

- Müdigkeit als eigener physischer Zustand (Schlafmangel, schweres Essen in der Mittagspause u. a.);
- Müdigkeit als eigene latente Einstellung (»Bei Berichten von Erbschaftsstreitigkeiten schalte ich immer ab!«); auch im Sinne eines Widerstands gegen das analytische Arbeiten (von Zwiebel als »phobische Position« bezeichnet, die beim Analytiker durchzuarbeiten ist; Zwiebel, 2007);
- Müdigkeit als konkordante Gegenübertragungsidentifizierung (d. h. als ein mit der Analysandin geteilter Widerstand und Abwehr derselben Erlebnisaspekte);
- Müdigkeit als komplementäre Gegenübertragungsidentifizierung (etwa als ein Identifiziertsein mit Objekten, die dem »Schwierigen« des Analysanden und dessen Hilflosigkeit keinen Raum geben).

3.4 Fallbeispiel Frau C.

Habibi-Kohlen (2018) veröffentlicht eine Fallvignette, anhand der sich das Arbeiten mit der Gegenübertragung veranschaulichen lässt. Es geht um die analytische Behandlung in vierstündigen Wochenstundenfrequenz mit der 48jährigen Frau C., die die Behandlung aufsucht, weil sie an Ängsten und Schlafstörungen leidet und sich oft unsicher fühlt. Sie wird oft wütend, nachdem sie Anderen zustimmt und dann nach einer gewissen Zeit meint, sie könne selbst keinen Raum mehr einnehmen und müsse sich ganz an Anderen orientieren. Biografisch gibt es viele Todesfälle und Kriegstraumatisierungen in der Familie. Frau C. ist das jüngste von sechs Kindern der Eltern, unter denen es viel Streit gegeben habe. Sie beschreibt eine nahe und ambivalente Beziehung zu den Geschwistern, derart, dass sie nicht »herausfallen«, aber auch »in Ruhe gelassen werden« wolle (a. a. O., S. 176). Die Analytikerin ist initial bewegt (Verlassenheitsgefühl) und überwältigt (Kriegstraumata), aber auch zurückgestoßen durch einen Eindruck von Wildheit, als treibe Frau C. gewaltvoll Dinge in sie hinein, auch durch die »Lautstärke ihrer Erzählungen« (a. a. O.). Frau C. berichtet von einer Überflutung mit »Furzen, Rülpsen, Kotzen, Pissen« in ihrer Familie, ohne Türen und Grenzen, sowie von einer sexualisierten Atmosphäre (a. a. O.). Eine solche (innere) Reaktion des Sich-Abgestoßen-Fühlens ist ein Beispiel für die Grundlage eines Arbeitens mit der Gegenübertragung: Statt der Analysandin die Derbheit der Sprache (und des Sprachinhalts) vorzuwerfen oder sich von ihr abzuwenden (und so das Abstoßende auszuagieren), geht es darum, dies für das Verstehen von Beziehungs- und Affektdynamiken zu nutzen.

Im Erstgespräch entsteht bei der Analytikerin der Eindruck, Frau C. würde alles in sie hineindrücken und ihr Impuls ist, es wieder herausdrücken (also loswerden) zu wollen, als eine Fantasie von: ›Das will ich bei mir nicht haben‹. Sie nimmt das bei sich wahr statt es handelnd zum Ausdruck zu bringen (indem sie etwa auf Distanz zur Analysandin ginge oder diese wegschicke). Verstehen lässt sich dies als der Impuls einer Verteidigung gegen die Übertragung. Die Autorin schildert, wie die Analysandin in dieser Phase von ihr einige »unbearbeitete Re-Projektionen« zu spüren bekommen habe (vgl. Money-Kyrles Sicht auf die »Abweichungen« der »normalen« Gegenübertragung). Während der Anfangszeit der Analyse erlebt die Analytikerin einen konstanten Kampf und hat das Gefühl, Frau C. sei ihr zu viel. Die Analytikerin beschreibt eine »sadomasochistische Kollusion« (a. a. O., S. 176), das Zusammentreffen einer (unbewussten) quälenden Interaktionsgestaltung der Analysandin und einer korrespondierenden Haltung der Analytikerin, sich quälen lassen zu müssen.

3.4 Fallbeispiel Frau C.

Frau C. ist überzeugt, von der Analytikerin verlassen zu werden, sobald sie beginnen werde über ihre Ängste zu sprechen. Es geht um die Erwartung, ›rauszufliegen‹, wenn sie alles loswerde (besonders die verletzlichen Seiten), da sie der Analytikerin dann endgültig zu viel würde. Natürlich ist neben einer solchen (unbewussten) Vermeidung auch zu beachten, dass ein starkes weiteres unbewusstes Motiv sich darin zeigt, dass Frau C. Not leidet und auch positive Erwartungen mit der Behandlung verbindet. Allerdings beschreibt die Analytikerin das Weinen der Analysandin in den Stunden als »unecht, gepresst, falsch« (a.a.O., S. 177) wirkend. In sich selbst erlebt die Analytikerin weiterhin einen Entwertungsimpuls gegenüber der Analysandin. Es gibt die innere Neigung, das Weinen und die Not von Frau C. als »hysterische Dramatisierung« (a.a.O.) abzutun und der Not der Analysanden mit einer bagatellisierenden Haltung zu begegnen. Die Analytikerin versteht das als eine konkordant identifikatorische Abwehr der Wut Frau C.s und als komplementär identifikatorisches Wiederholen einer Entwertung Frau C.s, die diese erfahren hat und an sich selbst ausübt. Die Selbstentwertung der Analysandin findet darin ihren Niederschlag, dass die Analytikerin sie ebenfalls für falsch und abstoßend hält.

Es wird auch deutlich, wie stark die Wut der Analysandin darauf ist, sich abhängig und bedürftig zu fühlen. Die analytische Beziehung empfindet Frau C. als etwas, das mit der Forderung an sie verbunden ist, etwas »für andere [...] tun zu sollen, ohne sich abgrenzen zu dürfen« (a.a.O., S. 177). Die Analytikerin erlebt nach einiger Zeit eine gemeinsame »unbewusste[.] Phantasie, dass man die Situation eben aushalten, aussitzen muss, ohne selbst wirksam werden zu können« (a.a.O., S. 178). Schritt für Schritt versucht sie, anhand ihrer eigenen inneren Welt zu verstehen, wie die innere Welt der Patientin aussieht: Es gehe um die Auseinandersetzung »mit meiner inneren Objektwelt, die von ihrer inneren Objektwelt angegriffen/überlagert/durchdrungen wurde, was ich erst analysieren und verstehen muss« (a.a.O.).

Im Folgenden geht es um eine Stundensequenz aus dem zweiten Jahr der Analyse, im Anschluss an eine Ferienunterbrechung. Während dieser ist Frau C. gestürzt und hat sich einen Knochen gebrochen, während sie mit der Hausarbeit beschäftigt war, und dabei Gedanken an ihre Schwester, eine »perfekte« Hausfrau, nachgegangen sei. Sie sei gedankenverloren vom Stuhl heruntergestiegen und gedacht, wenn ihre Schwester sie nicht wertschätze, dann sei das auch egal. Dann sei sie gestürzt. Frau C. schildert: »Das ›Wenn-nicht-ist-es-auch-egal‹ beschäftigt mich. Ich hatte danach viele Träume von Verlust, dass ich mein Lieblingshandtuch wiederentdecke als Putzlappen. Das finde ich ganz traurig. Da ist so viel Altes und ich hab Angst, das Alte wegzutun. Das Sichere. Es ist was Gutes, was ich nicht loslassen will.« (a. a. O., S. 180). Die Analytikerin fühlt sich »in diffuser Weise angeklagt, schuld zu sein, vielleicht an der Entwertung des Alten [Putzlappen]« und als wäre sie für Frau C. »wie die entwertende Schwester.« Sie sagt zu Frau C.: »Sie hatten vielleicht unterschwellig die ganze Zeit die Schwester im Kopf, die jetzt mal hingucken soll, was sie angerichtet hat mit ihren entwertenden Gedanken. Und vielleicht hatten Sie auch mich im Kopf, dass ich Ihnen was Sicheres, Altes entwerte?« (a. a. O.).

Frau C. sagt daraufhin vorsichtig: »Es ist eher – ich komm nicht vorwärts mit meinem Leben.« Die Analytikerin erwidert, sie sei doch schon vorwärts gekommen, Frau C. antwortet, das stimme zwar, aber sie »versacke« in dem Gefühl der Sinnlosigkeit. Die Analytikerin sagt daraufhin: »Das ›Eh-keinen-Sinn-Haben‹ und das Gefühl beim Sturz ›Es-ist-ehegal‹, war das vielleicht eine Reaktion auf die Weihnachtspause?« Die Analysandin meint dazu: »Vor Weihnachten war's blöd, dass ich keine Stunde mehr hatte, aber zwischen den Jahren hab' ich gedacht, es tut auch mal gut, nicht immer in diesen Tiefen zu sein und mal Pause zu haben. Aber dann kam die Küche. Das Gefühl, dreckig zu sein und die Sicht der Geschwister, der Großen. Das ist nicht schön, dass das was früher schön war, plötzlich wertlos ist.« (a. a. O.). Die Analytikerin reflektiert, es habe sich etwas an der Intervention mechanisch angefühlt, die Ferienunterbrechung und das, was darin passiert sei, auf die Übertragung (und damit die Trennungssituation) zu beziehen. Später in der Stunde spricht Frau C. über ihre Mutter, für die Schwangerschaft immer wie ein Fluch gewesen sei und die die Schwangerschaft von Frau C.s Schwester mit den Worten »Ach du Scheiße« kommentiert habe. Frau C. fragt sich, ob die Mutter ähnlich reagiert habe, als sie mit ihr schwanger gewesen sei (a. a. O., S. 181).

Die Vignette ist im vorliegenden Kontext besonders hilfreich, weil die Analytikerin sehr genau beschreibt, was die Analysandin in ihr auslöst, und den Verlauf der Beziehungsdynamik nachzeichnet. Wenn im Anfangsteil Frau C. vom Traum mit dem Lieblingshandtuch berichtet, der zum Putzlappen wird, und schildert, dass sie das Alte nicht loswerden wolle, dann deutet die Analytikerin ihr, so ihre eigene Reflexion, die Wut gegenüber der Analytikerin als jemandem, der ihr das Alte und Sichere wegnehmen will. Die Analytikerin fühlt sich angeklagt und provoziert und reagiert innerlich wie die entwertende Schwester (in Rackers Terminologie: komplementär gegenübertragungsidentifiziert). Innerlich wird die Analytikerin so zur entwertenden Schwester, der es ganz recht ist, dass Frau C. nicht gut sauber machen kann. Die Analytikerin deutet eine mögliche Angst Frau C.s, auch von ihr etwas weggenommen zu bekommen, und hält ihr eigenes Eingehen auf die Verbindung zwischen der Schwester und der Übertragungssituation für eine Vermeidung des »Hier und Jetzt« (▶ Kap. 3.1.3): Besser man erkennt im aktuellen Beziehungsgeschehen die entwertende Schwester wieder als einen schwelenden Konflikt durchzuarbeiten.

Der Analytikerin gelingt es im Verlauf der Behandlung, anhand der Reflexion eigener Erfahrungen, zum Teil sehr persönlicher Art, einen Zugang emotionalen Verstehens zu Frau C. zu finden. Es ist ein fortgesetzter innerer Prozess der Analytikerin, in dem sie Verbindungen zu eigenen kindlichen Gefühlen von Verlust, Wut, Rache (und der Angst davor) herstellt. Der Prozess in der Analyse verändert sich in Richtung von mehr Sorge, die die Analytikerin Frau C. gegenüber empfindet.

In einer Sequenz aus dem dritten Jahr der Behandlung geht es darum, dass Frau C. Gefühle von Einsamkeit stärker spürt und ihre Bemühungen zurücktreten, den Erwartungen der Anderen zu entsprechen. Frau C. berichtet zu Beginn einer Stunde, sie habe auf dem Weg gedacht, jetzt müsse sie sich wieder »Scheiß-Wahrheiten« anhören (a. a. O., S. 185). Frau C. spricht über ihren Hund, der Andere oft angreife. Sie assoziiert weiter, wie sie im Alter von fünf Jahren mit dem Bein in ihre Fahrradspeichen geraten sei und »Ausländer« gekommen seien, um ihr zu helfen. Ihr fällt der Film *König der Fischer* ein und sie assoziiert, wie jemand komme und einem alles wegnehme. Sie schildert den Gedanken, dass das die Analytikerin sein könne, als eine »Ausländerin« (die Analytikerin hat einen Migrationshintergrund) – so als gäbe es kein Verstehen zwischen beiden. Die Analytikerin ist davon getroffen, sie fühlt sich ausgeschlossen und als fremd abgestempelt, sowie mit dem Vorwurf konfrontiert, sie würde Frau C. ausrauben und sei »nicht richtig« und wertlos. Sie denkt über Frau C.: ›Sie soll weg sein!‹ Sie erlebt die Analysandin in deren Wut und Angst als so »authentisch wie selten« (a. a. O., S. 186). Die Analytikerin beschäftigen dann Gedanken zum Großvater Frau C.s, von dem diese vermutet, er könnte in der Nazi-Zeit an Deportationen beteiligt gewesen sei, und der vermutlich heute fremdenfeindlich wäre. Das verbindet sich für die Analytikerin nun mit eigenen biografischen Erinnerungen, in der Kindheit von Deutschen ausgeschlossen worden zu sein. Sie schreibt, sie habe einige Sitzungen gebraucht, um diese Erinnerungen »durch[zu]kauen«: »Der Wunsch, sie wäre weg, relativiert sich dann aber, als ich mir klarmache, dass die Patientin mir massiv ihre Gefühle ›hineinschiebt‹ und sie zugleich in mir auf etwas treffen, das nicht so sehr bearbeitet ist, wie ich geglaubt hatte.« (a. a. O.). Hier wird auch deutlich, welche starken Wechsel in projektiven Identifizierungen erfolgen: Ob sich hier jemand die andere vom Hals halten will oder sich als diejenige fühlt, welche sich die andere vom Hals halten will, wechselt rapide und ist ineinander verwoben.

Es hilft der Analytikerin, die eigenen Erfahrungen zu reflektieren und so zu verstehen, wie Frau C. sich fühlt: wie in einem fremden Land, außerhalb vom Eigenen, getrennt von allem und von Krieg und destruktiven Affekten bedroht (auch seitens der Analytikerin). Hier begegnen sich die inneren Welten beider (Ausgrenzungserfahrungen und Bedrohtheitserleben) und ein emotionales Verstehen wird auf verschiedenen Ebenen möglich: Frau C. als entwertet und selbstentwertend, als bedroht von Destruktivität, aber auch als identifiziert mit dem Destruktiven (z. B. in Form des Großvaters), so dass die destruktive Bedrohung auch eine ist, von der sie sich in sich selbst bedroht fühlt. Diese Reflexion hilft der Analytikerin, aus den negativen Affekten in der Gegenübertragung herauszufinden und empathisch mit der Analysandin zu sein. Das vermittelt sich Frau C., die sich weiter öffnet und über Schamgefühle spricht. Sie berichtet einen Traum: »Das war ein Traum von uns beiden. Wir gingen einen Weg lang an Ihrer Praxis und sprachen. Da bin ich in Hundekacke reingetreten. Aber Sie sagten, ist nicht so schlimm, ich hatte das auch mal, es ist nur schwierig, die Kacke aus dem Profil wieder rauszukriegen. Dann gingen wir über die Straße und

Sie haben den Arm um mich gelegt, aber dann haben Sie den wieder weggenommen. Das hat mich verwirrt. Beim Aufwachen hab ich gedacht, ja, das ist tröstlich, dass wir uns jetzt zusammen den Dreck angucken können. Und mit dem Über-die-Straße-Laufen: Einmal kannte ich eine Frau aus der Mongolei mit schwarzen Haaren und so klein wie Sie, die konnte nicht so gut deutsch, aber wir waren am Flussufer und es regnete, da nahm sie mich unter ihre Jacke. Es ist irgendwie eine Verständigung auf einer anderen Ebene möglich.« (a. a. O., S. 187). Die Analytikerin macht eine Bemerkung dazu, dass Frau C. zunächst gedacht habe, die Analytikerin verstehe die Sprache des Drecks nicht. Frau C. erwidert, dass sich im Traum vielleicht zeige, dass sie denke, niemand verstehe sie und sie müsse den Dreck verstecken, aus Angst, die Analytikerin dulde das nicht. Sie meint, sie sei sehr erleichtert, dass die Analytikerin sich nicht von ihr abwende. Es kann eine Begegnung über Gemeinsamkeiten geben, die Bedrohliches und »dreckige« Affekte betrifft, und damit auch die Vorstellung eines möglichen Verstehens und einer möglichen Veränderung.

Was der Kommentar an dieser Stelle zeigt, sind zum einen Übertragungsmanifestationen seitens Frau C. (insbesondere das Entwertungsthema). Es kann zum anderen aber auch der Vorgang der projektiven Identifizierung verdeutlicht werden, durch den die Analytikerin zu spüren kriegt, womit Frau C. innerlich bewusst und unbewusst ringt (auch zeigen sich die Unterschiede zwischen einem komplementären und einem konkordanten Identifiziertsein in der Gegenübertragung). Das ist nicht allein Abwehr, also motiviert dadurch, dass Frau C. etwas loswerden will, sondern auch ein Aspekt des kommunikativen Prozesses zwischen beiden, also motiviert dadurch, dass Frau C. versucht, die Analytikerin zu erreichen, so dass diese versteht und ihr hilft, anders als bisher mit der Überwältigung umzugehen. Die Analytikerin ist projektiv identifiziert, es realisiert sich ein Ineinander von Gegenübertragung und Eigenübertragung: Sie nimmt etwas von Frau C. auf und dies verbindet sich mit biografischen Aspekten und dazugehörigen Affekten und Bildern. Es ist die Reflexion und die innere transformative Arbeit der Analytikerin, die eine Veränderung des Arbeitens und der analytischen Beziehung möglich macht.

4 Übertragungsformen bei verschiedenen psychischen Störungen

Soweit hat sich gezeigt, wie in analytischen Behandlungen vor dem Hintergrund zurückliegender Beziehungserfahrungen und deren Repräsentation Übertragungsprozesse beachtet und zum Teil der Arbeit werden. Übertragungen sind dabei »Anheftungen« unbewusster Aspekte des Erlebens an bewusstseinsfähige Vorstellungen, in einem enger gefassten Sinn bedeutet das: Die Beziehung zum Analytiker dient dem Bewusstwerden unbewusster, konflikthafter Anteile der Beziehungsrepräsentanzen. Setting und Haltung (▶ Kap. 5.4) tragen zum Vertiefen von Übertragungsprozessen in Richtung einer Übertragungsneurose bei, es werden (neurotische) Symptome auf die Analytikerin und die Beziehung zu ihr zentriert. Dabei sind Unterschiede in den Beziehungsdynamiken bei unterschiedlichen psychischen Störungen noch unberücksichtigt geblieben. Erkennt man allerdings an, dass psychische Störungen mit einer bestimmten Weise zu tun haben, in der Affekte und Beziehungen erlebt werden, und dass Psychotherapie damit zu tun hat, mit dem Mittel des Erlebens von Affekten und Beziehungen etwas daran zu verändern, dann ist zu erwarten, dass sich Übertragungs-Gegenübertragungs-Dynamiken je nach Symptomatik voneinander unterscheiden.

Im Folgenden wird es daher im Anschluss an eine Vertiefung des Konzepts der projektiven Identifizierung um einen Überblick über mögliche Übertragungsformen bei verschiedenen psychischen Störungen gehen.

4.1 Das Konzept der projektiven Identifizierung

Für Psychoanalytiker ist es wichtig, sich von der Analysandin emotional berühren und erschüttern lassen zu können, also emotional erreichbar zu sein, in erster Linie für schwierige Gefühle, denn das ist es, was Analysanden in die Behandlung führt. Die Analytikerin begibt sich in ein Beziehungsfeld einer eigenen intensiven emotionalen Erfahrung, wie sich in der Diskussion des Begriffs der Gegenübertragung gezeigt hat. Mit dem österreichischen Dichter Johan Nestroy kann gesagt werden: »Wer bei gewissen Gelegenheiten seinen Verstand nicht verliert, zeigt nur, daß er keinen zu verlieren hat.« (zit. n. Racker, 1959, S. 76) und auch Hinz (2002) bringt die Aufgabe des Analytikers auf den Punkt: »Wer nicht verwickelt wird, spielt keine Rolle«! Eine Therapeutin, die ihren Patienten gleichbleibend nüchtern betrachtet, wird ihm nur begrenzt helfen können. Zieht man das Zusammenspiel von Übertragung und Gegenübertragung heran und beachtet man die Bedeutung von Projektion und Introjektion in der psychischen Entwicklung (und für Veränderungsprozesse im Zuge der analytischen Beziehung), wie sie insbesondere von der Klein-Bion-Richtung thematisiert wird, dann gelangt man zum Konzept der projektiven Identifizierung.

4.1.1 Begriffliche Grundlagen: Projektion, Introjektion, Identifizierung

Zunächst einmal muss es dabei um den Versuch einer Unterscheidung zwischen Übertragung und Projektion gehen. Projektion gilt als Abwehrmechanismus (vgl. Storck, in Vorb. a, Kap. 3), das Konzept hat auch einen Platz in der psychoanalytischen Entwicklungspsychologie sowie der Sozialpsychologie. Abwehrmechanismen dienen der Vermeidung von unlustvollen Affekten (Scham, Schuldgefühle, Angst), die Projektion im Besonderen bezieht sich darauf, unliebsame Anteile nicht als dem Selbst, sondern Anderen zugehörig zu erleben. Nicht man selbst ist beispielsweise wertlos oder schwach, sondern jemand anderem wird das zugeschrieben, oder auch: Nicht man selbst ist wütend, sondern man fühlt sich der Wut des Gegenübers ausgesetzt. Das Konzept der Übertragung hingegen bezieht sich darauf, Affekte und Fantasien im Zusammenhang aktueller und u. U. »harmloserer« Vorstellungen zu erleben, und in einem engeren Sinn darauf, in einer Beziehung Affekte und Fantasien zu erleben, die aus einer anderen stammen bzw. dieser zugehörig sind. Während sich Projektion also auf einen Vorgang bezieht, der das Verhältnis der Selbst- und Objektvorstellungen betrifft (»projizieren« heißt, etwas von der Selbst- auf eine Objektrepräsentanz verschieben), meint Übertragung das Wiedererleben szenischer Beziehungserfahrungen oder -fantasien. Projektion ist ein Abwehrmechanismus, Übertragung wird eher im Zusammenhang eines Doppelcharakters aus Behandlungswiderstand und Beziehungsdiagnostik gesehen und trägt eine Ambivalenz von Zeigen und Verbergen in sich.

Ich habe bereits auf die entwicklungspsychologische Bedeutung der Projektion hingewiesen. In der frühen Entwicklung, so die psychoanalytische Annahme z. B. in Kleinianischer Richtung, (und darin verwoben mit der Introjektion; s. u.) tauchen Projektionsvorgänge auf (zur Bewältigung archaischer Ängste) und auf diese Weise werden im Zuge von Interaktionen Vorstellungen vom Anderen (und vom Selbst) ausgebildet. Freud (1915c, S. 228) postuliert die Figur eines »purifizierten Lust-Ichs«, d. h. einer Dynamik, in der alles »Schlechte« (also Frustrierende, Unlustvolle) als von außen kommen erlebt wird, es wird also in der psychischen Struktur etwas, das nicht der Selbstrepräsentanz angehört, projektiv den Vorstellungen des Nicht-Selbst zugeordnet. Im weiteren Verlauf der Entwicklung erst stellt sich die Aufgabe einer Integration und einer Zurücknahme von Projektionen.

Die Introjektion ist eine Form der Internalisierung (vgl. Storck, 2019c, S. 29ff.). Es lässt sich dafür argumentieren, dass sich das Konzept darauf bezieht, dass ein psychisches Objekt aufgerichtet wird, d. h., dass es sich in Auseinandersetzung mit Anderen in der Interaktion bildet (verwoben mit der Projektion). Beschrieben wird also die Bildung von Vorstellungen Anderer und damit auch des Selbst als in Beziehung stehend. Während mit der Introjektion die Aufrichtung des Objekts gemeint ist, bezieht sich das Konzept der Identifizierung auf Veränderungen an der Selbstrepräsentanz im Licht dessen, was am Objekt erlebt wird. Als unbewusster Vorgang wird etwas für das Selbst übernommen, ohne dass für das Subjekt erfahrbar ist, dass das Angeeignete etwas ist, das zu den Vorstellungen des Objekts gehört, also beispielsweise eine Art, sich zu geben. Hinzu tritt terminologisch die Inkorporation, womit meist die *Fantasie* über das Hineinnehmen des Anderen gemeint ist.

4.1.2 Projektive Identifizierung bei Melanie Klein und Wilfred Bion

Die Klärung der Konzepte von Projektion, Introjektion und Identifizierung ermöglicht nun die Skizze einiger Positionen zur projektiven Identifizierung. Das Konzept und seine Verwendung stehen in drei verschiedenen Kontexten: Erstens spielt es eine Rolle in der »Untersuchung der frühesten Austauschprozesse zwischen Eltern und Kind«, zweitens ist es Teil der »Lehre von den Abwehrvorgängen« und drittens spielt es von Bedeutungen in einigen »Weiterentwicklungen der psychoanalytischen Behandlungstechnik« (Frank & Weiß, 2007, S. 7). Im Zuge der konzeptuellen Ausformulierung des Konzepts ist, so Frank und Weiß (a. a. O.), »eine Erkrankungsgruppe in den Mittelpunkt der Aufmerksamkeit [gerückt], die lange Zeit als untherapierbar […] gegolten hatte« – »die schweren narzisstischen, Borderline- und psychosenahen Störungen«. Damit ist zunächst einmal die Tatsache gemeint, dass sich in klinischen Behandlungen andere Arten von Symptomen zeigen und andere Arten von Beziehungsdynamiken auftauchten, so dass das Konzept der projektiven Identifizierung dort nützlich wird, wo es nicht um die Arbeit mit Patienten mit »reifen« psychischen Störungen geht, sondern um unkontrolliertere und unmittelbarere Dynamiken und Erlebnisformen. Ferner kann es um eine attributive Form (in der dem Objekt etwas »zugeschoben« wird) und um eine aquisitive Form gehen (in der dem Objekt etwas »entrissen« wird; Britton, 1998, S. 17f.; vgl. a. das Konzept einer »extraktiven Introjektion« bei Bollas, 1987, S. 157ff.). Bei König (1993, S. 21f.) finden sich vier verschiedene Formen der projektiven Identifizierung, die er entlang der zugrundeliegenden Motivation unterscheidet. Diese sind:

- Übertragungstyp (das Herstellen eines Gefühls von Sicherheit bzw. Familiarität);

- Konfliktentlastungstyp (etwas Intrapsychisches wird interpersonell in Szene gesetzt, damit es nicht bei einem selbst ist);
- kommunikativer Typ (um zu bewirken, dass Analytikerin und Analysand sich gleich fühlen bzw. der Analytiker versteht, wie die Analysandin sich fühlt, und ihr Wege der Bewältigung aufzeigt);
- Abgrenzungstyp (zur Minderung von Fusionsängsten, aber auch mit der Folge der Induktion einer unempathischen Haltung beim Analytiker).

Die ersten Formulierungen zur projektiven Identifizierung stammen von Klein, nachdem der Projektionsbegriff bei Freud vor allen Dingen als Teil psychotischer Abwehr und Symptombildung aufgetaucht war. Im Verständnis Kleins ist mit projektiver Identifizierung »eine unbewusste Phantasie« gemeint, »in der Aspekte des Selbst oder eines inneren Objekts abgespalten und einem äußeren Objekt zugeschrieben werden.« (Bott-Spillius et al., 2011, S. 126; Übers. TS) (vgl. genauer zum Konzept der unbewussten Phantasie Storck, 2018a, S. 70ff.; vgl. zu einer Kritik der Verwendung von »innerem« und »äußerem« Objekt Storck, 2019c, S. 18ff.). Der genannte Vorgang hat im Denken Kleins selbst noch keine interpersonelle Komponente (derart, dass durch oder infolge des Vorgangs ein Gegenüber dazu gebracht würde, anders zu erleben oder zu handeln). Das Gemeinte findet vollkommen in der Vorstellungswelt des Individuums statt: Es geht um eine Fantasie dazu, dass etwas nicht bei einem selbst ist bzw. zu einem selbst gehört, sondern zum Anderen. Das findet auf der Grundlage einer zumindest passager unklaren Grenze zwischen und Differenzierung von Selbst und Objekt statt. Bott Spillius et al. (2011, S. 126) meinen, es gehe bei der projektiven Identifizierung darum, etwas loswerden zu wollen, aber auch darum, in den Anderen einzudringen und Teile seiner Psyche zu vereinnahmen.

Klein (1946) gebraucht den Begriff im Kontext entwicklungspsychologischer Überlegungen zu Angst, dem Verhältnis von Introjektion und Projektion, der paranoid-schizoiden Position und den frühen Objektbildungen und Spaltungszuständen bzw. -prozessen. Über die projektive Identifizierung schreibt Klein, es würden »abgespaltene Teile des Ichs […] auf die Mutter oder, wie ich besser sagen sollte, in die Mutter hineinprojiziert« (a. a. O., S. 141). Dabei sollen »böse[.] Teile des Selbst

4.1 Das Konzept der projektiven Identifizierung

[...] nicht nur das Objekt verletzen, sondern es auch kontrollieren und in Besitz nehmen« (a. a. O., S. 141). Es wird der eindringende Charakter herausgestellt und betont, dass es in der projektiven Identifizierung nicht um angenehme Gefühle geht, sondern um Aggression, Neid, Gier u. a. Klein versteht die projektive Identifizierung als »eine[.] besondere [.] Art von Identifizierung, die das Urbild einer aggressiven Objektbeziehung darstellt« bzw. als eine »Identifizierung eines Objekts mit dem gehaßten Teil des Selbst« (a. a. O.) oder als eine »Identifizierung, die auf [einer] Art von Projektion basiert« (a. a. O., S. 142). Es geht nicht um ein Nacheinander von Projektion und Identifizierung, sondern um eine Verzahnung beider Prozesse: Eine Projektion liefert die Grundlage für eine Identifizierung (welche das ist, wird unterschiedlich bestimmt), jene dient dieser. Zwar ist für Klein die projektive Identifizierung wichtig für die Entwicklung von Objektbeziehungen und für die Ich-Integration und umfasst somit einen »gesunden«, entwicklungsförderlichen Teil der »Projektion von guten Gefühlen und Teilen des Selbst in die Mutter (projektive Identifizierung spielt eine Rolle bei der Ausbildung von Vorstellungen des Selbst im Spiegel des Anderen und für die Aufrichtung psychischer Funktionen). Allerdings gibt es ihrer Auffassung nach auch einen exzessiven Gebrauch von projektiver Identifizierung, der zu einer Schwächung des Ichs führe.

Es hat bereits Erwähnung gefunden, dass sich Klein die projektive Identifizierung nicht als ein interpersonelles Geschehen denkt. Es geht ihr nicht um die Folgen oder Veränderungen bezüglich des »äußeren« Objekts (oder anders: Das Subjekt identifiziert sich mit dem Projizierten bzw. das Projizierte nur am Anderen), bzw. in den Worten Mertens' (2018, S. 120): »Melanie Klein stellte sich diesen Vorgang [...] als eine unbewusste Fantasie über eine Objektbeziehung vor, die sich aber noch im Inneren des Kindes abspielt. Erst von den Schülern Melanie Kleins [...] wurde dann aus diesem intrapsychischen Vorgang ein interpersoneller und keineswegs nur ein aggressiver Akt.« Zu diesen Klein nachfolgenden Autoren gehört Bion, mit dem die interpersonelle Komponente deutlich ins Konzept Einzug erhält. In seiner Arbeit »Angriffe auf Verbindungen« setzt sich Bion (1959) damit u. a. im Kontext psychischer Mechanismen und psychotischen Erlebens über »destruktive Angriffe« auseinander, »die der Patient auf alles unternimmt, was seinem

Empfinden nach dazu dient, ein Objekt mit einem anderen zu verbinden« (a. a. O., S. 105). Bei ihm findet sich eine genauere Unterscheidung zwischen »normaler« und »exzessiver« projektiver Identifizierung. Die entwicklungspsychologischen Gründe für den Einsatz exzessiver projektiver Identifizierung liegen darin, dass die frühen Bezugspersonen etwas vom Kind nicht aufnehmen können, wenn also seitens der »Umwelt« dem Individuum »im schlimmsten Fall den Einsatz der Spaltungs- und der projektiven Identifizierungsmechanismen verwehrt« wird (a. a. O., S. 119). Der Gedanke dabei ist nämlich nicht, dass das Kind bei fehlender Resonanz des Gegenübers mit der projektiven Identifizierung aufhört (also damit, eigene schwer tolerable Zustände dem anderen zu kommunizieren), sondern die Versuche, den Anderen damit zu erreichen, umso mehr intensiviert. Dort, wo projektive Identifizierung nicht normal, sondern exzessiv eingesetzt wird, ist es der hilflose Versuch, die Bezugsperson doch noch zu erreichen, d. h. doch noch Hilfe dabei zu erhalten, schwierige Gefühle zu bewältigen.

Eine »verständnisvolle Mutter«, so Bion (a. a. O., S. 117), ist »in der Lage, das Gefühl der Furcht, mit dem [das] Baby mit Hilfe projektiver Identifizierung fertigzuwerden versucht, selbst zu erleben und dennoch eine ausgeglichene Haltung zu bewahren.« Sich emotional auf einen Säugling oder ein Kleinkind einzulassen, das zur Regulierung noch vollkommen auf interpersonelle Resonanz angewiesen ist, bedeutet, an intensive eigene Zustände zu geraten. Das Kind nutzt in dieser Phase der Entwicklung Spaltung und projektive Identifizierung zum Umgang mit (paranoiden) Ängsten. Austauschprozesse zwischen Selbst und Anderen führen, aus der Sicht Bions, ebenso zur Aufrichtung der psychischen Repräsentanzwelt und der sukzessiven Integration divergenter Teile. Dazu ist ein »Vorbild« für Regulierung von Spannungszuständen bzw. eine interpersonelle Regulierungsfunktion erforderlich. Die Verweigerung, etwas aufzunehmen, führt zum Fehlen eines »Verdauens«, so dass projektive Identifizierung intensiviert bzw. »exzessiv« gebraucht wird.

Wenn die psychische Entwicklung von diesen Prozessen der Resonanz und des Verdauens nicht hinreichend unterstützt wird, zeigen sich die Folgen auch in klinisch-analytischen Prozessen, nämlich in Gestalt von immer gewaltsameren Versuchen, etwas »in« den Analytiker hineinzubringen: »Wenn der Patient danach strebte, sich von Todesängsten zu befreien, die seinem Gefühl nach zu stark waren, als dass seine Persönlichkeit sie hätte containen können, spaltete er sie ab und deponierte sie in mir – offenbar in der Vorstellung, dass sie, wenn sie lange genug in mir verweilen dürften, von meiner Psyche modifiziert würden, um dann gefahrlos reintrojiziert werden zu können.« (a. a. O., S. 117). Anders ausgedrückt: Eine Analysandin hat Ängste, die zu stark sind, um von ihr allein bewältigt zu werden, so dass sie sie abspaltet und projektiv beim Analytiker deponiert (soweit wäre die Projektion beschrieben). Implizit damit verbunden ist die Erwartung, dass die Analytikerin die projizierten Ängste verändert und dadurch etwas anbietet, was der Analysand wieder in sich aufnehmen kann, weil es nun weniger bedrohlich ist. Das betrifft dann nicht nur *Inhalte*, sondern auch die Internalisierung einer psychischen *Funktion* (etwa der Affektregulierung).

Zu den Merkmalen des Konzepts der projektiven Identifizierung im Verständnis Bions gehört also die interpersonelle Komponente, v. a. hinsichtlich dessen, dass zwischen dem projektiven und dem identifikatorischen Teil auf Seiten des Subjekts die verdauende Arbeit des Gegenübers gebraucht wird, dem sich die heftigen Affekte vermitteln. Bei Mertens (2018, S. 121) heißt es dazu, dass »Anteile von Selbstrepräsentanzen [...] zunächst zwar auch in die Objektrepräsentanz projiziert [werden], aber es entsteht dann ein interpersoneller Druck, der auf die andere Person ausgeübt wird, sich entsprechend dieser Projektion zu erfahren und zu verhalten.« Ferner geht es auch hier darum, die projektive Identifizierung als eine Kommunikationsform zu verstehen, also als Versuch, sich dem Gegenüber affektiv verständlich zu machen. Enthalten ist sowohl die Suche nach Ich-Integration und Affektregulierung als auch Versuche der omnipotenten Kontrolle des Gegenübers, eines Angriffs auf dessen Inneres. Insofern es in dieser Weise immer etwas von den kritischen Punkten der Erlebniswelt des Analysanden zeigt, wird die projektive Identifizierung (und die Wahrnehmung dessen, was die Analytikerin so zu spüren bekommt), zum »Motor, der die Analyse antreibt« (Mertens, 2018, S. 120), als ein hilfreiches Mittel des Umgangs mit der konkordanten Gegenübertragung (Ermann, 1988, S. 76).

4.1.3 Nordamerikanische Perspektiven auf die projektive Identifizierung

Mit Klein und Bion sind britische Perspektiven auf das Konzept der projektiven Identifizierung benannt. Eine nordamerikanische Linie legt Ogden (1979) vor, zum Teil mit anderen Akzentuierungen. Er begreift die projektive Identifizierung als ein »verbindendes Konzept« zwischen dem intrapsychischen Bereich und dem Bereich zwischenmenschlicher Beziehungen (nimmt also selbst eine vermittelnde Position hinsichtlich der Frage ein, ob das Konzept sich auf einen interpersonellen Vorgang bezieht). In Ogdens Verständnis bezieht es sich auf »Phantasien und begleitende Objektbeziehungen, die beinhalten, daß sich das Selbst unerwünschter Aspekte entledigt, daß es diese unerwünschten Anteile in einer anderen Person unterbringt, und schließlich, daß es das Ausgestoßene in veränderter Form wiedererlangt.« (1979, S. 2). Es umfasst drei Phasen eines einheitlichen Vorgangs (a. a. O., S. 2f.):

- Erstens geht es um eine »Phantasie, daß ein Teil des Selbst in eine andere Person projiziert wird und dieser Teil die Person von innen her kontrolliert« (a. a. O., S. 2). Das Ziel ist es, sich eines Teils zu entledigen, der das Selbst zu zerstören droht, indem man ihn in einer schützenden Person unterbringt (a. a. O., S. 3). Leitend ist das Gefühl von Eins-Sein mit der Person, die die Projektion empfängt (im Unterschied zur »reinen« Projektion!);
- Zweitens wird dann »durch zwischenmenschliche Interaktion Druck ausgeübt, so daß der Empfänger der Projektion sich gedrängt fühlt, so zu denken, zu empfinden und zu handeln, wie es der Projektion entspricht.« (a. a. O., S. 2);
- Drittens werden »die projizierten Gefühle vom Projizierenden wieder reinternalisiert, nachdem sie vom Empfänger psychisch verarbeitet wurden.« (a. a. O., S. 2).

Diejenige Person, welche die projektive Identifizierung einsetzt, tut also Dreierlei: Sie projiziert (aber bereits mit dem Erleben von Verbundenheit und dem impliziten Ziel, dass das Gegenüber mit der Projektion etwas anstellt), drängt interpersonell und reinternalisiert das Projizierte.

Dazwischen liegt die containende und verdauende Arbeit des Gegenübers (vgl. a. Grotstein, 2005, zum Konzept einer »projektiven Transidentifizierung«).

4.1.4 Vorschlag zur Präzisierung

Das Konzept der projektiven Identifizierung birgt in sich die Gefahr, dass es zu einer »bequemen Pseudo-Erklärung« für alles wird (Sandler, 1987, S. 162; zit. n. Reich, 2014, S. 748). Zepf (2005, S. 172) meint: »In jedem Fall wirft die auf diesem Konzept basierende Konzeptualisierung des psychoanalytischen Prozesses mehr Fragen auf, als dass sie Antworten gibt.« Als die Hauptprobleme können die Begriffsverwendung eines »äußeren« Objekts oder die Vermischung zwischen Vorgängen, die psychische Repräsentanzen betreffen, und solchen der interpersonellen (v. a. affektiven) Kommunikation gesehen werden, zudem ist die vermeintliche Reichweite des Konzepts sehr weit und es scheint in vielen Fällen deckungsgleich und nicht genügend abgegrenzt von der Gegenübertragung verwendet zu werden.

Eine projektive Identifizierung seitens A gegenüber B (z. B. der Analytiker) ließe sich im Versuch einer Präzisierung und Zusammenführung unterschiedlicher Auffassungen in der folgenden Weise verstehen:

Im Anschluss an die Projektion kommt es zu einer ersten Identifizierung, die reflexiv und unbewusst ist: B *identifiziert sich* mit dem Projizierten. Darauf folgt eine zweite Identifizierung, die transitiv und bewusst ist: B *identifiziert das Projizierte* in sich. Schließlich kommt es zu einer dritten Identifizierung, die reflexiv ist, sowohl bewusste als auch unbewusste Teile umfasst: A *identifiziert sich mit dem Projizierten in »verdauter« Form*. Auch hier ist zu sagen, dass die Arbeit Bs einer erst reflexiven, dann transitiven Identifizierung eine Modifikation des Projizierten einschließen muss.

4.2 Übertragung bei unterschiedlichen psychischen Störungen

Für unterschiedliche Störungsbilder sind unterschiedliche Übertragungsformen beschrieben worden (vgl. z. B. Sandler et al., 1973, S. 45ff.). Diesen gemeinsam ist eine »spezifische Illusion« (a. a. O.) im Erleben anderer Personen, die mit etwas zu tun hat, das zu bedeutsamen Figuren der Vergangenheit gehört. Was sich solcherart zeigt, wird als »völlig gegenwarts- und persongerecht« erlebt, d. h. es wird nicht erkannt, dass etwas aus dem aktuellen Erleben diese Verbindung zur Vergangenheit und/oder einer anderen Person hat. Die Übertragung bleibt nicht »auf die illusionäre Apperzeption einer anderen Person beschränkt«, sondern es gehören auch Versuche dazu, (unbewusst) »Situationen mit anderen herbeizuführen oder zu manipulieren, die eine verhüllte Wiederholung früherer Erlebnisse und Beziehungen sind« (a. a. O., S. 45). Dabei unterscheiden sich, so Etchegoyen (1991; zit. n. Thomä & Kächele, 1985, S. 77) »[d]ie verschiedenen Krankheitsgruppen [...] in Form und Inhalt der Übertragung voneinander und nicht dadurch, daß einige keine Übertragung aufweisen.« Dieser Hinweis ist in Korrektur der Freud'schen Auffassung wichtig, in der Arbeit mit psychotischen oder aktualneurotischen (psychosomatisch kranken) Patienten bilde sich keine Übertragung aus. Auch hier wiederholen sich Elemente vorangegangener Beziehungen, nur eben in anderer Form.

Über die Übertragungsneurose (in behandlungstechnischer Bedeutung[4]) heißt es bei Freud: »[Es] gelingt [..] uns regelmäßig, allen Symptomen der Krankheit eine neue Übertragungsbedeutung zu geben, eine gemeine Neurose durch eine Übertragungsneurose zu ersetzen, von der [der Patient] durch die therapeutische Arbeit geheilt werden kann« (Freud, 1914g, S. 134f.). Die Übertragungsneurose ist für ihn eine »artifi-

---

4 Daneben gibt es noch eine nosologische Bedeutung des Terminus »Übertragungsneurose(n)«, die von C. G. Jung eingeführt wurde. Übertragungsneurose (bzw. Psychoneurose) wird auch als eine »Neurosenkategorie« verstanden und umfasst Angsthysterie/Phobie, Konversionshysterie, Zwangsneurose (Laplanche & Pontalis, 1967, S. 559).

zielle Krankheit« (a. a. O., S. 135), eine »künstlich hergestellte Übertragungskrankheit« (1916/17, S. 473). Auch Zepf (2009, S. 319) definiert in dieser Weise: »Übertragungsneurose meint die manifeste, von der analytischen Situation beförderte[n], vom Analytiker hergestellte[n] und auf ihn bezogenen bewussten Erscheinungsformen der unbewusst gewordenen Vergangenheit des Patienten.« Freuds Konzeption einer Übertragungsneurose kann nun allerdings dahingehend erweitert werden, auch für die Symptome anderer psychischer Störungen davon auszugehen, dass sich Symptome auf die analytische Beziehung zentrieren (z. B. in Form einer Übertragungspsychose, Übertragungspsychosomatose oder fragmentierter Übertragungen in Gestalt von Selbst-Objekt-Dyaden).

Es erweitert sich also der Blick darauf, was sich »in der Übertragung« wiederholt, und das erhält eine besondere Bedeutung, wenn man sich psychopathologische Symptome grundlegend als bezogen auf Gefühle und Beziehungserleben vorstellt und erkennt, dass es auch z. B. die Affektüberflutung oder das Vermeiden naher Beziehungen sein kann, das mit dem Analytiker unbewusst reinszeniert wird oder sich in der Übertragung als »Gesamtsituation« auch jenseits der scharf umgrenzten personalen Wiederholungen zeigt.

4.2.1 Übertragung bei neurotischen Störungen

Freud versteht unter den Übertragungsneurosen (im nosologischen Sinn) die Hysterie, die Zwangsstörung und die Phobie (in Teilen kann auch die neurotische Depression dazu gerechnet werden), jeweils in einem eher »reifen« Sinn (bei allen genannten Störungen kann auch eine Form vorliegen, die mit geringer struktureller Integration verbunden ist). Ein gemeinsames Element der Übertragung bei unterschiedlichen psychischen Störungen, wenn man sie auf einem neurotischen Niveau betrachtet (vgl. z. B. Mentzos, 2009), liegt darin, die Psychodynamik als (überwiegend) konfliktbedingt aufzufassen, d. h. als etwas, in dem Wunsch und Verbot oder unterschiedliche Wünsche miteinander in Konflikt treten. Das könnte sich beispielsweise als der Konflikt aus dem Wunsch nach einem hilfreichen und zugewandten Gegenüber, und dem Wunsch, sich vom anderen nicht abhängig fühlen zu müssen, äußern; oder auch als Konflikt zwischen dem Wunsch nach aggressiver Auseinandersetzung und dem Verbot, den anderen »anzugreifen«. Das kennzeichnet die Psychodynamik neurotischer Störung und ist weniger ein Problem psychischer Funktionen von z. B. Affektregulierung oder Bindungsbedürfnissen, sondern eher ein eng umgrenzter psychischer Konflikt. Damit verbunden ist eine »reife« Abwehr, die den (dysfunktionalen) Versuch der Konfliktlösung bedeutet und geprägt ist von Verdrängung, Intellektualisierung/Rationalisierung, Wendung gegen das Selbst, u. U. auch Affektisolierung. Symptome werden als Kompromissbildung begriffen, als Produkte der Abwehr, in denen sich zugleich das Abgewehrte in entstellter Form zeigt.

Die allgemeinen Grundzüge der Übertragung liegen auf der Linie des klassischen Konzeptes der Übertragungsneurose (im behandlungstechnischen Sinn), auch da sich das Konzept der Übertragung konzeptgeschichtlich aus der Arbeit mit neurotischen Patienten ergibt. In der therapeutischen Situation zeigt sich hinsichtlich Wunsch, Verbot und Abwehr mehr oder weniger das, was auch in der Symptomatik sowie biografisch eine Rolle spielt, also ein wiederkehrendes, eher eng umgrenztes Thema, das die Therapeutin von ihrem Patienten nicht zu hören, sondern auch zu spüren bekommt, was der Patient vermutlich nicht nur aktiv gestaltet, sondern zumindest unbewusst auch erleidet. Gerade die Abwehr zeigt sich dann in der Übertragung (samt dem Abgewehrten), dabei wirken (unbewusst) die Inszenierung konflikthafter Beziehungsaspekte und der Widerstand gegen Veränderung und Bewusstwerden zusammen. Wenn auch komplex im Zusammenspiel zwischen biografischer und aktueller Situation, Wunsch und Abwehr, Veränderungsmotivation und Widerstand, so sind neurotische Übertragungsmuster oft relativ leicht erkennbar, d.h. die in der analytischen Beziehung wiederkehrenden Beziehungselemente sind eng umgrenzt und treten wiederholt in ähnlicher Form auf. Das ermöglicht die (von der Regressionsförderung getragene) Vertiefung in einer Übertragungsneurose (in behandlungstechnischer Bedeutung) als Zentrierung der neurotischen Symptome auf die Analytikerin und damit die (gestufte) Deutung und das Durcharbeiten der leitenden Konflikte.

4.2.2 Übertragung bei Persönlichkeitsstörungen

In einer klassischen Nosologie tauchen die Persönlichkeitsstörung als »Charakterneurosen« auf. Alexander (1928, S. 31) versteht darunter »jene Fälle von symptomlosen Neurosen, die der psychoanalytisch geschulte Blick ohne Zweifel als neurotische erkennt, ohne sie in irgendeine bekannte nosologische Gruppe einreihen zu können«. Ihnen liegt, so Fenichel (1945, S. 22), keine »bisher gleichmäßige Persönlichkeit zugrunde, die nur durch irgendein Ereignis unmittelbar gestört ist, sondern eine, die augenscheinlich zerborsten oder mißgestaltet ist, in jedem Fall aber von einer Krankheit so durchformt ist, daß sich bei ihr keine Trennung von ›Persönlichkeit‹ und ›Symptom‹ vornehmen lässt« (vgl. a. Fenichel, 1931). Es geht um eine Symptomatik, die sich nicht eng umgrenzt, z. B. in einzelnen symptomatischen Handlungen (Waschzwang, phobische Reaktionen auf spezifische Reize oder Situationen), zeigt, sondern in allen Bereichen des Lebens, in erster Linie im Erleben und Gestalten (affektiv bedeutsamer) Beziehungen. Hoffmann (1975, S. 409) bezeichnet Charakterneurosen daher als »Unzulänglichkeiten oder pathologische Formen des Umgangs mit der äußeren Welt, den inneren Trieben und den Forderungen des Über-Ichs bzw. Störungen der Art und Weise, in der diese verschiedenen Aufgaben miteinander kombiniert werden«. Das hat auch Konsequenzen dahingehend, was von Betroffenen als mit Leidensdruck verbunden erlebt wird. Üblicherweise werden neurotische (aber auch psychosomatische) Symptome als ich-dyston erlebt: Jemand leidet an seinem Symptom, erlebt es als fremd und störend und möchte es loswerden, was jedoch nicht möglich scheint (die Funktionalität des Symptoms, seine Bedeutung in einem Konflikt aus Wunsch und Abwehr, ist zunächst nicht reflektierbar). Die Symptomatik bei der Persönlichkeitsstörung wird als ich-synton, also zur eigenen Person und Persönlichkeit gehörig erlebt – manchmal ohne Leidensdruck (dann sind es »die anderen«, welche Probleme bereiten), manchmal mit Leidensdruck, allerdings dann als etwas, das als so sehr verbunden mit der eigenen Identität erlebt wird, das es erst recht unveränderbar erscheint (etwa wenn sich jemand als »schwermütig«, »dependent« o. ä. erlebt, aber meint, so sei er oder sie nun einmal).

In zeitgenössischer Perspektive werden Persönlichkeitsstörungen in der Regel als strukturelle Störungen aufgefasst – als Störungen also, die damit zu tun haben, wie integriert die psychische Struktur ist (vgl. zum Strukturkonzept auch Storck, in Vorb. b, Kapitel 5). Bei der Frage nach einer »integrierten« psychischen Struktur geht es darum, ob jemand die psychischen Fähigkeiten zur Verfügung hat, beispielsweise seine Affekte zu regulieren, Bindungen zu anderen eingehen und sich aus solchen auch wieder lösen zu können, auf stabile Selbst-Objekt-Grenzen zurückgreifen zu können, Empathie zu empfinden u. v. m. Das Strukturkonzept geht u. a. auf Überlegungen Rudolfs (vgl. Rudolf, 2002) zurück, die wesentlich in die Achse »Beziehung« der Operationalisierten Psychodynamischen Diagnostik (Arbeitskreis OPD, 2006) eingeflossen ist. Vergleichbare Überlegungen finden sich konzeptgeschichtlich auch in den Überlegungen zur Persönlichkeitsorganisation bei Kernberg (1996). Auf Grundlage dessen kann von unterschiedlichen Niveaus oder Graden der strukturellen Integration gesprochen werden.

Blickt man auf die Grundzüge der Psychodynamik bei Persönlichkeitsstörungen, dann ist es wichtig, eine »unreife Struktur« oder nicht zur Verfügung stehende strukturelle Fähigkeiten nicht allein als (Entwicklungs-) Defizit anzusehen (derart, dass Entwicklungsbelastungen in den frühen Beziehungen dazu geführt haben, dass jemand bestimmte psychische Fähigkeiten nicht ausgebildet hat), sondern auch unter der Perspektive einer Funktionalität dessen, dass auf ein bestimmtes psychisches Vermögen nicht zurückgegriffen werden kann. Sich beispielsweise nicht emotional in ein Gegenüber hinein versetzen zu können, kann in einigen Fällen auch die Bedeutung bzw. Funktion haben, sich vor etwas Bedrohlichem und Ängstigendem zu schützen. Dann ist es besser, sich kein Bild davon zu machen, was im Anderen vorgeht oder wie dieser auf einen selbst blickt. Es ist also von einem Zusammenspiel von struktureller Einschränkung im Sinne eines schlichten Fehlens und einem konfliktbedingtem »Ausfall« psychischer Fähigkeiten auszugehen.

Kernberg (1996) unterscheidet mit der neurotischen, der Borderline- und der psychotischen Persönlichkeitsorganisation drei Grade der »Reife« psychischer Struktur. Für die Borderline-Persönlichkeitsorganisation geht Kernberg davon aus, dass der Grad der »Ich-Integration« (bzw. »Identität«) niedrig bzw. instabil ist, so dass fragmentierte bzw. »gespaltene« Vorstellungen von Selbst und Objekten leitend sind, und dass ferner »unreife« Abwehrmechanismen vorherrschen (Projektion, Spaltung, projektive Identifizierung, Idealisierung/Entwertung). Kernberg geht davon aus, dass nicht eng umgrenzte und abgegrenzte Repräsentanzen das psychische Erleben bestimmen, sondern eine mehr oder minder untrennbare Verbindung fragmentierter Selbst- mit fragmentierten Objektrepräsentanzen. Dieser Verbindungen nennt er Selbst-Objekt-Dyaden (bzw. Teil-Selbst-Teil-Objekt-Dyaden); erweitert man dies um die affektive Komponente einer Szene, in der Teile von Selbst und Objekten verbunden sind, kann von Selbst-Objekt-Affekt-Triaden gesprochen werden. Verbunden damit sind rasche Wechsel der Affekte und rasche Wechsel darin, wie jemand sich in Beziehung zum Gegenüber erlebt. Die Selbst-Objekt-Dyaden wehren einander ab, so dass zum Beispiel der Modus »Ich bin schutzlos und mein Gegenüber ist mächtig« rapide in »Ich bin mächtig und mein Gegenüber ist wertlos« wechseln kann[5].

Hinsichtlich der spezifischen Übertragungs-Gegenübertragungs-Dynamik bei Persönlichkeitsstörungen kann auf das Konzept der projektiven Identifizierung (▶ Kap. 4.1) zurückgegriffen werden. Darin beschreibt Kernberg (1975) Patienten mit einer »besondere[n] Intensität der Projektionsneigung« und einer »charakteristische[n] Ichschwäche«, im Besonderen einer »Schwächung der Ichgrenzen im Bereich der Projektion von Aggression« (a. a. O., S. 51). Das verändert die Abwehr, wie sie sich in der analytischen Beziehung zeigt: »So kommt es, daß der Patient sich mit dem Objekt, auf das er seine Aggression projiziert hat, gleichzeitig noch identifiziert fühlt und daß diese weiter fortbestehende ›empathische‹ Beziehung zu dem mittlerweile bedrohlich gewordenen Objekt die Angst vor der eigenen projizierten Aggression weiterhin aufrechterhält und noch verstärkt.« (a. a. O.). In Kernbergs Konzeptverständnis geht es darum, dass sich der Patient mit dem Projizierten, das er beim Anderen erleben kann, weiterhin als verbunden erlebt und es

---

5 Die Überlegungen zur niedrigen strukturellen Integration, der vorherrschenden Abwehr und der fragmentierten Selbst- und Objektrepräsentanzen führen Kernberg zur Formulierung der modifizierten analytischen Behandlungsform der Übertragungsfokussierten Therapie (TFP) (Clarkin, Yeomans & Kernberg, 2001).

so im Anderen zu kontrollieren versucht. Dabei bleibt entscheidend, dass das Gegenüber zu spüren kriegt, was projiziert wurde: »Das Subjekt projiziert unerträgliche intrapsychische Erlebnisse auf ein Objekt, verbleibt in Einfühlung mit dem, was er projiziert, versucht im ständigen Bemühen, das unerträgliche Erlebnis abzuwehren, das Objekt zu kontrollieren und bringt das Objekt in einer echten Interaktion unbewußt dazu, das auf ihn Projizierte tatsächlich zu erleben.« (Kernberg, 1987, S. 267f.). Kernberg (1975, S. 52) formuliert als Besonderheiten der Beziehungsgestaltung und somit auch der Übertragung »zum einen die mangelhafte Selbst-Objekt-Differenzierung […]; sodann die Besonderheit, daß der Impuls sowie auch die Angst vor diesem Impuls bei dieser Form der Projektion weiterhin im Erleben präsent bleiben; schließlich die daraus resultierende Notwendigkeit, das äußere Objekt ständig unter Kontrolle zu behalten« (a. a .O., S. 52).

In allgemeiner Weise kann gesagt werden, dass in der Übertragung bei Patienten mit Persönlichkeitsstörung Idealisierung und Entwertung, eine hohe Intensität negativer Affekte (z. B. in Reaktion auf Kränkungen) und rapide wechselnde, fragmentierte Beziehungsmuster leitend sind. In der Gegenübertragung resultiert auf Seiten des Analytikers Kernberg zufolge vor allem Verwirrung sowie u. U. Angst und Aggression. Das kann sich in einer »empathische[.] Regression« mit samt einer passageren »Auflösung der Ichgrenzen« und einer möglichen »Versuchung, den Patienten dominieren zu wollen« äußern (1975, S. 76f.). Es wird also deutlich, dass es auch hier darum geht, dass der Analytiker mittels der Übertragung (und Gegenübertragung) etwas vom Patienten zu spüren bekommt, hier die unintegrierte Affektivität und fragmentierter Beziehungsgestaltung.

4.2.3 Übertragung bei psychosomatischen Erkrankungen

Bezüglich psychosomatischer Erkrankungen (Storck, 2016a) ist in der klassischen psychoanalytischen Nosologie der Bereich der sogenannten Aktualneurosen berührt. Diese Gruppe, zu denen Freud die Angstneurose, Neurasthenie und Hypochondrie rechnet, steht den Übertragungsneurosen (im nosologischen Begriffsgebrauch) gegenüber. Freud geht davon aus, dass sich diese Trennung insbesondere darüber begründen lasse, dass bei den Aktualneurosen keine infantil-psychosexuelle Genese der Symptomatik vorliege und sich infolge dessen auch keine Übertragung ausbilde. Vielmehr ließen sich Symptome aus einer »aktuellen«, »sexualtoxischen« Wirkung (z. B. der Nicht-Befriedigung) verstehen (bei W. Reich, 1942, S. 72, als »Sexualstauungsneurosen«), mit der Konsequenz, dass sexualpädagogische Aufklärung erforderlich sei (Freud, 1923a, S. 219) – für die Psychoanalyse böten die Patienten »keine Angriffspunkte« (Freud, 1916/17, S. 404).

Die Annahme, es bildete sich keine Übertragung aus, ist schnell verworfen worden und im Zuge der Verbindungen der Konzeption der Aktualneurosen mit dem Abwehrmechanismus der Somatisierung (in Abgrenzung zur Konversion) sowie insgesamt mit psychosomatischen Störungsbildern (heute am ehesten: somatoformen Störungen bzw. somatischen Belastungsstörungen) oder den Psychosomatosen haben zu differenzierteren Betrachtungen geführt. Das (vermeintlich) Unzugängliche im Umgang mit Affekt und Beziehung taucht in der französischen Schule der Psychosomatik als »operationales Denken« und in nordamerikanisch verwurzelten Ansätzen als Alexithymie auf; darin ist ein klinisches Bild von affektiver Verflachung, Orientierung an Handlung statt an Innerlichkeit, eine entsubjektiviert wirkende Sprache u. a. leitend.

Als Grundzug der Psychodynamik imponiert, so kann mit Küchenhoff (2013) gesagt werden, eine »Negativität« des Symptoms (nicht in einem moralischen oder bewertenden Sinn von Negativität, sondern in der Darstellung einer Negativierung im Symptom). Das scheinbare Fehlen von (affektiver) Bedeutung, Besetzung oder Beziehung, das klinisch so deutlich zu spüren ist, kann so als funktional verstanden werden: Hier geht es um die (unbewusste) Zurückweisung einer lebendigen Beziehung, weil Unsicherheit über die Selbst-Objekt-Grenzen besteht. Es kann nur derart »Nein gesagt« (im Sinne einer Abgrenzung) werden, dass der Körper eine Hemmung oder Dysfunktionalität zeigt und die Beziehungsgestaltung von einer (auch leiblichen) Lebendigkeit frei gehalten wird. Das psychogen bedingte, sich somatisch zeigende Symptom gilt als »Index« für einen Konflikt statt als dessen (womöglich symbolischer) Ausdruck auf der Ebene des Körperlichen. Der Körper zeigt, dass es eine Überlastung der psychischen Verarbeitungsmöglichkeiten bzw. *dass* es einen Konflikt gibt, aber nicht, welchen (am ehesten geht es um Konflikte zwischen Nähesehnsüchten und Verschmelzungsängsten). Einige Autoren (z. B. Aisenstein, 2006; Smadja; 2001) verstehen die Symptomatik zweifach: Die affektive Entleertheit des Psychischen und das Chaos einer somatischen Desorganisation werden in dieser Sicht als eine Unterbrechung der Leib-Seele-Verbindung (Lombardi, 2013) bzw. der leiblichen Durchdrungenheit des Psychischen verstanden; Mcdougall (1978, S. 358) spricht von einem Abgetrenntsein vom eigenen Triebgrund.

Das zeigt sich entsprechend in der Übertragung. In der analytischen Beziehung geht es vielfach nicht um eine aktiv hergestellte Abgrenzung, sondern um die funktionale Vermeidung eines lebendigen Kontakts, weil unklar ist, ob das Selbst spürbar bleibt, wenn eine Verbindung zum anderen eingegangen wird. Wie das körperbezogene Symptom auch (z. B. der Schmerz, der den eigenen Körper zu konturieren hilft), ist diese Art der Beziehungsgestaltung als letztes Mittel eines Schutzes der eigenen Grenzen zu verstehen. In der Übertragung dominiert die »negative« Beziehungsgestaltung insofern, als sich die Vermeidung von Beziehung wiederholt und das Ringen darum, auf Distanz zu bleiben. Gleichwohl ist dies durchsetzt von dem Wunsch nach einer umfassenden Beziehung – da gerade dies Angst macht (aufgrund einer unbewussten Fantasie, dass In-Beziehung-Sein heißen muss, einander psychisch zu gleichen), bleibt das Bemühen, Distanz zu wahren, bestehen bzw. intensiviert sich.

4.2.4 Übertragung bei psychotischen Störungen

Freuds Behauptung, bei »narzisstischen Neurosen« (Wahn, Schizophrenie) bilde sich keine Übertragung aus, lässt sich nicht bestätigen. Nichtsdestoweniger kann hinsichtlich einiger allgemeiner Bemerkungen zur Psychodynamik der Psychose der Anfang bei Freud genommen werden. In den von ihm so genannten narzisstischen Neurosen geht es um eine Besetzung des Selbst statt der Objekte (deshalb narzisstisch) bzw. der Wort- statt der Sachvorstellungen. Auf diese Weise begründet Freud zum

4.2 Übertragung bei unterschiedlichen psychischen Störungen

einen Größenvorstellungen (ausschließlich das Ich ist libidinös besetzt) und zum anderen die Neologismen bzw. andere Besonderheiten der Sprache. Die Objektrepräsentanzen sind nicht bzw. wenig konturiert, vom Selbst abgegrenzt oder beständig, Freud greift dazu auf den von Schreber (1903) verwendeten Ausdruck »flüchtig hingemachte Männer« zurück, um zu beschreiben, dass die inneren Vorstellungen Anderer sich schnell wieder verflüchtigen können. Dabei ist zum einen die Verwerfung am Werk und führt dazu, dass die innere Welt von Objekten entleert ist (auch was unbewusste Aspekte angeht), und zum anderen die Projektion, welche dazu dient, die innere Welt wieder zu »bevölkern«, was dann aber in der Erwartung von Angriffen oder Bedrängung und damit Angst resultiert. Einige Weiterführungen der Psychodynamik bei psychotischen Erkrankungen betreffen die nicht oder kaum etablierten Selbst-Objekt-Grenzen (erkennbar in vielen Symptomen der Schizophrenie, welche die eigene Gedankenwelt betreffen) bzw. eine desintegrierte psychische Struktur. Searles (1959) spricht von scheiternden Integrations- und Differenzierungsprozessen im psychischen Erleben, d. h. einmal von Schwierigkeiten eines Erlebens von personaler Identität und Integration, einmal von Schwierigkeiten der Trennung zwischen »innen« und »außen« oder Selbst und Nicht-Selbst. Weitere Autoren sehen die Symbolisierungs- bzw. Triangulierungsstörung im Zentrum (Küchenhoff, 2012; Lang, 2011; Storck & Stegemann in Vorb.) und Mentzos (2009, S. 215ff.) spricht von einem Nähe-Distanz-Dilemma, dem sich schizophren Kranke ausgesetzt sehen.

Um das Konzept einer Übertragungspsychose[6] drehen sich einige Diskussionen in der Geschichte der Psychoanalyse (Überblick bei Maier, 2006). Eingeführt wurde der Begriff 1928 von Ruth Mack-Brunswick, die bezüglich der Behandlung einer Patientin mit Eifersuchtswahn von einer »Verwandlung der Psychose in eine Übertragungspsychose« spricht und behandlungstechnisch folgert, man müsse »die Psychose zwingen, sich in der Übertragung zu offenbaren« (1928, S. 58). Bei fortgeschrittenen Fällen von Paranoia allerdings werde die Übertragung abgewehrt und

---

6 Terminologisch wird vor allem die Differenzierung zwischen einer Übertragungspsychose und einer psychotischen Übertragung diskutiert (z. B. Maier, 2006; Müller, 2012).

eine Intensivierung der Symptomatik solle vermieden werden. Auch Federn (1956) argumentiert, dass in der Behandlung mit Patienten mit psychotischer Störung keine Übertragungsneurose hervorgerufen werden solle (als Zentrierung der Symptome auf den Analytiker und die Beziehung, wie Freud es für neurotische Störung beschrieben hat), denn eine solche »entwickelt sich schnell zu einer Übertragungspsychose« und diese »kann weiteres Arbeiten unmöglich machen« (a. a. O., S. 142). Im Wesentlichen ist das Argument, dass die auf den Analytiker gerichteten psychotischen Symptome, also beispielsweise Verfolgungsideen, das Arbeitsbündnis in seinen Grundfesten beeinträchtigen. Allerdings bleibt zu diskutieren, ob es sich überhaupt vermeiden lässt, dass psychotische Symptome in die analytische Beziehung geraten: Spätestens für das Erleben der Analytikerin als inneres Objekt (bzw. dessen Unbeständigkeit) müsste dies ja angenommen werden. Anders als Federn in seiner Empfehlung, keine Übertragungspsychose zu fördern, sieht es Rosenfeld (1954), wenn er den Standpunkt vertritt, »daß die psychotischen Manifestationen sich [...] an die Übertragung binden, so daß sich eine Art ›Übertragungspsychose‹ entwickelt« (a. a. O., S. 135). Er versteht die Übertragungspsychose analog zu Freuds Übertragungsneurose-Auffassung und meint: »Im Grunde spielt sich der Gang der Analyse in diesem Fall im wesentlichen so ab wie bei den Neurosen.« (1952, S. 125).

Konkreter finden sich Bemerkungen bei Searles (1963), der von der Unvermeidlichkeit von Übertragungsphänomenen bei psychotischen Menschen ausgeht. Aus seiner Sicht besteht das Leben des Psychotikers »ausnahmslos aus zusammenhängenden psychotischen Übertragungsreaktionen« (a. a. O., S. 208). Konkret gehe es um die Übertragung des Objekts, von dem »sich der Patient bislang nicht wesentlich differenziert hat« (a. a. O., S. 211), also um eine Übertragung, die sich nicht als eine erlebte Beziehung zwischen Selbst und einem Anderen ergibt, sondern gerade darin besteht, dass sich etwas Ungetrenntes reinszeniert. Searles meint: »Die Übertragungspsychose [...] lässt sich als jede Art von Übertragung definieren, die die Beziehung zwischen Patient und Therapeut als zwei separaten, lebendigen, menschlichen und gesunden Geschöpfen verzerrt oder unterbindet.« (a. a. O., S. 218). Die Analytikerin wird in diese Ungetrenntheit hineingezogen. Auch Kernberg (1975, S. 207) meint, der Patient erlebe sich »sich ständig als eins mit dem Therapeuten« (vgl. Maier, 2006, S. 296); die Einfühlung des Analytikers und seine Bereitschaft, sich als Teil einer Übertragungsbeziehung zur Verfügung zu stellen, bringt es dann mit sich, diese Art der Verwirrung und ein eigenes Verrücktwerden zu spüren.

Eine wichtige Herausforderung in der Übertragungsarbeit mit psychotischen Patientinnen ist das Erfordernis eines hohen Maßes an Toleranz für Angstzustände, Nicht-Verstehen und irritierende Kommunikation. Als Zielsetzung kann der Leitgedanke genommen werden, sich selbst als Objekt ins Spiel zu bringen. Folgt man einem zentralen Gedanken der Psychodynamik, nämlich dass die Patienten keine verlässlichen bzw. stabilen inneren und vom Selbst genügend abgegrenzten Vorstellungen Anderer zur Verfügung haben, das heißt, keine Objektbilder besetzt haben, die dauerhaft innerlich vorhanden wären, dann ist das wichtigste strukturbildende Elemente für psychotische Patientinnen, dass sie an Andere als getrennt von ihnen denken können, d. h. auf diese inneren Objekt-Bilder zurückgreifen können. Es geht also darum, für den Patienten an Bedeutung zu gewinnen. Deshalb zum Beispiel ist die Beziehungskontinuität wichtig in der Arbeit mit psychotischen Patientinnen, u. U. wird die lange Dauer einer Behandlung dann wichtiger als die Frequenz, und dann kann durch die Übertragungsbeziehung ein stabileres inneres Bild von anderen entwickelt werden, das nicht sofort wieder verschwunden ist oder mit der Vorstellung vom Selbst verschmilzt.

4.2.5 Zusammenfassung

Allgemein bildet die Übertragung bei verschiedenen Störungsbildern die Repräsentanzen von Beziehung, Selbst und Objekt ab. Diese unterscheiden sich in ihrer Permanenz oder Kohärenz sowie in ihrer Abgegrenztheit voneinander und das führt zu unterschiedlichen Übertragungsphänomenen. Die Übertragung zeigt auch zentrale Abwehrmechanismen (Verdrängung u. a. bei der Neurose, Spaltung oder projektive Identifizierung bei der Persönlichkeitsstörung, Somatisierung bei der psychosomatischen Erkrankung, Verwerfung und Projektion bei der Psychose) und ist immer Teil einer Kommunikation über unbewusste Erlebnisprozesse.

4 Übertragungsformen bei verschiedenen psychischen Störungen

Für alle psychischen Störungen kann gesagt werden, dass sich Übertragungsphänomene als »Beziehungssymptome« verstehen lassen sowie als Weg, das nicht verbalisierbare Erleben in Szene zu setzen, es hat also jeweils mit unbewussten Prozessen und Erlebnisaspekten zu tun, wenngleich sich die Konflikte, Abwehrformen und unbewussten Dynamiken bei verschiedenen Störungen, gerade aufgrund der unterschiedlichen strukturellen Fähigkeiten, unterscheiden. Übertragung und Gegenübertragung werden so zu Zugangswegen zum Erleben, das so nicht verbalisiert werden kann. In der Übertragung besteht eine Kommunikationsform und eine Reinszenierung, die die Not des Analysanden abbildet und der Analytikerin unbewusst immer eine Art von Auftrag gibt: ›Zeig mir, wie man anders mit den Gefühlen und dem Erleben und Gestalten von Beziehungen umgehen kann‹. Entscheidend ist, dass dies weder im Sinne einer diskursiv-rationalen möglichen »Auftragsklärung« geschieht noch auf Nachfrage benannt werden, sondern sich zunächst einzig in der Übertragung zeigen kann. Analytische Arbeit besteht darin, dies zu spüren, zu reflektieren und zum Thema der Arbeit zu machen. Offen geblieben ist bisher, wie diese Arbeit zu einer Veränderung führt, wie also nicht bei der reinszenierenden Wiederholung stehen geblieben wird, im Licht von Übertragung und Gegenübertragung verstanden und verändert wird.

5 Übertragung, Gegenübertragung und Veränderungsprozess in psychoanalytischen Behandlungen

Als Ausgangspunkt für die Auseinandersetzung mit der Veränderung kann die Frage wieder aufgenommen werden, ob und falls ja, wie sich Übertragungsgefühle in der analytischen Beziehung von Gefühlen in anderen Beziehungen unterscheiden.

Eine weitere Sequenz aus *In Treatment* (»Week 4: Laura«, 2008) zeigt Laura, die ihrem Therapeuten Paul, in den sie sich verliebt hat, vehement vor Augen zu führen versucht, dass ihre Gefühle ihm gegenüber unabhängig von ihrer Geschichte, auf die man sie zurückführen könnte, real sind. Laura führt aus: »Ich weiß, dass Sie sich als Therapeut sagen, dass es zur Therapie gehört, herauszufinden, warum ich mich in Sie verliebt habe und wie das alles mit meiner Vergangenheit verbunden ist. Aber läuft es nicht immer so? Führt unsere Vergangenheit nicht immer dazu, in wen wir uns verlieben? Was, wenn man es zurückführen kann auf die abweisende Mutter, auf den narzisstischen Vater, den fehlenden Elternteil? Macht das unsere Liebe weniger echt?« Es gebe immer eine Erklärung dafür, warum sie fühle, was sie fühle, aber dass sie es fühle, sei unabweisbar. Sie hält ihrem Therapeuten vor: »Ich weiß, Sie denken, dass ich mir eine Märchengeschichte ausmale – ›glücklich bis ans Ende ihrer Tage‹. Und dass ich Sie idealisiere. Sie denken, es ist hier ein Fall einer Patientin, die sich mies fühlt und vor ihrem Therapeuten sitzt. Dass ich denke, Sie sind mein Supermann, Retter, Mentor. Aber so sehe ich Sie nicht. Ich sehe Sie so, wie Sie wirklich sind…«

Laura wirft damit eine wichtige Frage auf: Wie wird eine »echte« intime analytische Beziehung geführt, in die neben Übertragungsaspekten noch andere Beziehungselemente einfließen, und wie wird und bleibt ein professionelles Arbeiten möglich? Dazu werde ich zunächst die Frage von »Übertragungsgefühlen« diskutieren, was in die Diskussion des Konzepts der therapeutischen Ich-Spaltung führt. Daraufhin werde ich die Konzeption der Übertragung in verschiedenen psychoanalytischen Richtungen erörtern. Eine Darstellung der Rolle von Regression und Abstinenz wird schließlich dazu führen, die Aspekte von Verstehen und Veränderung (Deutung, Durcharbeiten) im Zuge der Arbeit mit Übertragung und Gegenübertragung zu betrachten.

5.1 Zur Frage von »Übertragungsgefühlen«

Übertragungsphänomene, einschließlich der Verliebtheit, haben immer mit dem »Rucksack« an Beziehungsbiografie zu tun, den jemand mit sich herumträgt. Wenn Beziehungsvorstellungen jemanden immer in seinem aktuellen Erleben leiten und dieses färben und die begleitenden Gefühle »echt« sind, dann ist in der Tat zu sagen, dass auch jede Liebesbeziehung, jede Freundschaft und jede andere Beziehung, davon entscheidend beeinflusst werden. Wie wird in analytischer Therapie damit gearbeitet? Wie sieht ein Umgang mit (intensiven) Gefühlen aus, der Intimität anerkennt und Gefühle mit Blick auf eine Veränderung vertieft, indem eine »echte«, persönliche und professionelle Beziehung dafür angeboten wird?

Diese Fragen stellen sich mit Beginn der Freud'schen Überlegungen zur Übertragung als »Hindernis« und »Hilfsmittel« analytischer Behandlungen. Er schreibt: »Zur Triebunterdrückung, zum Verzicht und zur Sublimierung auffordern, sobald die Patientin ihre Liebesübertragung eingestanden hat, hieße nicht analytisch, sondern sinnlos handeln. Es wäre nicht anders, als wollte man mit kunstvollen Beschwörungen einen Geist aus der Unterwelt zum Aufsteigen zwingen, um ihn dann ungefragt wieder hinunter zu schicken.« (1915a, S. 312). Übertragungsgefühle bzw. insgesamt das Spüren und die Einsichtnahme in zuvor verborgene Bereiche des Erlebens zu fördern, passt nicht damit zusammen, sie einer Analysandin danach abzusprechen oder auszureden. Vielmehr geht es darum, die Gefühle und Fantasien zum Gegenstand des Arbeitens und Verstehens zu nehmen (womit sich natürlich vorrangig die Frage stellt, ob es dem Analytiker vor dem Hintergrund seiner eigenen Gefühlslage möglich ist).

Es ist also die Frage berührt, wie sich Übertragungsliebe von »anderer« Liebe unterscheidet, und ob überhaupt (vgl. a. Rugenstein, 2019). Bei Freud heißt es: »Man hält die Liebesübertragung fest, behandelt sie aber als etwas Unreales, als eine Situation, die in der Kur durchgemacht, auf ihre unbewußten Ursprünge zurückgeleitet werden soll und dazu verhelfen muß, das Verborgenste des Liebeslebens der Kranken dem Bewußtsein und damit der Beherrschung zuzuführen.« (1915a, S. 315). Zugleich habe man aber »kein Anrecht, der in der analytischen Behandlung zutage tretenden Verliebtheit den Charakter einer ›echten‹ Liebe abzustreiten« (a. a. O.). Freud formuliert drei Aspekte der Übertragungsliebe: »Sie ist 1. durch die analytische Situation provoziert, 2. durch den diese Situation beherrschenden Widerstand in die Höhe getrieben, und 3., sie entbehrt in hohem Grade der Rücksicht auf die Realität, sie ist unkluger, unbekümmerter um ihre Konsequenzen, verblendeter in der Schätzung der geliebten Person, als wir einer normalen Verliebtheit gerne zugestehen wollen. Wir dürfen aber nicht vergessen, daß gerade diese von der Norm abweichenden Züge das Wesentliche einer Verliebtheit ausmachen.« (1915a, S. 318). Hier wird gesagt, dass die Übertragungsliebe durch die Analyse provoziert und intensiviert wird – das kennzeichnet sie in einer Unterschiedlichkeit gegenüber der »normalen« Form. Aber dann wird gesagt, dass Abweichung das Kennzeichen der Verliebtheit ist. Rugenstein (2019, S. 231) meint daher, Freud weise der Übertragungsliebe eine »Als-ob-Unrealität« zu, wenn er anerkennt, dass sie ein Kennzeichen jeder »echten« Liebe trage, aber behandlungstechnisch als etwas »Unreales« betrachtet werde.

Im Ergebnis ist zu sagen, dass die Gefühle keine anderen sind, nur weil sie in der Analyse wiedererweckt werden. Ferner kann man aus heutiger Perspektive sagen, dass das Beziehungsgeschehen zwischen Analytikerin und Analysand immer geprägt ist von unterschiedlichen Aspekten der Beziehung, unter diesen die Übertragungs- (und Gegenübertragungs-) Dynamik, das Arbeitsbündnis und der Umstand, dass hier zwei Menschen aufeinandertreffen, in einer »realen« Begegnung. Die Arbeit steht vor der Herausforderung, dies zu verstehen, d. h. eine professionelle, aber persönliche Beziehung anzubieten, ebenso wie das Angebot einer Reflexion darüber.

5.2 Das Konzept der therapeutischen Ich-Spaltung

Das Angebot einer Beziehung samt Reflexion berührt ein weiteres behandlungstechnisches Konzept, nämlich die therapeutische Ich-Spaltung. Racker (1959, S. 73) spricht von einem »Doppelleben« des Analytikers, wenn es um »die technische Vorschrift« geht, »die es von ihm verlangt, sein Ich in ein erlebendes irrationales und ein beobachtendes rationales Ich aufzuteilen«. Es geht darum, zugleich oder im Wechsel zu erleben und zu beobachten, was zwischen einem selbst als Analytikerin und dem Analysanden vor sich geht. Mit dem Konzept der therapeutischen Ich-Spaltung ist Bezug genommen auf das Spaltungskonzept (vgl. z. B. Blass, 2013), mit dem mal ein (unreifer) Abwehrmechanismus, mal die Bedeutung von Spaltungszuständen und -prozessen und mal ein Aspekt der Behandlungstechnik bezeichnet ist. Freud (1940a) gebraucht auch die Formulierung einer »Ich-Spaltung im Abwehrvorgang«, etwa bei Perversionen oder beim Fetischismus.

Der Ausgangspunkt für das behandlungstechnische Konzept der therapeutischen Ich-Spaltung ist eine Arbeit von Richard Sterba (1934) (vgl. Körner, 1989; Hoffmann, 2018). Bei Sterba ist der Gedanke einer Ich-Spaltung vor allem auf den Analysanden bezogen: Die Analytikerin soll sich mit dem »vernünftigen« Teil des Analysanden (mit seinem »realitätsbeflissene[n] Ich«) verbinden, um den neurotischen zu bearbeiten. Diese Mitarbeit der Analysandin, d. h. deren Fähigkeit zur therapeutischen Ich-

5.2 Das Konzept der therapeutischen Ich-Spaltung

Spaltung ist erforderlich, andernfalls wäre eine Arbeit an der psychischen Veränderung nicht möglich. Genauer differenziert wird metapsychologisch zwischen der Übertragungs- und der Arbeitsbeziehung in der Entwicklung des Konzepts des Arbeitsbündnisses (Greenson, 1965). Damit sind Aspekte der Beziehung gemeint, die eine Verständigung über den zeitlichen und methodischen Rahmen, die Grundregeln u. a. betreffen. Die Kritik, die beispielsweise Körner (1989) am Konzept der therapeutischen Ich-Spaltung und am Arbeitsbündnis-Konzept (in einer bestimmten Lesart) vornimmt, bezieht sich darauf, dass der Analytiker meinen könnte, er selbst habe nur an der Arbeitsbeziehung einen gestaltenden Anteil, nicht an der Übertragungsbeziehung. Auch Deserno (1990, S. 149) weist darauf hin, dass es »keinen ›übertragungsfreien‹ Raum« gebe (ausführliche Kritik auch bei Zepf, 2006, S. 393 ff.). Die Kritik bezieht sich u. a. darauf, dass so getan würde, als würde die Analytikerin nur dort Einfluss nehmen, wo sie es auch intentional beabsichtigt bzw. dort, wo es um die Etablierung des Rahmens geht und nicht darum, was darin geschieht. Das ist bereits auf einer ganz grundlegenden Ebene offenkundig ein Irrtum: Selbst und gerade dort, wo ein Analytiker sich besonders neutral und nüchtern gibt, in einem weißen Behandlungszimmer ohne persönliche Gegenstände darin, nimmt er Einfluss auf die Patientin, auf deren Übertragungen und realitätsgerechten Wahrnehmungen.

Zepf (2006, S. 395) macht für das Konzept der therapeutischen Ich-Spaltung den Vorschlag, dass Analysefähigkeit bedeute, »dass der Analysand sein infantiles Drama auf den Analytiker überträgt und zugleich auch in der Lage ist, dieses Übertragungsgeschehen gemeinsam mit dem Analytiker zu betrachten.« Anders ausgedrückt geht es um die »Fähigkeit, von einer metasemantischen Ebene aus die in verzerrten Begriffen gefasste eigene Repräsentanzwelt zu betrachten.« (a. a. O., S. 409). Das ist leichter gesagt als getan: Little (▶ Kap. 3.2.3) hat zurecht darauf hingewiesen, dass es nicht möglich ist, sich selbst auf den Hinterkopf zu blicken, und dies mit der Schwierigkeit, Übertragung und Gegenübertragung zu erkennen, verbunden ist. Hier ist etwas ähnliches berührt: Wenn Übertragungsaspekte unbewusste Aspekte des Beziehungserleben sein sollen, wie sollte man dann »Übertragung« von »Realbeziehung« trennen und mit dem »vernünftigen« Teil auf den »irrationalen« blicken?

Es ist also weniger die Voraussetzung als das *Ziel* analytischer Arbeit, dass eine Analysandin zur therapeutischen Ich-Spaltung fähig ist, d. h. zu erkennen, wie sie Beziehungen warum erlebt. Von diesen Fragen ist außerdem die Übertragungsdeutung berührt (▶ Kap. 5.4.4).

Bei der therapeutischen Ich-Spaltung handelt es sich, so Ermann (2016, S. 472), um eine »Grundvoraussetzung für eine wirksame Psychoanalyse« und dabei sei die »Fähigkeit, regressives Erleben zuzulassen und es gleichzeitig von einem beobachtenden Standpunkt aus zu betrachten« eine »Funktion, die sowohl den Analytiker als auch den Analysanden betrifft« (a. a. O.). Aus Ermanns Sicht besteht die »Kunst des Analysierens […] darin, am Geschehen beteiligt zu sein und dieses zugleich zu beobachten. Der Analytiker lässt sich in die Inszenierung der inneren Welt der Analysanden einbeziehen und stellt sich zur Objektverwendung zur Verfügung, um dann aber wieder aus der Szene herauszutreten und sie zusammen mit dem Analysanden zu betrachten. Dieser Positionswechsel ist das Merkmal der psychoanalytischen Haltung.« (a. a. O.). Es geht darum, sich der Analysandin für eine authentische Beziehung zur Verfügung zu stellen, darin aber auch die Reinszenierung zu ermöglichen (d. h. ihr den Raum dafür zu überlassen), und zugleich (zunehmend gemeinsam) darauf blicken zu können, was diese Beziehung auszeichnet und wie sie erlebt wird.

Zwiebel (2013) entwirft das Modell einer Trias aus Präsenz, Gegenübertragung und Einsicht. Es geht darin darum, eine Beziehung anzubieten, sich emotional erreichen zu lassen und eine verstehende Position einzunehmen, in einer Art der »teilnehmende[n] Beobachtung« (a. a. O., S. 68). Mit Hoffman (1998) unterscheidet er zwischen einem persönlichen und einem technischen Pol in der Haltung des Analytikers, was gemeinsam ein »paradoxes Spannungsfeld« (Zwiebel, 2013, S. 68) darstelle. Das erfordere von der Analytikerin eine Toleranz für Bipolarität in Form einer Fernsicht und einer Nahsicht, die auf das Geschehen in der analytischen Beziehung eingenommen werden muss. Wiederholt gehe es dabei um den »Versuch, eine analytische Position, die die verschiedenen bipolaren Funktionen und Haltungen mit Hilfe der Selbstreflexion […] in der Schwebe hält, zu etablieren« (a. a. O., S. 70f.), womit nicht zuletzt gemeint ist, dass eine solche Haltung immer wieder hergestellt bzw. errungen werden muss. Zwiebel (2007) beschreibt zudem eine »phobische Position«, die damit im Zusammenhang steht, dass analytische Arbeit auch für den Analytiker beständig darin besteht, sich dem Irrationalen auszusetzen, und die auch auf Seiten des Analytikers professionell durchgearbeitet werden muss.

5.3 Übertragung und Gegenübertragung in unterschiedlichen psychoanalytischen Richtungen

Es soll nun um einen Blick auf das Verständnis von Übertragung und Gegenübertragung in verschiedenen psychoanalytischen Richtungen gehen. Pine (1988) bezeichnet Triebtheorie, Ich-Psychologie, Selbstpsychologie und Objektbeziehungstheorie als die vier Psychologien der Psychoanalyse. Eine Darstellung der verschiedenen psychoanalytischen Schulen liefert auch Mertens (2010; 2011; 2012) und die Facetten des Übertragungskonzepts diskutiert Bohleber (2018) überblicksartig. Drei Bereiche werden im Folgenden herausgegriffen: die strukturale Psychoanalyse Lacans, die Selbstpsychologie Kohuts und die relationale Psychoanalyse in ihren Grundzügen bei Mitchell.

5.3.1 Strukturale Psychoanalyse

Lacan versucht sich an einer genauen Lektüre Freuds und unternimmt einen groß angelegten Versuch, in dem er die Psychoanalyse mit Strukturalismus, Linguistik, Philosophie und Mathematik zusammenbringt. Der erschwerten Zugänglichkeit des Lacan'schen Werkes stehen aphoristisch wirkende einzelne Denkfiguren zur Seite, so etwa »Das Begehren ist das Begehren des Anderen« (Lacan, 1958. S. 220). Im Wesentlichen ist hier gemeint, dass etwas am menschlichen Begehren als vom Anderen kommen zu denken ist, es hat damit zu tun, dass ein Anderer auf uns blickt und wir uns darin gespiegelt sehen, als begehrend und begehrt. Das Begehren und die Subjektivität sind für Lacan gleichsam dezentriert und unvollständig. »Das Unbewusste ist wie eine Sprache strukturiert« (Lacan, 1964, S. 21) ist ein weiterer zentraler und häufig zitierter Satz Lacans, dass das Unbewusste wie eine Sprache strukturiert sein soll, wendet Freud'sche Überlegungen entscheidend um: Hier geht es darum, dass das Unbewusste Spracheffekte produziert, selbst mit Sprache in Verbindung steht, statt dass es in diese einbricht. Außerdem sind bei Lacan die sogenannten drei Register des Psychischen von Bedeutung: Reales, Symbolisches und Imaginäres. Damit versucht er zu konzipieren, dass verschiedene Ebenen miteinander verschlungen sind: Das Symbolische als Register von Ordnung, Gesetz oder Sprache (und damit Begrenzung), das Reale als eine Art Außerhalb des Erlebens, das dieses gleichwohl trägt, und schließlich das Imaginäre als Ebene von Vorstellung oder Illusion. Bezüglich des Übertragungskonzepts in der Lacan'schen strukturalen Psychoanalyse ist entscheidend, dass Lacan vom Analytiker in der klinischen Situation als »Subjekt, dem Wissen unterstellt wird«, ausgeht (z. B. 1964, S. 242ff.). Damit ist die Zuschreibung und Erwartung des Analysanden gemeint, dass die Analytikerin »weiß« und ihm auf der Basis eines Expertentums helfen kann und wird. Der analytische Prozess besteht dann darin, dies als Täuschung zu entlarven und so zum Begehren zu gelangen.

Zuallererst ist die Übertragung für Lacan ein Ausdruck einer intersubjektiven Beziehung, als »ganz einfach der Akt des Sprechens«: »Jedesmal, wenn ein Mensch zu einem anderen in authentischer und voller Weise spricht, gibt es Übertragung im eigentlichen Sinn« (Lacan, 1953/54, S. 143). Damit bezieht er sich auf die weit gefasste Bedeutung von Übertragung bei Freud. Wenn jemand »voll« spricht, d. h. spricht, ohne damit einer Sache auszuweichen oder etwas vermeiden zu wollen, dann zeigt sich darin etwas vom Unbewussten. Es ist das Ziel analytischer Arbeit, dass ein Analysand zu einer neuen Art des Sprechens gelangt. Im Lacan'schen Verständnis lässt sich eine imaginäre von einer symbolischen Ebene des Sprechens unterscheiden (vgl. a. Willemsen et al., 2015). Auf der imaginären Ebene besteht die Übertragung darin, dass die Analytikerin »gleich« sein soll bzw. so erlebt wird. Auf der symbolischen Ebene geht es um eine »triangulierte« Form der Übertragung, d. h. um ein Sprechen und Erleben unter Anerkennung der Andersartig-

5.3 Übertragung und Gegenübertragung in unterschiedlichen Richtungen

keit des Anderen. Das wird gelegentlich, auch über die Lacan'sche Sichtweise hinaus, als das Ziel ›zu jemandem *von* sich sprechen zu können‹ formuliert. Das Subjekt wird »zur Rede gestellt«, heißt es bei Lacan (Braun, 2007, S. 274ff.).

Lacans Übertragungsverständnis wird in dem sogenannten Schema L veranschaulicht. In einer bloß imaginären Beziehung zwischen Ich und (»kleinem«) anderem gibt es nur Gleichheit (bzw. die Illusion davon). Der andere wird nur adressiert als dem Selbst gleich bzw. als dieses vervollständigend, z. B. ein Analytiker, der mit seinem »Wissen« die Wissenslücken ausfüllen soll. Kommt nun ein (»großer«) Anderer (derjenige der symbolischen Ordnung) hinzu, dann wird die Öffnung der bisherigen imaginären Beziehung möglich, so dass das Ich zu sich selbst, zu seiner Subjektivität (S) kommen kann.

Die Übertragung und ihre Deutung sollen nicht dem Zweck einer Ausübung von Macht dienen (d. h. auch: keine Pädagogik oder Erläuterung transportieren), sondern einen Prozess anstoßen: »[D]ie Übertragung [wird] auf der Grundlage und mit dem Instrument der Übertragung selbst gedeutet. Es wird folglich nicht geschehen können, daß der Analytiker nicht aus der Position, die ihm die Übertragung verleiht, analysiert, deutet und über die Übertragung selbst interveniert.« (1960/61, S. 218). Auch hier wird deutlich: Die Analytikerin kann niemals außerhalb der Übertragung stehen. In der Übertragung wiederholt sich etwas, aber darin besteht für Lacan auch eine Konstruktion, wenn er schreibt: »In der Übertragung verfertigt, konstruiert das Subjekt etwas« (a. a. O., S. 220). Das kann derart verstanden werden, dass im Sprechen in der Übertragung eine Möglichkeit liegt, aus der erstarrten, bloß reproduzierenden Wiederholung auszusteigen. Die Deutung, insbesondere die Deutung der Übertragung, ist »dazu da, Wellen zu schlagen« (Lacan, 1976, S. 35; Übers TS). Sie soll nicht etwas erklären, sondern etwas in Bewegung bringen.

Der Analytiker bekommt von der Analysandin eine bestimmte Position, einen Platz zugewiesen – er soll eine Leerstelle ausfüllen. Es sei, so Lacan (1960/61, S. 242), »ein gesetzmäßiger Effekt der Übertragung« und: »Allein aufgrund der Tatsache, daß es Übertragung gibt, sind wir impliziert in der Position, derjenige zu sein, der das agalma enthält, das grundlegende Objekt, um das es in der Analyse des Subjekts geht« (1960/

61, S. 242). Mit dem »agalma« (später auch »Objekt klein a«) ist gemeint, dass der Analysand der Analytikerin zuschreibt, etwas zu haben (aber nicht zu geben), so, als würde er sagen: ›Meine Analytikerin hat, was mir fehlt.‹ Statt dass diese Illusion in der Analyse aufrechterhalten wird, etwa durch Expertentum oder Eifer, wird nun daran gearbeitet, dass die Analysandin zu sich kommt, d. h. eine eigene Unvollständigkeit und die Differenz in Beziehungen zu anderen anerkennen und tolerieren zu können. Durch die Deutung des Analytikers wird die Analysandin in die Position versetzt, sich ihrem eigenen Begehren zu widmen. Das heißt, die Übertragungsdeutung im Lacan'schen Sinne macht es als ein Trugbild deutlich, dass uns ein Gegenüber in einer Beziehung den Mangel nimmt oder vervollständigt. Dadurch wird das Begehren in Gang gesetzt statt erstickt.

Auch für Lacan sind Übertragung und Gegenübertragung untrennbar miteinander verknüpft, allerdings bewertet er die Gegenübertragung eher negativ, wenn er formuliert, sie sei »die Summe aller Vorurteile, Leidenschaften, Verwirrungen und auch die mangelnde Informiertheit des Analytikers zu einem bestimmten Zeitpunkt im dialektischen Prozess« (zit. n. Evans, 1996, S. 111). Gegenübertragung ist hier in der Tendenz mit Widerständen der Analytikerin verbunden. Übertragung und Gegenübertragung sind sogar derart miteinander verbunden, dass Lacan die Unterscheidung als solche zurückweist. Er grenzt sein Verständnis der Gegenübertragung deutlich von dem Heimanns ab (1960/61, S. 236ff.) und meint: »Die Übertragung ist ein Phänomen, das Subjekt und Psychoanalytiker gleichermaßen einschließt. Eine Aufteilung in die Begriffe Übertragung und Gegenübertragung […] ist immer nur eine Art und Weise, außer acht zu lassen, worum es geht.« (1964, S. 243).

5.3.2 Selbstpsychologie

Heinz Kohut, der als Begründer der psychoanalytischen Selbstpsychologie gilt (vgl. Storck, in Vorb. b, Kapitel 4), wird es oft zugeschrieben, eine Konzeption von Empathie in die Psychoanalyse eingebracht zu haben. Diese besondere Beachtung der Empathie und Introspektion als methodisches Rüstzeug der Psychoanalyse steht im engen Zusammen-

5.3 Übertragung und Gegenübertragung in unterschiedlichen Richtungen

hang mit seinen konzeptuellen Schwerpunktsetzungen, insbesondere der Konzeption einer eigenständigen Entwicklungslinie des Narzissmus und den sich daraus ergebenden Folgen für die Konzeption des Selbst, der Selbstobjekte oder der entsprechenden Übertragungsformen. Bei Freud wird Narzissmus libidotheoretisch aufgefasst, d.h. als Besetzung des Selbst. Narzissmus bedeutet dann, das Selbst statt der bzw. neben den Objekte zu besetzen. Grundlegend kann man nun sagen, dass eine narzisstische Besetzung des Selbst Teil einer »gesunden« Persönlichkeitsstruktur ist, andernfalls wäre es erheblich erschwert, auf etwas stolz oder mit sich zufrieden zu sein. Kohut (z. B. 1984) baut auf solch einer Denkfigur auf, wenn er Konzeptualisierungen dessen vorlegt, wie sich eine angemessene Selbstliebe entwickelt. Er nimmt frühkindlichen Größenvorstellungen als Ausgangspunkt, die sich sowohl in einem »infantilen Größen-Selbst« als auch in einer »idealisierten Eltern-Imago« äußern. Das kleine Kind bewältigt die Folgen seiner Abhängigkeit von den frühen Elternfiguren darüber, dass es idealisierte Bilder aufbaut: Mama ist die Klügste, Papa der Stärkste und so weiter. Das gilt als Teil einer normalen, förderlichen Entwicklung und verweist nicht zuletzt darauf, dass es wichtig ist, Eltern(figuren) zu haben, die sich idealisieren *lassen*, d.h. dazu eignen. Es bedeutet aber auch, dass es sich um ein bestimmtes Stadium der psychischen und sozialen Entwicklung handelt. Eine nächste Entwicklungsaufgabe besteht darin, die Idealisierungen zu lockern, andere Personen realitätsgerecht zu sehen und, eng verbunden damit, auch sich selbst realitätsgerecht betrachten zu können, mit der wichtigen Konsequenz, sich die eigene Un-Perfektion erlauben zu können – weil es Vorbilder dafür gibt, wie man mit den Grenzen der eigenen Wirkmacht umgehen kann. Daher ist es aus Kohuts Sicht wichtig, dass die Eltern sich auch *ent*-idealisieren lassen. Die auf das Selbst und auf die Objekte bezogenen Größenfantasien müssen eine angemessene Frustration erfahren, erst dann ist eine weitere Entwicklung des Narzissmus günstig und ausgewogen. Erforderlich für einen solchen Entwicklungsweg zu nehmen ist elterliche Empathie, Anerkennung und Spiegelung. Damit ist ein gesunder, nicht-omnipotenter Narzissmus auf den Weg gebracht, dann kann jemand sich selbst und Andere lieben (vor allem durch die Internalisierung, geliebt zu werden), auch wenn sie unvollkommen sind. Den Objektrepräsentanzen kann auch Unsicherheit oder fehlende Allmacht zugeschrieben werden, ohne dass sie dafür entwertet werden müssen.

Für die Übertragungskonzeption Kohuts ist seine Konzeption von »Selbstobjekten« wichtig. Gemeint ist »der subjektive Anteil einer das Selbst erhaltenden oder fördernden Erfahrung, die durch die Beziehung zwischen Selbst und Objekt möglich wird und in der Funktion besteht, die der eine für den anderen hat« (Milch, 2001, S. 295). Es geht darum, wie das Selbst sich als in Beziehung stehend zur Vorstellung von einer anderen Person erlebt. Das Selbstobjekt als Element der psychischen Welt ruht auf dem »Erleben eines Mitmenschen«, der für das Selbst (emotional) stützend ist: »Bei dem Selbstobjekt handelt es sich um einen speziellen Aspekt jeder Objektbeziehung, der innere Funktionen und emotionale Stabilität für die Aufrechterhaltung der Selbstkohärenz bereitstellt, im Unterschied zu Beziehungen mit abgegrenzten Objekten, die vom ›kohäsiven‹ Selbst aufgrund ihrer objektalen Eigenschaften benötigt werden.« (a. a. O., S. 65). Selbstobjekte sind Aspekte von Beziehungen zu Anderen, die jemand internalisiert hat, die aber keinen abgegrenzten psychischen Strukturen folgen. Es geht nicht um die Repräsentanz eines Gegenübers, sondern der Funktion, die jemand hat, beispielsweise die Affektregulierung. Das Selbstobjekt ist definierbar »hinsichtlich der Rolle, die das ›Du‹ bei der Stützung der Kohärenz, Stärke und Harmonie des Selbst spielt, d. h. der Erfahrung des ›Du‹ als Selbstobjekt« (Kohut, 1984, S. 81). Es handelt sich also um eine Art Brückenkonzept zwischen Objektrepräsentanz, internalisierter psychischer Funktion und Selbstrepräsentanz.

Vor diesem begrifflichen Hintergrund beschreibt Kohut zunächst Formen der »narzisstische[.] Übertragung«, im Verlauf seines Werkes wandelt sich die Terminologie zu »Selbstobjekt-Übertragungen« (vgl. Kohut, 1977, S. 11). Bei solchen unterscheidet Kohut zwischen drei Formen (entlang der tripolaren Struktur des Selbst; vgl. Wolf, 1988): Spiegelübertragung, idealisierende Übertragung und Zwillings- bzw. Alter-Ego-Übertragung.

- Mit der *Spiegelübertragung* ist der Versuch gemeint, im Anderen »die bestätigend-billigenden Reaktionen des Selbstobjekts hervorzurufen« (Kohut, 1984, S. 275). Man kann sich darunter eine Dynamik vorstel-

5.3 Übertragung und Gegenübertragung in unterschiedlichen Richtungen

len, in der im Analytiker (unbewusst) Bestätigung gesucht wird, etwa für eigene Entscheidungen, Gefühle oder Handlungen.

- Die *idealisierende Übertragung* stellt sich dar als eine Suche »nach einem Selbstobjekt, das [die] Idealisierungen annimmt« (a. a. O.). Es wird also in der Analytikerin ein Selbstobjekt gesucht, das die Idealisierung zulässt (gemäß den entwicklungspsychologischen Überlegungen zur Idealisierung und Entidealisierung der Eltern im Entwicklungsprozess). Das kann eine Rolle spielen bei Patienten, die von der Vorstellung geleitet werden, sich nur einem »perfekten« Gegenüber im Rahmen einer Behandlung öffnen bzw. sich in dessen Hände geben zu können.
- Schließlich wird noch von der *Zwillings-* oder *Alter-Ego-Übertragung* gesprochen, als der »Suche nach einem Selbstobjekt, das sich für die tröstende Erfahrung essentieller Ähnlichkeit zur Verfügung stellt« (a. a. O.). Wenn man beispielsweise auch an die Gedanken Lacans im Imaginären denkt, dann wird deutlich, dass es hier um das Drängen danach geht, im Gegenüber Ähnlichkeit (und Vervollständigung) zu finden.

Einen Überblick über weitere »Sonderformen« der Übertragung gibt Milch (2001, S. 71ff.). Dort werden genannt: Kreativitätsübertragung (Alter-Ego-Übertragung im Zuge kreativer Tätigkeit), Verschmelzungsübertragung (als frühste Form der Spiegelübertragung), adversive Übertragung (das Bedürfnis nach einem Selbstobjekt, das sich abgrenzt und so unterstützt, also gleichsam die Umkehrung der Zwillingsübertragung) sowie Effektanzübertragung (Bedürfnis, im Anderen etwas zu bewirken) (vgl. a. Hartmann & Milch, 2001).

5.3.3 Relationale Psychoanalyse

Kohut, wenn auch oft kritisiert und umstritten, hat einen großen Einfluss auf einige Weiterentwicklungen gehabt, so auf die relationale Psychoanalyse. Diese fußt neben der Selbstpsychologie auf der Bindungstheorie und auf Teilen der Objektbeziehungstheorie. In der relationalen Psychoanalyse erfolgt erklärtermaßen eine Abwendung von der psychoanalytischen Metapsychologie und von triebtheoretischen Konzeptionen, psychisches Geschehen (und wie es sich äußert) soll unter der Perspektive von Bindung und Beziehung beschrieben werden (vgl. z. b. Mitchell, 1997), mit einem gesonderten Fokus auf dialogische Elemente. Dabei ist auch Ferenczis Auffassung einer »mutuellen Analyse« (also einer wechselseitigen zwischen Analytikerin und Analysand) zu nennen (vgl. zur kritischen Bewertung z. B. Thomä, 2001), aus welcher auch der Analytiker verändert hervorgeht. Diese müsse, so Aron (1991, S. 39), bereit sein, etwas Neues über sich herauszufinden. Die Reichweite des Einflusses, den die Analytikerin nimmt, wird dabei anerkannt, und zwar auch jenseits der Deutung oder anderer Interventionen (eine besondere Beachtung erfährt die Art des Umgangs mit Selbstenthüllungen seitens des Analytikers; vgl. zum Verständnis von Enactments Ivey, 2008; Storck, 2013). Eine wichtige offene Frage an die relationale Psychoanalyse ergibt sich daraus, dass bei Abwendung von Triebtheorie und Metapsychologie andere Strukturen von Motivation an deren Stelle treten müssen – die relationale Psychoanalyse beantwortet dies über die Konzeption von Bindung. Das zieht dann wiederum die Frage mit sich, wie das Konzept der Übertragung, losgelöst von Trieb, infantiler Psychosexualität oder Metapsychologie beschrieben wird.

Für Aron (1990, S. 478; Übers. TS) ist »Übertragung« in der Geschichte der Psychoanalyse zunächst nicht »als ein interpersonelles Ereignis« verstanden worden, sondern »als ein Prozess, der sich im Erleben des Analysanden ereignet«. Ähnlich wie Lacan, wenn auch aus einer deutlich unterschiedlichen Position heraus, schlägt auch Aron (1991, S. 34; Übers. TS) vor, nicht von »Gegenübertragung« zu sprechen, sondern von der »Erfahrung der Subjektivität des Analytikers durch den Patienten«. Es wird nicht von einer Abfolge von Aktion und Reaktion ausgegangen (in welcher strikt trennbar die Gegenübertragung aufgrund der Übertragung erschiene), sondern gemeinsam erkundet, welche Vorstellungen es beim Analysanden darüber gibt, was in der Analytikerin vorgeht (etwas Vergleichbares findet sich auch bei Racker, 1959, wenn dieser die Fantasien des Analysanden über die Gegenübertragung zum Thema nimmt). Zu diesem Prozess des Erkundens gehört eine relative, strukturierte Selbstoffenbarung bzw. Selbstenthüllung des Analytikers. Dabei wird exploriert, was die Analysandin er-

5.3 Übertragung und Gegenübertragung in unterschiedlichen Richtungen

lebt, aber statt dies einzig als Element von deren psychischer Innenwelt weiterzuverfolgen, geht es um einen Abgleich, so dass Verzerrungen, empathische Wahrnehmungen oder auch Mehrdeutigkeiten zum Thema des analytischen Arbeitens werden. Der Zweck dessen ist nicht die Entlastung oder die Offenbarung als solche, sondern, einen Ausgangspunkt zu formulieren, gemeinsam mit dem Analysanden zu erkunden, wie er das erlebt oder bewertet, was er an der Analytikerin wahrnimmt (Meint der Analysand, sie schonen zu müssen? Fürchtet er, sie könnte sich ihm nicht zuwenden?). Darin zeigt sich der Grundgedanke des Dialogischen, wobei nichtsdestoweniger das Erleben der Analysandin, das sie von der Beziehung hat, im Zentrum steht. Aron schreibt (a. a. O., S. 33; Übers. TS) allerdings, in seiner Sicht sei es ein »schwerer Fehler«, die »totale Antwortbereitschaft« des Analytikers »mit dem Ausdruck Gegenübertragung zu belegen«, denn: »Der Analytiker ist oft der Initiator einer Interaktionssequenz«. Es wird von einem »fortwährenden wechselseitigen Einfluss« ausgegangen, ohne dass dieser symmetrisch sei (a. a. O.). Es würden immer »beide an der Interaktion Beteiligte zur Übertragung beitragen« (Aron, 1990, S. 481; Übers TS).

Auch in der relationalen Psychoanalyse wird der Widerstandsanalyse (als etwas, mit dem die Übertragung im Zusammenhang steht) ein Wert beigemessen, jedoch im Kontext der vorangegangenen Überlegungen. Das Ziel der Widerstandsanalyse sei es, »dass Patienten nicht nur mehr über ihre eigenen psychischen Zustände und Prozesse erfahren, sondern auch über die des Analytikers« (Aron, 1991, S. 35; Übers. TS). Relationale psychoanalytische Arbeit besteht darin, kennenzulernen, was im Anderen vorgeht, und dazu werden die Fantasien über die Analytikerin genutzt und mit deren Erleben abgeglichen, in der aktuellen interpersonellen Konkretheit und Echtheit, statt (allein) in den biografischen Bezügen. Dies soll »der weiteren Erforschung der Kindheitserfahrungen des Patienten von der inneren Welt der Eltern die Tür öffnen« (a. a. O., S. 37; Übers. TS). Darüber soll nicht zuletzt ein Bewusstsein für die auf den Analytiker gerichteten »verleugneten Beobachtungen, verdrängten Fantasien und unformulierten Erfahrungen« durch die Analysandin geschaffen werden (a. a. O., S. 36; Übers TS). Was der Analysand sich dazu vorstellen kann, wird nicht nur als Träger infantiler Wünsche und Abwehrstrukturen aufgefasst, sondern auch als »plausible Interpretationen und Repräsentationen von Erfahrungen, die der Patient mit bedeutsamen Anderen gemacht hat« (a. a. O., S. 37; Übers. TS), und dies am Beispiel von »Reflexionen der gegenwärtigen Interaktionen und Begegnungen mit einem einzigartigen, individuellen Analytiker samt dessen ideosynkratischer und besonderer Eigenschaften« (Aron, 1990, S. 479; Übers. TS).

Aron (1991, S. 38; Übers. TS) formuliert aus Sicht der relationalen Psychoanalyse, dass eine »Balance aufrechterhalten werden müsse« zwischen einem Fokus auf das Interpersonelle und das Intrapsychische bzw. zwischen »inneren« und »äußeren« Objektbeziehungen. Dabei ist der Ansatz nicht als eine bloße Kommunikationsanalyse zu verstehen, sondern die Verbindung zwischen dem Interpersonellen und dem Intrapsychischen wird zum wesentlichen Gegenstand der Arbeit. Hinzu kommt allerdings, dass der Fokus auf das Innenleben des Analytikers auch den Charakter einer Vermeidung haben kann, und dass schließlich der Blick auf den Kontext (Boesky, 2007) der Beziehung und der Beziehungsfantasien nicht zu vernachlässigen ist.

5.4 Veränderungsprozesse unter Nutzen der Übertragung

Bisher hat die Annahme eine Rolle gespielt, dass eine Vertiefung von Übertragungsprozessen und deren Durcharbeiten für psychische Veränderung wichtig ist. Nun soll es stärker darum gehen, wie eine solche Vertiefung und ein solches Durcharbeiten erfolgen. In einem klassischen Verständnis soll das Herstellen einer Übertragungsneurose gefördert werden, d. h. Übertragungsphänomene sollen intensiviert und, insofern sich darin immer auch Aspekte der Symptomatik zeigen, auf die Person des Analytikers zentriert werden. Dadurch werden zum einen die »Außenbeziehungen« entlastet, zum anderen gewinnt die therapeutische Beziehung so jene affektive Bedeutsamkeit, die für wirkliches Verstehen und Veränderung eine notwendige Voraussetzung darstellt.

5.4 Veränderungsprozesse unter Nutzen der Übertragung

Dazu ist, zumindest für das klassische behandlungstechnische Vorgehen, die Förderung der Regression durch das Setting und den Rahmen, sowie darauf aufbauend die analytische Haltung und Behandlungstechnik.

5.4.1 Regressionsförderung

Unter Regression wird in der Psychoanalyse der »Vorgang« verstanden, »in dem ein Individuum oder eine Gruppe ein schon erreichtes psychisches Struktur- oder Funktionsniveau verläßt und zu einem lebensgeschichtlich früheren [= genetische Regression; TS] und/oder niedriger strukturierten (= formale Regression; TS] Niveau des Denkens, Fühlens oder Handelns zurückkehrt.« (Körner, 2014b, S. 803). Für Freud meint das Konzept die »Rückkehr der Libido zu früheren Stationen ihrer Entwicklung« (Freud, 1916/17, S. 355) oder allgemeiner die »Rückkehr von einer höheren zu einer niedrigeren Stufe der Entwicklung« (a. a .O.). Benannt ist damit eine frühere, »unreifere« Art des Erlebens (von Beziehungen, Affekten, Triebwünschen). Das muss nicht Teil einer pathologischen Entwicklung sein, sondern spielt beispielsweise auch eine Rolle bei künstlerischen Prozessen, die mit dem Vorgang einer »Regression im Dienste des Ichs« (Kris, 1936) in Verbindung gebracht werden. Es geht also auch um eine Unmittelbarkeit oder Spontaneität, die jemanden leitet. In der Psychoanalyse wird angenommen, dass sich in der Übertragung frühe Beziehungsfantasien und Affekte zeigen bzw. wird mit Freud angenommen, dass sich diese in der freie Rede der Analysandin zeigen: »Die Assoziation des Kranken ging von der Szene, die man aufklären wollte, auf frühere Erlebnisse zurück und nötigte die Analyse, welche die Gegenwart korrigieren sollte, sich mit der Vergangenheit zu beschäftigen.« (Freud, 1914d, S. 47). Die Regression ist der Weg dorthin: »Unter den Bedingungen der psychoanalytisch-therapeutischen Situation regrediert ein Patient dann, wenn er die Übertragungssituation entsprechend seiner unbewußten Beziehungsphantasien gestaltet.« (Körner, 2014b, S. 803) Der Regressionsförderung und der Bearbeitung von Übertragungsprozessen ist es zu verdanken, dass ein anderer Weg aus biografischen »Sackgassen« des Erlebens genommen werden kann. Das korrespondiert mit zwei Elementen des Settings: die Couch und die hohe Wochenstundenfrequenz.

Ein historischer Grund für die Wahl des Couch-Settings durch Freud ist das Liegen von Patienten in einer Hypnose-Behandlung. Auch nachdem er davon Abstand nimmt, Patientinnen in Hypnose zu versetzen, sondern seine Methode auf die Grundregel der freien Assoziation gründet, behält er das Couch-Setting bei. Dabei finden sich eine Bemerkung wie: »Ich vertrage es nicht, acht Stunden täglich (oder länger) angestarrt zu werden.« (Freud, 1913c, S. 467). Im selben Zitat nimmt Freud aber auch auf eine weniger persönliche, sondern methodische Begründung des Settings Bezug: »Da ich mich während des Zuhörens selbst dem Ablauf meiner unbewußten Gedanken überlasse, will ich nicht, daß meine Mienen dem Patienten Stoff zu Deutungen geben oder ihn in seinen Mitteilungen beeinflussen. [... Diese Maßregel hat] die Absicht und den Erfolg [...], die unmerkliche Vermengung der Übertragung mit den Einfällen des Patienten zu verhüten, die Übertragung zu isolieren und sie zur Zeit als Widerstand scharf umschrieben hervortreten zu lassen.« (a.a.O.). Methodisch betrachtet sollen sich Fantasien zeigen, und dies unabhängig von den Regeln der Alltagskommunikation und deren Vollzügen im Hinblick auf symmetrische Dialogizität oder eine wechselseitige Reaktion auf Mimik oder Gestik als Antwort auf das Geäußerte durch Blickkontakt. Es soll der Blick nach innen statt nach außen, auf die Welt der Vorstellungen statt auf die Welt der Wahrnehmungen gerichtet werden; ferner wird angenommen, dass es leichter fällt, Übertragungsfantasien auszusprechen, wenn der Analytiker dabei nicht angeblickt wird. Ein weiterer Faktor, der die Zugänglichkeit von Fantasien fördern soll, ist, dass beim Liegen auf der Couch die Motorik ausgeschaltet ist. Den Wert dessen begründet er triebtheoretisch: Wird ein Impuls nicht motorisch abgeführt, kann er sich in die Vorstellungswelt umsetzen (vgl. Freud, 1900a, S. 342, 573).

Die hohe Wochenstundenzahl (drei bis fünf) im klassischen Setting der Psychoanalyse begründet sich darüber, dass es auf diese Weise leichter fallen soll, bei den Themen, die sich um unbewusste Erlebnisaspekte oder Konflikte drehen, »am Ball« zu bleiben, wenn die Arbeit mehr oder weniger am Folgetag fortgesetzt wird. Freud meint: »Schon durch kurze Unterbrechungen wird die Arbeit immer ein wenig verschüttet;

wir pflegten scherzhaft von einer ›Montagskruste‹ zu sprechen, wenn wir nach der Sonntagsruhe von neuem begannen« (Freud, 1913c, S. 459f.). Der Gedanke dahinter ist, dass durch die hohe Stundenfrequenz etwas von der geförderten Regression von Stunde zu Stunde einen Anknüpfungspunkt liefert. Zu beachten ist zugleich, dass es einer Patientin möglich sein muss, nach dem Ende einer Stunde wieder Fuß in der sozialen Realität zu fassen – das spielt eine zentrale Rolle bei der Indikationsstellung zu einer Psychoanalyse im klassischen Setting.

Als zweites Element ist auf den Rahmen bzw. die analytische Haltung einzugehen. Für Bleger (1966, S. 269) entspricht der Rahmen »den Konstanten eines Phänomens, einer Methode oder einer Technik« während der Prozess »den jeweiligen Variablen« entspreche. Der Rahmen umfasse »die Rolle des Analytikers […] sowie die Anordnung von (atmosphärischen) Raum- und Zeitfaktoren, und einen Teil der Technik (einschließlich der Probleme, die mit der Festlegung und Einhaltung von Terminen, dem Honorar, Unterbrechungen etc. zu tun haben).« (a. a. O.). Müller (2014, S. 790) differenziert bezüglich des Rahmens die Vertragsebene, die technischen Regen und die symbolischen Qualitäten. Damit ist darauf Bezug genommen, dass beim Rahmen zum einen eine Vereinbarung über Zeiten (regelmäßige Stunden an denselben Tagen, Anzahl der Stunden, Dauer, Ferien- sowie Ausfallregelungen) eine Rolle spielt, zum anderen eine Verständigung über das Vorgehen in der therapeutischen Arbeit (insbesondere freie Assoziation, gleichschwebende Aufmerksamkeit und Deutung) und schließlich eine Ebene, auf der es darum geht, wie der Rahmen erlebt wird (begrenzend, schützend, Halt gebend, versagend o. ä.). Allen dieser drei Ebenen des Rahmens ist gemeinsam, dass das relativ Ungesteuerte analytischer Prozesse, das nicht zuletzt aufgrund des Gegenstands der Arbeit, dem Unbewussten in seinen Wirk- und Äußerungsformen von unbewussten Konflikten und Fantasien, eine aktive Steuerung nur bedingt möglich ist bzw. eine solche die entscheidenden Elemente übergehen würde. Dazu bedarf es eines umso verbindlicheren und verlässlicheren Rahmens, der konzeptuell auch einbegreift, dass die Analytikerin die Verantwortung über den zeitlichen Verlauf einer Stunde übernimmt. Es handelt sich in dieser Weise, so Körner (1995, S. 23ff.) um einen »Rahmen um die psychoanalytische Situation«. Der Rahmen ist auch wichtig, um das besondere

Geschehen der analytischen Stunde zu umrahmen, insofern es sich um eine außeralltägliche Situation handelt. Das Konzept des Rahmens »hebt die Besonderheit unserer therapeutischen Beziehung hervor und trifft klar erkennbare Unterscheidungen zwischen unserem Leben innerhalb und dem außerhalb der Behandlungsstunden« (a. a. O.). Er sichert dabei auch, dass tatsächlich alles ausgesprochen werden darf – dass also nicht im Anschluss an eine konflikthafte Stunde, in der eine Analysandin den Analytiker ihre Aggression hat spüren lassen, der Zugang zur weiteren Arbeit real verstellt wäre. Damit steht eine veränderte Form der Kommunikation in Verbindung: Sagt etwa ein Analysand im Verlauf einer Stunde plötzlich ›Ach, übrigens kann ich zur nächsten Stunde nicht kommen…‹, dann nimmt es die Analytikerin (vorläufig) als eine Mitteilung innerhalb des analytischen Rahmens und der analytischen Beziehung auf statt allein als bloße organisatorische Nebenbemerkung. Wird die Bemerkung hingegen zu Beginn einer Stunde gemacht, also am Rand des Rahmens, dann wird sie direkt als etwas aufgenommen, das den Rahmen betrifft (und u. U. erst später in seiner Übertragungsbedeutung). Im ersten Fall taucht etwas *innerhalb des Rahmens* auf, im zweiten Fall geht es um eine *Verständigung über den Rahmen*.

Analytische Prozesse sind also als solche relativ ungesteuert, das bedeutet nicht, dass es keine Behandlungsplanung gäbe, vielmehr ist diese in gröberen Zügen formuliert als beispielsweise in der kognitiven Verhaltenstherapie. Die (relative) Ungesteuertheit des Prozesses ist einzig angesichts einer Verbindlichkeit und Transparenz von Methode und Rahmen gerechtfertigt. Rugenstein (2019, S. 230) kennzeichnet das Verhältnis von Rahmen und Prozess daher als eine Einigung zwischen Analytiker und Patient »darauf, in der Realität sehr klare Grenzen zu wahren, um in der Fantasie Grenzen überschreiten zu können« – ein, mit den Worten Gabbards (2017) gesprochen, »slippery slope«, ein Abhang, auf dem man leicht abrutschen kann.

5.4.2 Abstinenz

Ein wichtiger Bestandteil der therapeutischen Haltung wird im Konzept der Abstinenz beschrieben. Die sogenannte Abstinenzregel wendet sich

»an den Analytiker und seinen Patienten zugleich. Sie fordert von beiden, einander innerhalb der psychoanalytischen Behandlungssituation nicht zur Befriedigung ihrer Beziehungswünsche zu gebrauchen, und sie verpflichtet beide, in der psychoanalytischen Arbeit zu sprechen, aber nicht zu handeln.« (Körner, 2014a, S. 1). Dabei lässt sich eine gewisse Asymmetrie benennen: Der Analysand »darf« und sollte seine Beziehungswünsche spüren und formulieren (statt, dass er diesen gegenüber »abstinent« bleiben müsste), ein wichtiger Bestandteil des Abstinenzgebotes ist ja, dass diese nicht von der Analytikerin erwidert werden. Dann kann mit der Abstinenz ein »Prinzip, das die Arbeit an unbewußten Beziehungsphantasien ermöglicht und zugleich schützt« (a. a. O., S. 2), gemeint sein. Das »Gebot« wirkt auf scheinbar widersprüchliche Weise: Die Abstinenz schränkt einerseits ein (und sorgt für Begrenzungen), öffnet aber »gerade dadurch den psychoanalytischen Raum für die Gestaltung mit unbewußten Beziehungsphantasien« (a. a. O.), auch die Abstinenzregel einen Rahmen bzw. sichert, dass dieser aufrecht erhalten wird.

Zunächst war die Abstinenzregel durchaus konkret gemeint und auf das Sexuelle bezogen und besagte nicht zuletzt, dass Analytiker nicht mit ihren Analysandinnen schlafen dürfen; was besondere Erwähnung verdiente, weil der professionelle Umgang mit und das Erkennen einer Übertragungsverliebtheit erst etabliert werden musste. Freud (1915a, S. 313) formuliert aber neben dieser ethischen auch eine methodische Bedeutung, nämlich dahingehend, dass die Kur »in der Abstinenz« durchzuführen sei, also »der liebesbedürftigen Patientin die verlangte Befriedigung zu versagen« sei. Der Gedanke Freuds ist, dass eine Befriedigung der Triebbedürfnisse (auch auf der Ebene von Fantasie und verbaler Kommunikation) der Veränderung im Wege stehe. Der Weg, neurotische Erkrankungen zu behandeln und Veränderung zu ermöglichen, ist in dieser Sicht nicht das Bereitstellen einer Beziehung, welche die Defizite von früher ausgleicht, sondern eine Einsichtnahme in Wünsche, Verbote und Konflikte zu befördern. Diese sollen sich umso deutlicher zeigen, wenn sie nicht vom Gegenüber befriedigt werden (ähnliches taucht im Konzept der technischen Neutralität wieder auf, das im Wesentlichen eine »Gleichabständigkeit« der Haltung der Analytikerin zwischen den psychischen Instanzen des Analysanden betrifft). Freud meint hier nicht, dass Analysanden »leiden« müssen (statt Befriedigung ihrer Wünsche zu erfahren), um gesund zu werden, sondern dass wirkliche Veränderung auf der Analyse statt der Beseitigung oder Überdeckung von Konflikten beruht. Liefert die Beziehung zur Analytikerin eine »Ersatzbefriedigung«, dann wird verhindert, dass für Konflikte neue Lösungen gefunden werden. Recht bald hat Freuds Modell der Veränderung durch Einsichtnahme in unbewusste Konflikte eine Ergänzung erfahren durch das Modell von Alexander und French (1946) einer »korrigierenden emotionalen Erfahrung«.

Das Abstinenzgebot fußt also auf Gründen aus drei Bereichen: einmal solchen der Behandlungsethik (Missbrauch des Analysanden im Dienste eigener Interessen), solchen der Behandlungstechnik (unabstinent zu sein stört die Übertragung und die freie Assoziation; genauer bei Greenson, 1967, S. 285ff.; vgl. a. Ramshorn-Privitera, 2013) und schließlich solchen, welche die erforderliche Reflexion der Gegenübertragung betreffen (vgl. Zepf, 2006, S. 353) statt deren Agieren (Abstinenzverletzungen weisen in der Regel darauf hin, dass etwas auf Seiten des Analytikers unreflektiert bzw. nicht containt ist).

Aufgrund dieser Aspekte und wegen Veränderungen in der Behandlungstechnik wird für einen »operationalen« statt eines »regelhaften« Gebrauchs des Abstinenzgebots plädiert (Cremerius, 1984). Die entscheidende Grundlage dabei ist der erweiterte Indikationsbereich analytischer Behandlungen: »Der Analytiker soll nicht Regeln einhalten, sondern Funktionen in einem Prozeß ausüben.« (a. a. O., S. 797). Auch wenn es Zeiten gab, in denen von einigen ein Handschlag zu Beginn oder zum Ende einer Analysestunde als »unabstinent« bezeichnet wurde, wird heute eher der Standpunkt eingenommen, dass sich »Missbräuchlichkeit« in der Haltung und Intervention der Analytikerin nicht darüber vermeiden lässt, den Kontakt möglichst neutral und unpersönlich zu halten. Während es Abstinenzverletzungen gibt, die als solche deutlich zu erkennen sind (jede Art von physischer Übergriffigkeit oder direkter Vernachlässigung im Rahmen einer Heilbehandlung beispielsweise), gibt es sehr viel mehr Situationen, die sich einzig entlang des Prozesses als abstinent oder unabstinent erkennen lassen.

Bisher ist es darum gegangen, Elemente des Settings, des Rahmens und der Haltung nachzuzeichnen, allesamt so etwas wie die Voraussetzung für Verstehen und Veränderung. Im Weiteren soll auf diese beiden Aspekte analytischer Arbeit geblickt werden.

5.4.3 Szenisches Verstehen

> In einem weiteren Ausschnitt aus der TV-Serie *The Sopranos* geht es um eine Sequenz in der Therapie Tony Sopranos nach einigen Jahren (»Walk like a man«, 2007). Er sagt zu seiner Therapeutin Dr. Melfi, er habe eigentlich die Therapie abbrechen wollen, aber dann wiederum gehe es seinem Sohn zurzeit schlecht. Deutlich wird, wie starke Vorwürfe er sich macht, seinem Sohn etwas von seiner Neigung zur Depression und seiner düsteren Weltsicht vererbt zu haben: »Es liegt ihm im Blut, diese miserable Scheiß-Existenz. Meine scheiß-verrotteten und verfaulten Gene haben den Verstand meines Kindes infiziert. Das ist mein Geschenk an meinen Sohn.« Nach einer Pause sagt Dr. Melfi, sie verstehe, dass es schwer sei, sei aber froh, dass sie darüber sprechen. Tony antwortet, er sei es nicht: »Ich finde es scheiße. Das hier. Die Therapie. Ich hasse diese verdammte Scheiße! Am Ende des Tages, nach dem ganzen Beschweren, dem Weinen und der ganzen Scheiße – ist das alles...?«

Hier wird – neben einer Veranschaulichung des »weiten« Übertragungsverständnis, in dem es Tony möglich wird, im Sprechen über seinen Sohn u. a. etwas davon zum Ausdruck zu bringen, wie er sich fühlt – augenscheinlich eine wichtige Frage aufgeworfen: Werden Leidenszustände geringer, wenn jemand in einer Behandlung über seine vergangenen und aktuellen Beziehungserfahrungen spricht? Was an der analytischen Arbeit macht Veränderung möglich?

Verstehen und Veränderung gehen dabei eng nebeneinander, beginnend mit Freuds Konzeption, es sei die Einsichtnahme in unbewusste Konflikte, die Veränderung bewirke. Aus heutiger Perspektive stellt sich das differenzierter dar, nichtsdestoweniger spielt das Verstehen eine wichtige Rolle, und zwar im Besonderen das Verstehen von Beziehungserfahrungen und Beziehungsmodi (auf der Grundlage von Übertragung und Gegenübertragung), wie es am klarsten in der Konzeption des szenischen Verstehens beschrieben ist. Der Blick auf gemeinsam gestaltete Szenen ist die Folgerung aus den Weiterentwicklungen der Konzeption von Übertragung und Gegenübertragung.

Die klinisch-behandlungstechnische und methodologische Formulierung eines szenischen Verstehens wurde von Argelander (1967) und Lorenzer (1970) formuliert (vgl. Storck, 2018d). Grundlegend wird davon ausgegangen, dass sich (im analytischen Erstinterview, aber auch im Verlauf) drei Arten von »Daten« vermitteln: objektive Daten (etwa Berichte des Analysanden über die Anzahl seiner Geschwister und deren Alter), subjektive Daten (etwa die Gefühle zum Bruder und anderen Geschwistern, eine verbalisierte Beschreibung, wie die Beziehung erlebt wurde) und szenische Daten (solche also, die sich in einer Beziehungsinszenierung zwischen Analytikerin und Analysand zeigen). Diesen drei Arten von Daten – objektiv, subjektiv, szenisch – entsprechen drei Arten des Verstehens:

- das logische Verstehen, als eine Art semantische Orientierung: Was wird gesagt?;
- das psychologische Verstehen, also das Verstehen dessen, wie etwas gesagt wird, d. h. mit welcher emotionalen Konnotation oder Färbung;
- das szenische Verstehen, das in der Reflexion dessen durch den Analytiker besteht, in welcher Art von Beziehungskonstellation etwas gesagt wird, was er also von der Beziehungsgestaltung zu spüren bekommt. (Hier gibt es Verbindungen zur therapeutischen Ich-Spaltung im oben dargestellten Sinn: die Analytikerin ist Teil einer Beziehungsszene und versucht, diese zu verstehen).

Eine systematische Darstellung des Vorgangs des szenischen Verstehens (auch in der methodologischen Begründung) findet sich bei Lorenzer in der Unterscheidung zwischen Szene und Situation: »›Szene‹ – aktuelle Szene in der ›Realität‹ des Patienten, Szene in der Analyse oder wiedererinnerte Szenen aus der Kindheit – [meint] immer ein ›konkret-inszeniertes Geschehen‹ in Wirklichkeit oder Phantasie […], während ›Situation‹ das der Inszenierung zugrundeliegende ›Interaktionsmuster‹, das ›Modell der Beziehungslage‹ bezeichnet. [...] Szenisches Verstehen meint dementsprechend ein Verstehen, das über das Erfassen der konkreten Szene die darin enthaltene situative Struktur begreift.« (Lorenzer 1970, S. 170). Damit ist gesagt, dass es verschiedene Arten jeweils partikulare Szenen gibt, die für die Analysandin eine Rolle spielen: biografische Szenen, Szenen der aktuellen Lebenssituation und die Szene, die sich zwischen ihr und dem Analytiker konstelliert (einschließlich Fantasie-Szenen). Diesen Szenen ist, insbesondere im Rahmen einer psychischen Störung, ein gemeinsames Element bzw. eine gemeinsame Struktur gegeben – das nennt Lorenzer »Situation« bzw. »situative Struktur«. Die Annahme besteht darin, dass sich in verschiedenen Szenen eine gemeinsame Situation zur Darstellung bringt. Da nun an einer dieser Szenen die Analytikerin teilhat, kann sie über die Reflexion dessen, was hier die »Situation« ist, hypothetische Annahmen dazu entwickeln, was den Analysanden auch in anderen Szenen leitet. Darin besteht das szenische Verstehen: Es ist das Erkennen der Situation in der Übertragungsszene. Auf diese Weise ist eine Antwort darauf gegeben, wie sich eine Verstehenshypothese ergibt und wie sie Vorrang gegenüber anderen erfährt, mithin eine solche, die sich auf unbewusste Erlebnisaspekte richten soll. Die Analytikerin versteht, indem sie von dem ausgeht, was sie zu spüren bekommt.

Dass das möglich ist, wird auch darüber begründet, dass vor dem Hintergrund von Setting, Rahmen und Haltung eine besonders verdichtete Szene zwischen Analytiker und Analysandin entsteht, von einigen Autoren als »Grenzsituation« (Argelander) oder »problematische Situation« (Zwiebel; wenn auch mit leicht anderer Konnotation) bezeichnet. In diese Grenzsituation fließen verschiedene Aspekte infantiler und aktueller Szenen des Analysanden ein – und ebenso auch der Analytikerin, wobei die berechtigte Hoffnung ist, dass diese ihre biografischen und aktuellen Lagen etwas besser versteht als jener es bislang tut. Wichtig ist aber der Hinweis darauf, dass hier eine Szene entsteht, zu der beide gleichermaßen beitragen. Die Haltung des Analytikers sorgt dafür, dass er in der Regel etwas weniger einbringt als die Analysandin.

Auf diese Weise werden Verstehenshypothesen gebildet. In Gestalt der Grenzsituation wird die gleichschwebende Aufmerksamkeit der Analytikerin erschüttert bzw. kann sie diese Haltung nicht mehr aufrechterhalten: Es entsteht eine Krise des Verstehens. Vor dem Hintergrund der Reflexion des Beziehungsgeschehens und vor dem Hintergrund des bisherigen Prozesses der Arbeit (einschließlich des »Wissens« des Analytikers um biografische Szenen der Analysandin) setzt der Analytiker probeweise Bedeutungen ein, welche die situative Struktur der Übertragungsszene betreffen. Dann kann er potenziell eine Intervention formulieren.

Das mag wie ein eher rationaler Vorgang klingen, in dem mögliche Bedeutungen entwickelt werden. Zum einen ist hier aber auf das konzeptuelle Verständnis der Deutung hinzuweisen (▶ Kap. 5.4.4), zum anderen sind Modelle heranzuziehen, wie die Analytikerin sich hinein zu versetzen versucht. Als ein Beispiel können einige knappe Bemerkungen zur »Traumfunktion« des Analytikers herangezogen werden.

Hier sind verschiedene konzeptuelle Facetten des »Träumens« zu unterscheiden. Zum einen geht es nicht um die oben beschriebene Müdigkeitsreaktion (▶ Kap. 3.3.4). Des Weiteren stehen die Überlegungen zwar im Zusammenhang mit Freuds Traumtheorie, aber es geht nicht um den nächtlichen Schlaf oder Traum. Vielmehr wird beschrieben, in welcher Weise die Analytikerin eine verstehende Haltung einnimmt, die es ihr erlaubt, »jenseits der Ratio« Zugang zum Beziehungsgeschehen zwischen sich und dem Analysanden zu erhalten. Bion, der auch den Begriff eines »träumerischen Ahnungsvermögens« (Reverie) (Bion, 1962) als Teil analytisch-methodischer Haltung beschreibt, konzipiert eine Traumfunktion (»waking dream thought«) des Menschen als eine Form »unbewussten Denkens«, die auch im Wachleben wirkt (Bion, 1992). Lose an Freuds Konzeption des Primärprozesses und letztlich in Umwendung der zentralen Annahme Freuds zum Traum (nämlich, dass im Traum die psychischen Mechanismen des Wachbewusstseins in den Hintergrund treten) konzipiert Bion eine Ebene von Erlebnisprozessen, auf die zurückgegriffen wird, wenn der Analytiker zu verstehen versucht.

Konkret bezogen auf die klinische Situation findet sich das im Vorschlag Ferros (2009, S. 83) wieder, der für das verstehende Zuhören der Analytikerin meint, es sei nützlich, (gedanklich) vor die Rede des Analysanden ein »Ich habe geträumt, dass...« zu setzen. Damit ist nun nicht dazu angeregt, alles, was die Analysandin sagt, in den Bereichen des Irrealen zu verfrachten, sondern beschrieben, in welcher Weise der Analytiker in dem, was die Analysandin sagt, eine Ebene zu hören und zu verstehen, in der über die innere Welt der Objekte und psychischen Prozesse gesprochen wird. Mit dem Satz, den die Analytikerin im Zuhören davorsetzt, ist also gerade nicht die Realität des Gesagten abgetan, sondern eine »träumerische« Funktion benannt, die nicht nur das »Vernünftige« hört. Es wird eine aufnehmende Haltung des Zuhörens skizziert, die mit einigen entwicklungspsychologischen Modellen korrespondiert. Ogden (2005) formuliert als Aufgabe des Analytikers, die »ungeträumten Träume« der Analysandin (mit diesem gemeinsam) zu träumen, und auch Zwiebel (2013) bezieht sich auf eine analytische Traumfunktion. Damit ist benannt, dass im analytischen Verstehen auch die Ebene enthalten ist, dem Analysanden eine Formgebung für sein Erleben zu ermöglichen.

5.4.4 Deutung

Der Anknüpfungspunkt auf der Ebene der Intervention ist an dieser Stelle aber eher an der Stelle des Formulierens einer Verstehenshypothese in Form einer Intervention zu sehen, hier der Deutung (vgl. Storck, in Vorb c). Die Deutung ist die Hauptinterventionsform der Psychoanalyse im Rahmen der klassischen Behandlungstechnik (zwei weitere sind die Klarifikation und die Konfrontation) und des klassischen Settings. Sie bezieht sich (probeweise) auf unbewusste Aspekte des Erlebens und beruht dabei darauf, dass sich durch Setting und Haltung im Sinne der Regressionsförderung eine Übertragungsneurose (oder die Inszenierung anderer als neurotischer Symptome) konstelliert hat, deren Aspekte szenisch verstanden werden können. Der klassische Grundgedanke lautet, dass die Deutung die Einsichtnahme darin ermöglicht, damit eine Analyse von Konflikten darstellt und die Voraussetzung schafft, dass andere Konfliktlösungen gefunden werden können. Laplanche und Pontalis (1967, S. 117) definieren »Deutung« als die »Aufdeckung der latenten Bedeutung der Worte und Verhaltensweisen eines Subjekts durch die analytische Untersuchung. Die Deutung erhellt die Modalitäten des Abwehrkonflikts und zielt letzlich auf den Wunsch ab, der sich in jeder

Bildung des Unbewußten ausdrückt.« Es ist eine »dem Subjekt gemachte Mitteilung, um ihm zu dieser latenten Bedeutung Zugang zu verschaffen« (a. a. O.). In einem zeitgenössischen Sinn kann in der Deutung auch der Versuch gesehen werden, dem Analysanden eine Form anzubieten, sich sein eigenes Erleben vor Augen zu führen. Wie zu zeigen sein wird, changiert die Deutung konzeptuell zwischen einer analytisch-zerlegenden und einer formbildenden Funktion. Es lassen sich mit der genetischen Deutung, der Widerstandsdeutung und der Übertragungsdeutung verschiedene Formen oder Aspekte einer Deutung unterscheiden.

Im Freud'schen Denken taucht die Figur der Deutung nicht zuletzt als *Traum*deutung auf: »[E]inen Traum ›deuten‹ heißt, seinen ›Sinn‹ angeben, ihn durch etwas ersetzen, was sich als wichtiges, gleichwertiges Glied in einer Verkettung unserer seelischen Aktionen einfügt« (1900a, S. 100). Eine Besonderheit in der Traumdeutung, die Freud gegenüber klassischen Verfahren der »Ausdeutung« von Träumen einbringt, ist die Beteiligung des Träumers in der Erkundung einer möglichen Bedeutung. Bis heute besteht analytische Traumdeutung wesentlich darin, die Träumerin nach ihren spontanen Einfällen zum Traum zu fragen. Das hat, wie sich weiter unten zeigen wird, auch eine wichtige Bedeutung für ein Verständnis der Deutung als Intervention.

Aus dem Gedanken, deuten heiße, dem Zu-Deutenden einen Sinn in einer »Verkettung« zu geben, entwickeln sich Überlegungen zur Behandlungstechnik. Die Deutung ist keine Erklärung o. ä. für etwas und hat keine pädagogische Funktion. Freud gibt zudem wiederholt den Hinweis, analytische Arbeit bestehe nicht darin, etwas richtig zu erraten und es dem Patienten dann sofort mitzuteilen, vielmehr gibt es verschiedene Vorschläge, den Zeitpunkt der (wirksamen) Deutung zu konzipieren, etwa als Kairos (Warsitz, 2006) oder als »point of urgency« (Strachey, 1934).

In einer klassischen Definition formuliert Greenson (1967, S. 109): »Deuten heißt, einen unbewußten oder vorbewußten Vorgang bewußtmachen. Es heißt, dem vernünftigen und bewußten Ich etwas zum Bewußtsein bringen, das es vergessen hatte, das ihm unzugänglich war. […] Durch die Deutung machen wir dem Patienten die Geschichte, die Quelle, die Art und Weise, die Ursache oder Bedeutung eines gegebenen seelischen Vorgangs bewußt. Das erfordert gewöhnlich mehr als eine einzige Intervention.« Das macht deutlich, worum es geht (richtet sich auf Unbewusstes; versucht, das Ich zu erreichen; versucht, Verbindungen herzustellen), aber es zeigt auch, wie in einer klassischen Definition der Deutung etwas »Expertenhaftes« mitschwingt, das heute nicht mehr von vielen Analytikerinnen in dieser Form mitgetragen würde. Bezogen auf die Übertragung ist zu sagen, dass die Übertragungsdeutung im Zentrum der analytischen Arbeit steht. Sie bezieht sich auf das Erleben des Analysanden, wie es sich in der analytischen Beziehung zeigt, und auf dessen biografischen und aktuellen Bezüge. Dabei stehen unbewusste Aspekte und bezogen auf das »Hier und Jetzt« im Mittelpunkt. Angesichts der oben mit Freud gegebenen, »engen« und »weiten« Fassung des Übertragungsbegriffs ist zu sagen, dass auch eine Deutung der Übertragung mitnichten die eher stumpfe Form von »Ich bin für Sie gerade XY....« hat, sondern sich auf das richtet, das qua Übertragung (also »indirektes« Bewusstwerden von problematischen Aspekten des psychischen Erlebens) sichtbar wird bzw. eine Anspielung erfährt.

Im heutigen Verständnis wird die Deutung in ihrer Wirkung eher prozessual aufgefasst, sie steht nicht am Ende eines Assoziations- oder Verstehensprozesses, sondern soll einen solchen in Gang bringen. Freud (1937d, S. 49ff.) formuliert bereits, nicht das »Ja« oder das »Nein« des Analysanden als Antwort auf die Deutung sei das entscheidende, sondern was dann an neuem Material auftauchen könne. Auch Greenson (1967, S. 319) meint daher, die »Richtigkeit der Deutung« werde »oft dadurch verifiziert, daß der Patient neues ausschmückendes Material hinzufügt«. Die Deutung soll es der Analysandin möglich machen, über sich zu sprechen, d. h. (sprachliche, symbolische) Formen für das zu finden, was ihr in ihrem Erleben bislang nicht zugänglich gewesen ist, sie aber gerade dadurch antreibt. Das ist mit dem Doppelcharakter der Deutung gemeint: Einerseits zerlegt sie, andererseits regt sie gerade dadurch dazu an, Verbindungen zu erkennen und Erlebnisformen zu bilden.

Freud (1937d) unterscheidet ferner grob zwischen Deutung und Konstruktion. Während die Konstruktion dem Analysanden dahingehend einen *Zusammenhang* »anbietet«, wie Elemente seines Erlebens, besonders die bislang unzugänglichen, verstanden werden können, zielt die Deutung auf die *Analyse* des Erlebens, d. h. es geht darum, dass bestehende, neurotische Gewissheiten oder symptomatische Ersatzbildungen zerlegt werden. Freuds Annahme ist, dass das »Ich des Kranken« befähigt sei, im Anschluss neue, funktionstüchtigere Ersatzbildungen zu finden (vgl. Freud, 1919a, S. 184). Dieser Gedanke der Deutung als Analyse (statt Synthese, wie in der Konstruktion) ist auch zentral im Verständnis von Deutung und Bedeutung in der Psychoanalyse, wie sie von Laplanche (1995) vertreten wird, etwa wenn dieser programmatisch formuliert: »Hände weg von der Hermeneutik!«. Damit ist gemeint, dass die Analytikerin sich vor dem Verstehen in Acht nehmen sollte (vgl. ausführlich Storck, 2016b; 2017b), da Gefahr droht, dann das Unbewusste zu übersehen. Für Laplanche ist die psychoanalytische Methode »von der Art einer Entübersetzung« (a. a. O., S. 608), also »im eigentlichen Sinne des Wortes ana-lytisch, assoziativ-dissoziativ« (a. a. O., S. 611). Als »oberste Maxime« formuliert er daher: »[D]ort, wo man dem Weg der Synthese folgt«, werde »das Unbewußte zum Schweigen« gebracht (a. a. O., S. 612).

Bei anderen Autoren findet man vergleichbare Hinweise. Auch für Warsitz (2004) ist die Aufgabe der analytischen Arbeit und Interventionen die Dekonstruktion starrer Identifizierungen. Bollas (2006; ähnlich auch bei Mertens, 1990, S. 178ff.) weist darauf hin, dass es eine bestimmte, irregeleitete Auffassung der Übertragungsdeutung sei, wenn der Analytiker nurmehr Bemerkungen dazu macht, welche Beziehung für welche andere stehe, und dass dies vor allem dem unerkannten Zweck dienen kann, dass der Analytiker sich die Analysandin und die direkte emotionale Erfahrung vom Leib hält, wenn er vermeintlich aufzeigt, wer statt seiner selbst »eigentlich« gemeint ist – ebenso aber auch durch den gegenläufigen Hinweis darauf, dass »eigentlich« er gemeint sei. Gerade die Übertragungsdeutung soll etwas erlebbar machen, was zuvor nicht erlebbar war, also keine psychische Form hatte. Die Übertragung ist der unbewusste Versuch, eine Form für das Erleben zu finden, und sie sollte daher nicht »weggedeutet« oder anderweitig rationalisiert werden. Die dann prozessual zu begreifende Deutung soll kein fixes Verständnis mitteilen, das der Analytiker festgestellt zu haben meint (Storck, 2012). Sie ermöglicht oft erst die freie Assoziation (als eine dynamische Bewegung dessen, was die Analysandin erlebt) und ist häufiger deren Grundlage als Folge.

Eine Perspektive dessen ist, dass eine Übertragungsdeutung meistens gerade dort erforderlich ist, wo es keine dynamische Form der Übertragung gibt. Die Übertragungsdeutung wäre dann keine Deutung *der* Übertragung, sondern eine Deutung, die Übertragung ermöglicht oder zumindest vertieft. Sie bewirkt die Übertragung statt sie zu erklären. Zu deuten wäre die Übertragung, wenn sie »undynamisch« ist, d. h., wenn sie ein ernstes Hindernis für die therapeutische Allianz darstellt oder diese dauerhaft zu destabilisieren droht. Wo dynamische Übertragungsprozesse hingegen bereits in Gang gesetzt wurden, sind wichtige Voraussetzungen für analytisches Arbeiten geschaffen. Hier wäre es dann erforderlich, zu explorieren, was sich in der Übertragung zeigt. Zugleich ist dabei, wie bei jeder Art der Intervention, zu beachten, auf welchem Niveau psychischer struktureller Integration eine Analysandin sie hört. Dabei kann es auch nötig sein, die Übertragung zu benennen, um sie auf diese Weise zu begrenzen.

Während das Deutungskonzept in seinen Wurzeln auf »reife«, neurotische Störungen bezogen ist (und im Kontext eines konfliktbedingten Störungs- und Veränderungsmodells steht, in dem Wunsch und Verbot aufeinander prallen und Abwehrmechanismen Symptome produzieren), erweitert das hier vorgeschlagene prozessuale Verständnis der Deutung auch deren Anwendungsbereich. Sie soll nicht allein Einsicht fördern, sondern, indem sie die Funktion starrer Abwehrformationen zu verstehen (und aufzulösen) hilft und »Selbstverständlichkeiten« hinterfragt, Affekte spürbar werden lassen, diesen eine psychische Form geben (einschließlich der Regulierung und Differenzierung) und die Repräsentation, Symbolisierung oder Mentalisierung fördern – aber dies gerade nicht, indem »Wahrheiten« verkündet werden, der der Analysand dann unvermittelt aufzunehmen hätte, sondern indem die Modi des Miteinander-In-Beziehung-Stehens erkannt werden. Die angestrebten Veränderungsprozesse bestehen nicht darin, neues »Wissen« über sich zu sammeln, sondern Erlebnisformen zu finden, die funktionaler sind als die symptomatischen.

5.4.5 Durcharbeiten

Die bisherige Darstellung hat die Bedeutung von (szenischem) Verstehen und der prozessualen Funktion der Deutung herausgestellt. Einige knappe Bemerkungen zum Durcharbeiten als Element von Veränderungsprozessen sollen dies ergänzen.

> Ein weiterer Ausschnitt aus *In Treatment* (»Week 7: Jesse«, 2010) zeigt ein Gespräch zwischen dem Therapeuten Paul mit seinem adoleszenten Patienten Jesse und dessen Vater. Jesse ist in Behandlung gekommen mit Themen der Identitätsunsicherheit in verschiedenen Bereichen. Dabei ist auch besprochen worden, dass Jesse als Baby von seiner leiblichen Mutter Marisa zur Adoption abgegeben worden ist. Im Vorfeld der Behandlungsstunde hat es eine erste Begegnung zwischen Jesse und Marisa gegeben, seit seiner Säuglingszeit. Davor und danach hat sich die Frage einer suizidalen Krise gestellt, so dass nun das Gespräch in Anwesenheit des Vaters stattfindet. Jesses Vater zeigt sich als ein Mann der direkten Worte und des Pragmatismus. Als es um den Gedanken eines Treffens mit Marisa gegangen sei, habe er den Wert nicht gesehen: »Aber meine Frau hat gesagt, lass Jesse das machen, er ist in Therapie…« Er sieht sich geringschätzig im Raum um und wiederholt: »In Therapie…« Paul nimmt das auf und sagt: »Es wirkt auf mich so, als hätten Sie Bedenken hinsichtlich der Therapie…« Jesses Vater antwortet: »Ich bin Elektriker. Wenn das Licht angeht, dann hat man seinen Job gut gemacht. Wenn das Haus dunkel bleibt – dann wäre man besser Klempner geworden. Aber ich verstehe, dass das, was Sie hier machen, komplizierter ist.« Der Vater fragt Paul, wie es komme, dass er von Jesses Suizidfantasien gehört, aber die Eltern nicht informiert habe. Paul sagt, Jesse habe auf ihn belastet, aber nicht suizidal gewirkt. Jesses Vater spricht weiter, nun ärgerlich, darüber, dass es Pauls Anregung gewesen sei, dass Jesse zum Treffen mit den leiblichen Eltern fahre, »…nur damit ihm ein paar reiche Arschlöcher die Tür vor der Nase zuschlagen, die nicht den Arsch in der Hose haben, zu ihren Fehlern zu stehen. – Entschuldigung, dass ich das sage, aber: Sie wären besser Klempner geworden.«

Ähnlich wie im oben geschilderten Beispiel aus *The Sopranos*, in dem Tony die Frage stellt, ob noch etwas anderes komme als »Beschweren,

Weinen und die ganze Scheiße«, wird hier zum Thema, wodurch nun eigentlich in analytischen Behandlungen »das Licht angeht«, wann also deutlich wird, dass und wodurch eine Psychoanalytikerin ihre Arbeit gut gemacht hat.

Analytische Arbeit besteht nicht im Kern darin, einen Analysanden darüber in Kenntnis zu setzen, weshalb er krank geworden ist, und ihn zu instruieren, gesund zu werden (wenn auch das gemeinsame Erarbeiten eines Krankheitsverständnisses und eines Veränderungsmodells wichtige Rahmenbedingungen darstellen). Schon gar nicht geht es darum, eine Analysandin über ihr Unbewusstes zu informieren. Die Ziele liegen in der Einsicht und in der strukturellen Veränderung. Damit beides nicht nur »Training« ist und über pädagogische Arbeit hinausgeht, bedarf es Zeit und mehr als punktueller Interventionen, um eine Veränderung in der Arbeit, Beziehungen aufzunehmen, zu erleben und zu gestalten. In Freuds Worten geht dies in die Richtung dessen, im Anschluss an die analytisch-deutende Zerlegung neue, funktionsfähigere Ersatzbildungen zu finden. In zeitgenössischen Modellen geht es eher darum, überhaupt psychische Bildungen zu finden und strukturelle Fähigkeiten auszubilden bzw. zu stabilisieren.

Aufgrund dessen, was Freud (1916/17, S. 360f.) die »Klebrigkeit der Libido« nennt, bzw. aufgrund des Umstands, dass strukturelle psychische Veränderung in mehr besteht als einer isolierten Einsicht in Bedeutungen, ist die Arbeit nicht mit einzelnen Interventionen getan. Hinzu kommt noch die Figur eines sekundären Krankheitsgewinns, etwa der Angstvermeidung durch symptomatisches Erleben oder Handeln, in der im Wesentlichen ja auf den Begriff gebracht ist, dass Symptome ihren Nutzen und ihre Funktion haben und nicht aufgegeben werden, solange nicht etwas anderes an ihre Stelle treten kann.

Hier ist das Konzept des Durcharbeitens heranzuziehen (vgl. Storck, 2016c). Dessen Ausgangspunkt ist die Annahme, dass Veränderungsprozesse mehr als eine einzelne Intervention brauchen. So formuliert Greenson (1967, S. 325): »Der Prozeß des Durcharbeitens besteht im Grunde darin, daß durch Deutung gewonnene Einsichten wiederholt und ausgearbeitet werden.« Fenichel (1938, S. 138) benennt etwas Ähnliches, wenn er das Durcharbeiten als etwas begreift, das »dem Patienten dieselben Konflikte und seine gewohnte Weise, ihnen zu begegnen, immer wieder von neuen Seiten und in neuen Zusammenhängen zeigt.« Dabei ist nicht gemeint, eine Analysandin zur Einsicht zu überreden oder sich rechthaberisch durchzusetzen – sondern es geht darum, das Repetitive zu benennen und so zu einem Verständnis dessen zu gelangen, welche Erlebnismuster und -modi sich wiederholen und welche Funktion und Folgen das hat.

Die Frage allerdings, was es ist, das durchgearbeitet wird, und vom wem, ist nicht eindeutig zu beantworten, weil unterschiedliche Aspekte des Durcharbeitens benannt werden. Man kann dabei sowohl davon sprechen, dass Behandlungswiderstände durchgearbeitet werden (mit dem Ziel, dass Veränderungsprozesse und deren analytische Mittel als weniger bedrohlich erlebt werden), als auch, dass es unbewusste Konflikte (aus Wunsch, Verbot und Abwehr) sind, die durchgearbeitet werden (so dass neue Bewältigungsformen möglich werden), und schließlich auch, dass die Übertragungsneurose durchgearbeitet wird (also die repetitiven, auf die analytische Beziehung zentrierten Muster). Auch konzeptuell schließen sich diese Facetten nicht aus. Sie korrespondieren mit unterschiedlichen Sichtweisen darauf, wer es ist, der durcharbeitet, und wann: Es kann gemeint sein, dass der Analysand in der Stunde Behandlungswiderstände, unbewusste Konflikte oder die Übertragungsneurose durcharbeitet. Dann wäre das Durcharbeiten durch die deutende Analytikerin bewirkt – auch zwischen den Stunden (von Zwiebel als »Nacharbeiten« bezeichnet; Zwiebel, 2019). In anderen konzeptuellen Bemerkungen bezieht sich das Durcharbeiten stärker auf etwas, das Analytiker und Analysandin gemeinsam in der Stunde tun.

5.4.6 Durcharbeiten in der Gegenübertragung

Zusätzlich zu diesen beiden Facetten (der Analysand arbeitet etwas durch; das analytische Paar leistet das Durcharbeiten) gibt es noch eine dritte, ebenfalls gegenüber den beiden anderen nicht ausschließliche, nämlich diejenige Facette des Durcharbeitens, die in einer inneren Arbeit der Analytikerin liegt. Hier kann an die Überlegungen zur projektiven Identifizierung von oben angeschlossen werden (▶ Kap. 4.1). Es war darin darum gegangen, dass der Analytiker etwas »Unverdautes«

von der Analysandin aufnimmt und es ihr in »verdauter« Form als etwas Internalisierbares zur Verfügung steht. Was geschieht »dazwischen« bzw. wie ist das »Verdauen« durch den Analytiker zu verstehen? Auch das Fallbeispiel Frau C. (▶ Kap. 3.4) zeigt, worum es hier geht, nämlich um ein Durcharbeiten in der Gegenübertragung (Brenman Pick, 1985). Damit ist gemeint, dass die Analytikerin unweigerlich mit Unverdautem, Unreguliertem in Berührung kommt – darin besteht ja implizit der Auftrag des Analysanden an sie, das ist es, was ihn in Not bringt und worin er Veränderung sucht. Eine Herausforderung für die Arbeit ist das nicht nur, weil es um »schwer Verdauliches« geht, sondern auch, weil es bei der Gegenübertragung definitionsgemäß um unbewusste Zustände und Vorgänge geht (hinzu tritt die Frage nach dem Wesen des Zusammentreffens von Eigenübertragung und Gegenübertragung, ▶ Kap. 3.3.3). Brenman Pick (a.a.O., S. 49) differenziert hinsichtlich der projektiven Identifizierung noch den folgenden Aspekt: »Der Patient projiziert nicht einfach nur in den Analytiker hinein, vielmehr projizieren die Patienten sehr geschickt in bestimmte Aspekte des Analytikers hinein.« Das unterstreicht die (vorübergehende) Unerkennbarkeit dessen, was es auch auf Seiten der Analytikerin durchzuarbeiten gilt (auch dies kann ein Grund sein, dass Analytiker manchmal Zeit brauchen, um etwas zu sagen...). Die Grundüberlegung lautet, dass die Analytikerin in sich das bewältigen muss, was sich anlässlich der Projektionen des Analysanden und ihren eigenen Gefühlen herstellt. Es geht hier um Krisenerfahrungen des Analytikers, die sich angesichts der aktuellen Beziehungssituation mit seiner Analysandin ergeben. Durcharbeiten in der Gegenübertragung meint daher in erster Linie das Erkennen dessen, was im Analytiker selbst berührt worden ist, und das Nutzen dessen, um zu identifizieren, worum es dabei geht, was gerade die Beziehung leitet. Diese Art der Krisenerfahrungen wird als zentral dafür angesehen, dass tiefgreifendes Verstehen und strukturelle Veränderung möglich werden.

5.5 Forschungsperspektiven zur Übertragungsdeutung

Zur Übertragungsdeutung im Besonderen (vgl. allgemein Schauenburg, 2016) liegen einige Forschungsarbeiten vor. Brumberg & Gumz (2012) beispielsweise heben in ihrer systematischen Übersichtsarbeit die Heterogenität der empirischen Befunde ebenso hervor wie die unklare Rolle von Patientenmerkmalen, Art und Häufigkeit der Deutungen sowie die unmittelbare Beantwortung durch Patientinnen im Hinblick auf die Veränderungswirksamkeit der Übertragungsdeutung. Unerwartete Befunde liefert die FEST-Studie (vgl. z. B. Hersoug, Ulberg & Høglend, 2014): Konträr zu konzeptuellen bisherigen Annahmen zeigen die Studienergebnisse, dass für Patienten mit geringer struktureller Reife/Integration die Übertragungsdeutungen mit Veränderungsprozessen im Zusammenhang standen, während dies für reifer strukturierte Patientinnen nicht der Fall war. Auf den ersten Blick sind das überraschende Ergebnisse, auf den zweiten weniger, wenn man nämlich etwa in Betracht zieht, dass Übertragungsdeutungen einer bestimmten Form dazu anregen, die therapeutische Beziehung zu mentalisieren, was für strukturell beeinträchtigte Patienten u. U. gerade ein wichtiges Ziel und Veränderungsmittel sein kann. Diese Befunde weisen auf die Notwendigkeit weiterer Forschung hin, sowie auf die Notwendigkeit, im Feld unterschiedlicher Konzeptionen von Übertragungsdeutung eine Operationalisierung zu finden, die empirisch zugänglich und konsensfähig ist.

5.6 Fallbeispiel Andrew

Mitchell (1997) berichtet von der Behandlung mit Andrew, einem ehemaligen Künstler, der sich hin und her gerissen fühlt zwischen den kreativen, künstlerischen Betätigungen in seinem Leben und den eher konservativen, ordentlichen und geplanten Aspekten. Als Musiker und

Komponist habe er »gewisse Erfolge« während der Adoleszenz und im frühen Erwachsenenalter erreicht und sich hohe Ziele gesetzt, dann aber habe sich seine Karriere nicht so gestaltet wie erhofft. Ab Mitte 20 habe er an Depersonalisationserleben und Angstattacken gelitten. Die damalige Krise habe er dadurch überwinden können, dass er die Musik aufgegeben und einen Abschluss in einem wirtschaftlichen Berufsfeld gemacht habe. Andrew habe eine Stellung im mittleren Management inne und führe ein glückliches Familienleben mit drei Kindern. Zunehmend vermisse er allerdings ein »Sinngefühl« in seinem Leben, ein Gefühl von Teilhabe und einen Wert seiner Aktivität, der über seine Individualität allein heraus reiche. Er vermisse die Intensität, als Komponist etwas zu schaffen. In der Biografie zeigt sich ein »extremes Chaos«: Seine Mutter sei manisch-depressiv gewesen und sein Vater distanziert, mit sich selbst beschäftigt. Die Eltern hätten sich in Andrews achtem Lebensjahr scheiden lassen.

In der analytischen Arbeit wird erkennbar, dass Andrew nicht so sehr das Komponieren als solches vermisse, sondern das Gefühl der Verbundenheit mit sich selbst, das er dabei erlebt habe. Mitchell schreibt: »Während er sich in diesem Geisteszustand befand und so sprach, verspürte ich in mir einen starken Impuls zu der Auffassung, Andrew solle sein Engagement für seine alltäglichen Aktivitäten und Aufgaben einschränken und sich intensiveren Dingen widmen, die ihm als sinnvoller erschienen.« (a. a. O., S. 204f.). Zugleich zeigen sich Andrews Berichte über die Bedeutung seiner beruflichen Stabilität und seines geordneten und selbstverantwortlichen Lebens. Es vermittelt sich die Angst vor einem erneuten depressiven Zusammenbruch, Angstzuständen, Depersonalisation bei einer Veränderung seiner beruflichen Lage in Richtung der kreativen Tätigkeit. Auch das erreicht seinen Analytiker: »Ich grübelte dann, er müsse versuchen, sein Engagement für seine augenblickliche Lebensweise zu verstärken; er müsse aufhören, sich selbst zu quälen [...]« (a. a. O., S. 205).

Analytiker und Analysand teilen miteinander ein solches gemeinsame Hin- und Herwechseln zwischen »diesen beiden gegensätzlichen Perspektiven«. Der Analytiker ist beeindruckt von Andrews Vermögen, die Balance zwischen beidem zu halten und benennt es Andrew gegenüber als das »Aufrechterhalten einer ›invertierten kognitiven Dissonanz«« (a. a. O., S. 205), also gleichsam ein Herstellen bzw. Aushalten-Können gegensätzlicher Strebungen, ohne es zu glätten oder entlastend zu vereinseitigen. Andrew nimmt an, dieser Zwischenzustand ermögliche es ihm, den Verlust der einen oder der anderen Seite zu vermeiden. Der Analytiker meint, das sei nur eine kurzfristige Vermeidung, denn »langfristig [...] mache die ambivalente Haltung es ihm unmöglich, die Befriedigung zu genießen, die jede der beiden Alternativen ihm bieten könne« (a. a. O., S. 207). Er beobachtet, wie Andrew dieser Haltung und Art zu intervenieren aufnimmt: »Ihm entging nicht die in meiner Äußerung enthaltene, auf Gegenübertragungsgefühlen beruhende Ungeduld« (a. a. O.).

Besonders wichtig im Rahmen der vorliegenden Darstellung ist nun, dass Mitchell (innere) Reflexionen darüber anstellt, wie eigene persönliche Entscheidungen seinen Blick auf den Analysanden färben. Er denkt darüber nach, dass er selbst mit riskanten Lebensentscheidungen vertraut sei, die ein Gefühl von Freiheit erhalten, zugleich aber auch mit der Befriedigung angesichts »beruflicher Situation und [...] gutbürgerliche[r] Lebenssituation« (a. a. O., S. 208).

Andrew bezeichnet in einer Stunde das Komponieren als den »goldenen Ring« seines Lebens. Er habe viele Schwierigkeiten gemeistert und viele Preise gewonnen und doch habe er die Chance verstreichen lassen, ein berühmter Komponist zu werden. Der Analytiker erinnert sich an seine Zeit als Student: Er sei Teil einer Gruppe gewesen, denen zur Zeit des Vietnamkriegs die Einberufung gedroht habe. Man habe diskutiert, wie man mit der Kriegsdienstverweigerung umgehen solle, und dazu verschiedene Fakultätsmitglieder eingeladen. Einer sei politischer Aktivist gewesen und habe »Erlebnisse wie das, mitten in der Nacht von der Stimme des eigenen Gewissens geweckt zu werden, für die entscheidenden Augenblicke im Leben« gehalten; er würde für seine Überzeugungen auch ins Gefängnis gehen. Ein anderer sei Philosoph gewesen: »Diesen Mann fragten wir, was er von Stimmen mitten in der Nacht halte. Er antwortete, wenn er mitten in der Nacht von der Stimme seines Gewissens aufgeweckt würde, würde er sich umdrehen und weiterschlafen und am nächsten Morgen schauen, wer sonst noch etwas zu sagen hätte.« (a. a. O., S. 208f.). Soweit sind es innere Prozesse, Gedanken, Erinnerungen und Fantasien des Analytikers. Daraus formt Mitchell die Intervention: »Vielleicht gibt es ja mehr als nur einen goldenen Ring.« Es handelt sich dabei also um eine Verbalisierung dessen, wie das vom Analysanden Berichtete und das, was diesen innerlich umtreibt und quält, und die Erinnerungen des Analytikers miteinander in Zusammenhang stehen, an welchem Thema sich beides berührt.

In der darauf folgenden Sitzung berichtet Andrew seinem Analytiker von einem Traum: »Sie waren eine Art Taschenspieler. […] Sie waren ein Taschenspieler, der einen Trick ausführte. Sie manipulierten fünf oder sechs [Messing-; TS] Münzen. Ihre Finger führten sehr schnelle Bewegungen aus. Ich sah, dass zwischen den Münzen fast eine Art unsichtbarer Fäden verliefen, so dünn wie Staubfäden. Die ›Staubfäden‹ waren für die Ausführung des Tricks wichtig, und jeder konnte sie sehen. Im Grunde handelte es sich nicht um Zauberei, sondern um besondere Fingerfertigkeit.« (a. a. O., S. 209). Andrew hat einige Assoziationen zum Traum. Er verbindet die (Messing-) Münzen im Traum mit dem goldenen Ring aus der Stunde davor und der Bemerkung des Analytikers, man könne den Sinn im Leben auf verschiedene Weisen finden. Dann denkt er an die Wertminderung: Aus Gold würde Messing. Ferner kommt ihm in den Sinn, dass sich im Traum eine Heldentat in eine Vorspiegelung, einen Trick verwandle. Er äußert auch, das Messing sei vielleicht eine Art der Hoffnung, im »normalen« Leben etwas zu finden, statt in einem »transzendentalen Ideal«. Mehrere Münzen seien vielleicht sowas wie Optionen und der »hauchdünne Faden« ein »Symbol von Verbundenheit und Wert«.

Mitchell berichtet, er habe sich zudem gefragt, ob es auch als ein »Kommentar zu den illusionistischen, dubiosen Ansprüchen, die die Psychoanalyse erhobt«, verstanden werden könne. Er reflektiert: »Ein wichtiger Bestandteil der Gegenübertragung in meiner Beziehung zu Andrew […] bestand darin, mit ihm zusammen seine qualvollen Verlustempfindungen zu durchleiden« (a. a. O., S. 211). Dazu sei es nötig gewesen, die eigene drängende Ungeduld zu überwinden, so »als sei ich mit Andrew in eine Erlebnisweise eingetreten, in der es auch für mich nicht vorstellbar war, wie man Verlust akzeptieren konnte, die man auf Grund dessen, was man nicht getan hatte, erlitt.« (a. a. O., S. 212). Mitchell reflektiert weiter seine Einfälle und inneren Prozesse: »In diesem Moment war in meinem Leben aus meiner eigenen inneren Welt ein quasi-väterliches Objekt aufgetaucht, jemand, der mir geholfen hatte, meinen eigenen Weg zu finden. Vielleicht war mein absolut unbewusstes Bestreben, ihm dieses väterliche Objekt zu leihen oder es zu evozieren, der Ahnung entsprungen, dass wir, indem ich diese Situation in meinem Leben wiedererlebte, gemeinsam einen Weg aus Andrews Sackgasse finden würden.« (a. a. O.). Es geschieht also, dass der Analytiker sich erreichen lässt, zutiefst Persönliches findet und in seiner (»verdauenden«) Reflexion darüber etwas erkennt, das für ihn Halt gebend und hilfreich war, um so zu einem Verstehen zu gelangen, was sein Analysand von ihm braucht, und dies zur Grundlage der weiteren Arbeit und einzelner Interventionen zu machen. Die Intervention besteht offenkundig nicht darin, dass der Analytiker seine persönlichen Erlebnisse als solche mitteilt, sondern dass er sie nutzt, um einen Analysanden bzw. die Beziehung zu ihm zu verstehen.

6 Übertragung interdisziplinär

Im Weiteren soll es nun um eine Auseinandersetzung mit den Bezügen des Übertragungskonzepts zu Überlegungen anderer wissenschaftlicher und psychotherapeutischer Zugänge gehen. Dazu werde ich zuerst einige Spezifika der psychoanalytischen Sichtweise im Hinblick auf beziehungsorientiertes Arbeiten herausstellen, um zwei psychologisch anschlussfähige Bereiche zu erörtert und danach einen vergleichenden Blick auf andere Behandlungsverfahren und deren Umgang mit dem, was sich in der Beziehung wiederholt, werfen.

> Es lohnt sich ein weiterer Blick in die Serie *The Sopranos*. In einer Folge ziemlich zu Beginn der Serie (»Pax Soprana«, 1999) macht Tony seiner Therapeutin Dr. Melfi eine Liebeserklärung: »Ich liebe Sie. Es tut mir leid, aber so ist es nun mal.« Er träume von ihr und denke immerzu an sie, andere Frauen könnten ihn nicht mehr erregen. Dr. Melfi interveniert (eher schematisch): »Lassen Sie mich hier einhaken. Es mag Ihnen vielleicht schwer fallen es zu erkennen, aber Sie fühlen sich so, weil wir in der Therapie vorankommen.« Sie sei sanft gewesen und habe ihm zugehört. Das sei es, worum es in ihrem Job gehe: »Sie sehen in mir all das, was Ihnen bei Ihrer Frau fehlt. Und bei Ihrer Mutter«. Tonys Antwort ist deutlich: »Sie machen aus mir so ein Scheiß-Muttersöhnchen. Ich bin ein Mann. Sie sind eine Frau. Ende der Geschichte. Und dieser ganze Scheiß von Freud, dass jeder Junge mit seiner Mutter schlafen will, der zieht hier nicht.«

Oben ist es bereits um die Frage danach gegangen, ob und in welcher Weise sich eine Übertragungsverliebtheit von einer »sonstigen« Verliebtheit unterscheidet. Hier zeigt sich eine Facette des »engeren« Freud'schen Übertragungsbegriffs. Es tauchen Gefühle in Bezug auf die Analytikerin auf, die – zumindest in deren Auffassung – eigentlich anderen Beziehungen angehören, hier die Sehnsüchte nach einer Frau/Mutter, die anders ist als in Tonys Erfahrungen. Die zweite, weiter angelegte Begriffsfassung hat sich im Beispiel gezeigt, in dem Tony über die Suizidalität, Anhedonie, fehlende sexuelle Aktivität und Depressivität – eine Art der Regression – seines Sohnes spricht (▶ Kap. 5.4.3). Dort ging es zum einen um Tonys Fantasien und Schuldgefühle gegenüber dem, was er für seine transgenerationale Weitergabe an seine Kinder hält. Aber es geht auch darum, am Beispiel des Sohnes etwas über sich zu sagen – auch hier zeigt sich »Übertragung«, nämlich dahingehend, dass eine Vorstellung gefunden wird, an die sich Aspekte von Tonys eigenem Erleben heften können.

6.1 Beispiele für die Spezifität der Psychoanalyse

Anhand zweier konzeptueller Beispiele soll weiter deutlich werden, in welcher Weise der Blick der Psychoanalyse auf die Beziehung spezifisch ist: zum einen der Umgang mit Gegenübertragungsträumen, zum anderen die Unterscheidung zwischen einer Arbeit in/an der Übertragung bzw. einer zentripetalen und einer zentrifugalen Interventionstechnik.

6.1.1 Gegenübertragungsträume

Eine Definition des Gegenübertragungstraums findet sich bei Mertens (1991, S. 56): »Der Gegenübertragungstraum des Analytikers ist definiert als Traum, in dem ein Patient entweder unverstellt im manifesten Traumtext oder in den latenten Traumgedanken auftaucht.« Damit korrespondiert die terminologische Unterscheidung Hamburgers

(2010, S. 38ff.), der zwischen manifestem und latentem Gegenübertragungstraum unterscheidet: Manifest ist er, wenn die Analysandin darin als Figur auftaucht, latent, wenn der Gegenübertragungstraum ein Thema der Analyse oder des Analysanden aufgreift, also durch die Analyse gestaltet ist, ohne dass manifest die Analysandin darin »mitspielt«.

Das offenbart eine terminologische Schwierigkeit: Was genau zeigt sich denn, wenn eine Analytikerin von einem Analysanden träumt? Zwei zentrale Aspekte sind berührt:

1. Kann man von einem »Gegenübertragungstraum« sprechen, wenn er nicht unmittelbar ein Übertragungsphänomen beantwortet? In der Sicht Zwiebels (2012, S. 781) scheint die Bezeichnung »nur mit einer weiten Definition der Gegenübertragung gerechtfertigt« zu sein. Soll »Gegenübertragungstraum« sich auf alle jene Träume des Analytikers beziehen, in denen eine Analysandin auftaucht, dann ist das Konzept der Gegenübertragung insofern weit gefasst, als es konsequenterweise auch »Eigenübertragungsträume« der Analytikerin, in denen ein Analysand auftaucht, einschließt. Nicht jeder Traum ist unmittelbar die Beantwortung von Übertragungsphänomenen. Aber, so muss gesagt werden, er ist immer die Beantwortung eines inneren oder äußeren Geschehens in der Analyse mit einem Analysanden. Dass sich notwendigerweise etwas von der Analytikerin zeigt, das diese so über sich, ihre Psychodynamik, Geschichte und ihr aktuelles Erleben verstehen kann, muss nicht heißen, dass durch dieses Mittel nicht auch etwas der spezifischen Behandlung verstanden werden kann.
2. Auch Hierdeis (2010, S. 7) betont: »Gegenübertragungsträume [sind] nicht unbedingt am Auftreten von Patienten im Traum erkennbar«. Oben ist diskutiert worden, dass sich die Übertragung nicht nur in einer figürlichen/personalen Darstellung zeigt, sondern auch in einer Atmosphäre z. B. im Traum, im Erleben einer Landschaft, von Farben oder ähnlichem. Das steht im Kontext der weiter gefasster Übertragungskonzeption bzw. den Bemerkungen Kleins oder Josephs zur Übertragung als »Gesamtsituation«. Das gilt auch für den Gegenübertragungstraum: Es zeigen sich Elemente der Behandlung auch jenseits der auftretenden Figuren.

Nimmt man beide Aspekte zusammen, ist zunächst festzustellen, dass prinzipiell jeder Traum und jedes seiner Elemente als Gegenübertragungsphänomen verstanden werden kann. Der Charakter des Gegenübertragungstraums wird maßgeblich durch eine assoziative Verbindung, die die Analytikerin innerlich zwischen Traum und Behandlung herstellt (im Traum selbst, in der Erinnerung an einen Traum oder in einer Stunde). Ähnlich meint auch Hamburger (2010, S. 36): »Nicht nur der Traum, in dem der Patient direkt erscheint, ist als Gegenübertragungstraum aufzufassen; vielmehr ist jeder Traum sowie jeder Einfall des Analytikers, der sich assoziativ mit einer Analyse verbindet, Ausdruck der Teilhabe des Analytikers an diesem Prozess.«

Der Gegenübertragungstraum in der Geschichte der Psychoanalyse lange Zeit eher negativ behaftet gewesen. Das manifeste Auftauchen einer Analysandin im Traum des Analytikers galt in der Regel als ein »Hinweis auf den Verlust der analytischen Funktionen« (Zwiebel, 2012, S. 781). Das zugrundeliegende Argument folgt der Kennzeichnung des Traumes als »anderem Schauplatz« (Freud 1900a, S. 51), genauer: als Ausdruck unbewusster Wünsche, Fantasien und Konflikte, insgesamt von etwas für das bewusste Denken und Erleben Unannehmbares. Als makelbehaftet wurde das deshalb angesehen, weil die Forderung bestand, die Analytikerin sollte durchdringen, was sich zwischen ihr und ihrem Analysanden abspiele, statt dass sich erst und nur im Traumerleben etwas davon zur inneren Darstellung bringen müsste. Das Geschehen von Übertragung und Gegenübertragung sollte dem Analytiker außerhalb des Traums zugänglich sein, in erster Linie aufgrund seiner analytischen Funktion. Das ist allerdings als eine idealisierende Auffassung der Gegenübertragung(sreflexion) zu bezeichnen. Selbstverständlich wissen Analytikerinnen nicht immer schon, »was los ist« und reflektieren es in großer Klarheit, sondern das Wichtigste wird u. U. erst im Verlauf erleb- und reflektierbar.

In zeitgenössischer Perspektive wird der Gegenübertragungstraum daher als »Anzeichen gelingender unbewusster Kommunikation« (Pollack-Gomolin, 2002) aufgefasst, d. h. als Phänomen dessen, dass der Analytiker sich auch jenseits des vernunftgeleiteten Denkens vom Analysanden erreichen lässt und dafür resonant ist, was noch nicht verstanden ist. Schneider (2010, S. 75) schreibt: »Der Psychoanalytiker wird in der Gegenübertragung zum Medium des Unbewußten des Analysanden« und bei Mertens (1991, S. 57) ist von der Möglichkeit die Rede, »auf ›träumende Weise‹ den Widerstand gegen das Bewußtwerden der Gegenübertragung zu überwinden. Sie geben dem Analytiker Hinweise auf die übertragungs- und gegenübertragungsbedingte Beziehungsdynamik, die er zuvor nicht erkennen konnte.« (Mertens, 1991, S. 57; ▶ Kap. 5.4.3 zur analytischen Traumfunktion).

Zwiebel (2012, S. 782) benennt vier Merkmale von Gegenübertragungsträumen:

1. Sie greifen immer etwas »aus der aktuellen, unmittelbaren Beziehungsdynamik zwischen Analysand und Analytiker auf« und sind »Aspekte der aktuellen, unbewussten Kommunikation«.
2. Sie geben fast immer »einen vertieften Hinweis auf die gegenwärtig dominierende Übertragungs-Gegenübertragungsdynamik«, insbesondere im Hinblick auf Widerstände.
3. Sie greifen immer »konflikthafte Aspekte des Analytikers auf«, seien sie außerprofessionell oder »durch die Analyse mit dem speziellen Patienten ausgelöst«. Es geht immer sowohl um Aspekte der Eigenübertragung als auch der Gegenübertragung.
4. Sie spielen oft »auf die unbewusste Bedeutung [der] Professionalität« des Analytikers an. Es zeigt sich dann etwas vom Erleben der eigenen Arbeit und professionellen Identität der Analytikerin, das dieser u. U. bislang verborgen geblieben ist.

In diesem konzeptuellen Verständnis sind der Gegenübertragungstraum und der Umgang mit ihm ein »Musterbeispiel für die kasuistische Reflexionskultur der Psychoanalyse« (Hamburger, 2010, S. 33), d. h. für den Weg des Analytikers, über die Reflexion des eigenen, noch unverstandenen Innenlebens einen Zugang zur Analysandin und zu einem vertieften Verständnis des gemeinsamen Arbeitsprozesses zu gelangen. In dieser Weise zeigt sich ein Spezifikum der Psychoanalyse als Behandlungsverfahren und als Art der Beziehungsreflexion.

6.1.2 Arbeit *in* der Übertragung und Arbeit *an* der Übertragung

Damit ist berührt, dass in psychoanalytischer Arbeit (heute) konsequent der Einsicht gefolgt wird, dass die Analytikerin immer Teil des Beziehungsgeschehens ist, das es in seinen »Neuauflagen« und musterhaften Wiederholungen zu verstehen gilt. Körner (1989; vgl. 2014c) unterscheidet zwischen einer Arbeit *an* der Übertragung, die dazu »dient [...], die Übertragungsbeziehung quasi von einem externen Standpunkt aus zu betrachten«, und einer Arbeit *in* der Übertragung, die »hilft, die Übertragung fortzuentwickeln« (a. a. O., S. 217). Er formuliert ergänzend: »Die Arbeit an der Übertragung gilt der Anschauung, die Arbeit in der Übertragung gilt der Veränderung.« (a. a. O., S. 220). Die oben »schematisch« genannte Intervention von Dr. Melfi, der Therapeutin Tony Sopranos, wäre Teil einer Arbeit »an« der Übertragung, insofern sie im Kern darin besteht, dass verdeutlicht wird: »Sie erleben mich so wie Sie Ihre Mutter gern erlebt hätten«. Es ist so etwas wie eine Draufsicht auf das Beziehungsgeschehen und die beteiligten Gefühle.

»Interventionen *in* der Übertragung«, so Körner (a. a. O., S. 214) weiter, »nehmen die aktuelle Beziehungsszene auf und entwickeln sie fort. Ihnen fehle der Hinweis auf den ›als-ob-Charakter‹ oder das ›Scheinhafte‹ der Übertragung« sowie »die distanzierende Geste, sie führen den fortlaufenden Dialog zwischen den beiden Beziehungspartnern fort.« (a. a. O., S. 214). Hier stößt man auf einen weiteren Grund für die Wahl des hochfrequenten Settings in der Psychoanalyse bzw. analytischen Psychotherapie: Genau dieser »fortlaufende Dialog«, vertieft durch die Förderung der Regression, ist es, der in einer hohen Wochenstundenfrequenz von Tag zu Tag fortgeführt werden kann. Der Rahmen und die Verlässlichkeit der Beziehung tragen die Übertragungsprozesse und die Arbeit darin. Wenn davon die Rede ist, dass die »distanzierende Geste« fehle, dann ist gemeint, dass nicht (bzw. lange Zeit nicht) markiert wird, dass sich etwas aus vergangenen Beziehungen wiederholt – das würde die Übertragungsprozesse in der Regel begrenzen und klären. Die Arbeit *in* der Übertragung in der Psychoanalyse will diese aber gerade vertiefen, so dass der Analytiker sich die Übertragung eben nicht deutend vom Hals hält, sondern zur Exploration anleitet, wie die Analysandin ihn erlebt.

Dem stehen die Interventionen *an* der Übertragung entgegen. Sie klarifizieren, erläutern, kommentieren und deuten die Übertragungsbeziehung »im Dort und Damals des Patienten (seltener auch im Hier und Jetzt)« (a. a. O., S. 214). Dabei bzw. dadurch erinnern sie »den Patienten an die Wiederkehr ähnlicher Ereignisse, an Parallelen in seinem Verhalten damals und heute, an das Gleichartige, Analoge in scheinbar unterschiedlichen sozialen Situationen« (a. a. O., S. 215). Sie erfassen »die soziale Realität des Patienten« und untersuchen sie »im Hinblick auf seine neurotischen Stereotypien«. Dabei könne aus Sicht Körners »auf die Wahrnehmung und Auswertung der Gegenübertragung« »weitgehend verzichtet werden«, eine (durch Vertiefung der Übertragung hergestellte) Übertragungsneurose würde »sich hier nur störend auswirken« (a. a. O.).

Insgesamt warnt Körner (1989, S. 219; vgl. 2017) vor dem, was er »Maikäfer-Deutungen« nennt: vor solchen Deutungen, die künstlich, erzwungen und bemüht darum sind, Verbindungen herzustellen, die jedoch an der Oberfläche bleiben (»Sie meinen mich!«). Maikäferdeutungen nennt er sie, weil sie den Eindruck erwecken wie die sexuelle Aufklärung am Beispiel dessen, »was die Maikäfer da machen« – es stimmt irgendwie, aber womöglich hilft es nicht so viel weiter, um wirklich zu verstehen, was gemeint ist.

Bedeutsam werden auch die Wechsel zwischen einer Arbeit *in* der Übertragung zu einer Arbeit *an* der Übertragung (es kommt der Punkt, an dem das in der Übertragung Wiederholte erkannt und benannt werden soll), jedoch kann dies u. U. zu radikal erfolgen: Entweder im Bemühen um Distanzierung, wie oben beschrieben (»Hier ist es jetzt so, aber wo kommt es eigentlich her?«), so dass gleichsam eine Flucht in die Arbeit an der Übertragung geschieht, oder in Form einer Bedrängung durch die Übertragungsdeutung (»Der Heiratsantrag hat auch ein bisschen mir gegolten.«).

Eine ähnliche Unterscheidung legt Hardt (2013, S. 179) vor, wenn er zwischen einer (vorrangig) zentripetalen Interventionstechnik in der analytischen Psychotherapie von einer (vorrangig) zentrifugalen Interventionstechnik in der tiefenpsychologisch fundierten Psychotherapie unterscheidet. Zum zentripetalen Vorgehen (also am Bild der Anziehungskraft auf einen Kern hin) formuliert er, man beziehe »alles, was der Patient berichtet, auch äußere Ereignisse, auf die Geschichte der sich entwickelnden relativ autonomen Beziehungsgeschichte in der analytischen Situation.« (a. a. O.). Gemeint ist beispielsweise, wenn in der Intervention eine Bemerkung der Analysandin zu einer (vermeintlichen) Autoritätsperson wenigstens probehalber auch daraufhin befragt wird, was das in Bezug auf den Analytiker und die analytische Beziehung bedeuten könnte. Zu beachten ist dabei, dass nicht in jedem Fall, in dem die Analytikerin »mithört«, in welcher Weise sie gemeint ist, auch eine Deutung in diese Richtung gegeben werden sollte.

Für die Arbeit im niederfrequenten psychodynamischen Setting, etwa in der tiefenpsychologisch fundierten Psychotherapie (im Gegenübersitzen), schlägt Hardt die Kennzeichnung einer »zentrifugalen« Interventionstechnik (angelehnt an die Figur der Fliehkraft) vor: »Das heißt, wir sorgen nicht dafür, dass der Prozess sich verselbstständigt, eigenes Leben gewinnt, immer weiter vertieft wird […] Deswegen deuten wir Phänomene, die in der Beziehung auftauchen, im Hinblick auf die Geschichte oder Außenbeziehungen.« (a. a. O.). Während also das *zentripetale* Vorgehen auf den »Kern« der therapeutischen Beziehung zentriert, geht es beim *zentrifugalen* Vorgehen darum, die therapeutische Beziehung als ein Beispiel und einen Ausgangspunkt dafür zu nehmen, andere Beziehungen im Leben des Analysanden zu verstehen. Dieses Vorgehen dient zugleich einer Begrenzung der Regression und der Vertiefung der Übertragung in Richtung einer Übertragungsneurose.

Kürzlich hat außerdem Tuckett (2019) einen ähnlichen Vorschlag gemacht, wenn er zwischen einer »Konstruktion« und einer »Designation« der Übertragung in deren Deutung unterscheidet.

6.2 Übertragung und (Entwicklungs-) Psychologie

In einer weiten Fassung taucht im Konzept der Übertragung auf, dass Beziehungsvorstellungen Folge von Internalisierungsprozessen sind, die durch Interaktionserfahrungen angestoßen werden. In der Entwicklungspsychologie überwiegen die Ansätze, in denen es um die Internalisierung psychischer Fähigkeiten oder Fertigkeiten geht (z. B. hinsichtlich der Moralentwicklung). Zwei Beispiele für letztgenanntes werden im Weiteren vorgestellt, die Bindungsrepräsentation und die Interaktionsrepräsentationen.

6.2.1 Bindungstheorie

Zunächst soll es um einen Blick auf Bindungsrepräsentation gehen. Die Bindungstheorie hat in ihrer Entwicklung bis heute einige inhaltliche und personale Überschneidungen mit der Psychoanalyse gehabt, zugleich hat es auch, gerade zu Beginn, von psychoanalytischer Seite teils heftige Abgrenzungen gegeben. Die Bindungstheorie führt Gedanken der Psychoanalyse, der Ethologie und der akademischen Entwicklungspsychologie zusammen.

Das Bindungsverhalten des Menschen soll (körperliche) Nähe herstellen und (emotionale) Zuwendung sichern, wenn der Säugling auf die Unterstützung der Mutter angewiesen ist. Entscheidend ist, wie die Bezugspersonen der frühsten Entwicklungszeit darauf reagieren, nämlich prompt, angemessen, empathisch und in Form einer Zuschreibung mentaler Zustände an das Kind bzw. den Säugling (unter die treffende Überschrift »minding the baby« gebracht; z. B. Slade et al., 2005). Bindung gilt als ein menschliches Grundbedürfnis, sie ist notwendig für das physische Überleben und die psychische sowie emotionale Entwicklung. Bindungsverhalten ist dasjenige Verhalten, das in einer emotionalen oder sonstigen Gefahrensituation gezeigt wird, und auf den »sicheren Hafen« der haltenden Bindungsperson zusteuert.

Was in der Bindungstheorie formuliert ist, bleibt nun auf der Ebene des Verhaltens nicht stehen, sondern es geht auch um Bindungs*repräsentation*, die sich aus dem Zusammenspiel zwischen Kleinstkind und Bezugsperson(en) ergeben. Unter der Bindungsrepräsentation bzw. dem Bindungsstatus wird die internalisierte Struktur dessen verstanden, was in Beziehungen zu erwarten ist und wie Nähe und Abstand reguliert werden (konkreter: wie eine Bindungsperson unterschiedliche Bedürfnisse erkennt und aufnimmt). So ergeben sich innere Arbeitsmodelle von Bindung, die im Verlauf der psychischen Entwicklung gleichsam »personenübergreifend« sind.

Hinsichtlich der Bindungsmuster werden für das kindliche Verhalten vier Formen unterschieden (sicher, unsicher-vermeidend, unsicher-ambivalent und desorganisiert), mit denen vier Formen der Bindungsrepräsentation bei Erwachsenen korrespondieren (sicher-autonom, unsicher-vermeidend, unsicher-verstrickt und unverarbeitetes Trauma) (vgl. z. B. Strauß, 2014, S. 71f.). Sie zeigen sich beispielsweise im Fremde-Situations-Test (Ainsworth, Salter & Witting, 1969). Eine sichere Bindung zeigt sich im Verhalten etwa in Explorationsverhalten, das in Anwesenheit der primären Bezugsperson gezeigt wird, die beim Weggehen vermisst wird – es ist also im Rahmen einer sicheren Bindung nicht »egal«, ob die primäre Bezugsperson anwesend oder abwesend ist (z. b. für das Spielverhalten), und es ist auch nicht egal, von dem das Kind beruhigt wird. Für den vorliegenden Kontext ist vor allem die Repräsentation von Bindungsmustern im Erwachsenenalter entscheidend, weil sich hier Verbindungen zum Übertragungskonzept herstellen. So zeigt sich beispielsweise in der sicher-autonomen Bindungsrepräsentation u. a. das Merkmal von »Vertrauen zu Bezugspersonen/Achtung von Bindungen« oder eine »Integration guter und schlechter Erfahrungen/Gefühle« (Strauß, 2014, S. 71). In der abweisenden, unsicher-vermeidenden Bindungsrepräsentation hingegen dominiert die negative Sicht auf andere und die Abwertung von Bindungen (a. a. O.). Während in der verstrickten, unsicher-verwickelten Bindungsrepräsentation beispielsweise die Abhängigkeit von anderen oder eine Überbewertung von Bindungen leitend ist, ist die Bindungsrepräsentation in Richtung eines unverarbeiteten Traumas gekennzeichnet von Brüchen im Affekt und desorganisierten Erzählungen (auch als Abbild einer inkonsistenten Repräsentation) (a. a. O., S. 72).

Ein inneres Arbeitsmodell von Bindung bzw. die Art der Bindungsrepräsentation liegen in der Nähe des Übertragungskonzepts, da es auch hier darum geht, in welcher Weise Interaktionserfahrungen einen psychischen Niederschlag gefunden haben und in dieser Weise zum Teil dessen geworden sind, wie Beziehungen erlebt und gestaltet werden. Dabei spielen, im Unterschied, allerdings dynamisch unbewusste Prozesse und Erlebnisaspekte keine besondere Rolle.

6.2.2 Generalisierte Interaktionsrepräsentationen

Ein weiteres Beispiel für entwicklungspsychologisch anschlussfähige psychoanalytische Konzeptionen, die den Grundgedanken einer Übertragung bzw. einer Internalisierung von Beziehungserfahrungen, die das Erleben in weiteren Beziehungen leiten, findet sich in Sterns Konzeption der generalisierten Interaktionsrepräsentationen. Stern (1985, S. 104) schreibt über das »Empfinden eines Kern-Selbst« ab dem Alter von 2–3 Monaten, der Säugling scheine »die interpersonelle Bezogenheit unter einer organisierenden Perspektive zu erleben und zu gestalten, die den Eindruck eines integrierten Empfindens seiner selbst als körperlichem Wesen erweckt, das von Anderen getrennt ist, über Kohärenz verfügt, seine eigenen Handlungen und Affekte kontrolliert, ein Kontinuitätsempfinden besitzt und andere Personen als von ihm selbst getrennte, eigenständige Interaktionspartner wahrnimmt.« Das ist zu seiner Zeit ein einigermaßen neuer Akzent in der psychoanalytischen Entwicklungspsychologie, der beispielsweise konträr zu Kleins oder Lacans Überlegungen liegt, die in verschiedener Weise von einer Fragmentierung oder »Zerstückelung« des Körpers im frühen Erleben sprechen, ebenso wie zu Freuds Überlegungen einer polymorph-perversen frühen Sexual- und damit Körper-Organisation. Der Gedanke einer Selbststruktur im Besonderen taucht hier ebenfalls früher auf als in einigen anderen Konzeptionen, etwa in der Winnicotts (1960, S. 587), für den es »no such thing as an infant« gibt, d. h. ein längeres Stadium eines Erlebens primärer Ungetrenntheit zwischen Selbst und Umwelt.

Sterns Position ist, dass es *zunächst* zu einer Herausbildung des Selbst kommt, an das sich danach im Erleben Verschmelzungszustände *anschließen* (1985, S. 105). In diesem Zusammenhang steht seine Beschäftigung mit dem Kern-Selbst bzw. den »Selbst-Invarianten«. Er meint, dass die »Verhaltensweisen der Betreuungspersonen« »Stimuli« darstellen, »aus denen der Säugling die zahlreichen Invarianten ›aussortieren‹ muß, die charakteristisch für den Anderen sind« (a. a. O., S. 109). Andernorts ist auch die Rede von den »invarianten Merkmale des interpersonalen Verhaltens« (a. a. O., S. 111). Gemeint ist, dass und wie der Säugling damit beginnt zu erkennen, was in wiederkehrenden und unterschiedlichen Wahrnehmungen von Interaktion dasjenige ist, das durch einen

Anderen hineingebracht wird; »invariant« bedeutet somit die Grundform von Merkmalen, die einer anderen Person und der Vorstellung von ihr zuordbar sind. Dabei handelt es sich natürlich nicht um irgendwelche Interaktionen, sondern vor allem um solche, in denen das Erregungsniveau bzw. affektive Zustände interpersonell reguliert werden. Neben einer Repräsentation personaler »Invarianten« bilden sich zudem Repräsentationen von Urheberschaft, Selbst-Kohärenz, Selbst-Affektivität und Selbst-Geschichtlichkeit/-Kontinuität, d. h. auch auf das Selbst bezogene Strukturen von Identität über die Zeit und über verschiedene konkrete und einzelne Erfahrungen hinweg.

Hinsichtlich der RIGs (»representations of interactions that have been generalized«, generalisierte Interaktionsrepräsentationen) geht Stern u. a. von der Frage aus »[W]as passiert [...], wenn man hungrig ist und an der Brust liegt, oder was passiert, wenn man mit der Mama etwas Aufregendes spielt?« (a. a. O., S. 142). Wie werden also Episoden erlebt, welche die »interpersonale Interaktionen unterschiedlicher Art« umfassen? Dazu nimmt Stern an, »daß für diese Episoden [...] eine Durchschnittserwartung und eine präverbale Repräsentation entwickelt wird, die ich als ›generalisierte Interaktionsrepräsentationen‹ (Representations of Interactions that have been Generalized; RIGs) bezeichne« (a. a. O., S. 143). Das ist die konzeptuelle Fassung für die erwähnte Figur des Erkennens von »Invarianten«: Es werden Repräsentationen dessen gebildet, was zwischen Selbst und Anderem/Anderen passiert und zwar als Repräsentation von Selbst-In-Bezug-zum-Anderen (vgl. a. Lorenzers, 1970, Konzept der Interaktionsformen). RIGs können Stern zufolge »eine Grundeinheit der Repräsentation des Kern-Selbst bilden«, sie »resultieren aus dem unmittelbaren Eindruck mannigfaltiger, realer Erfahrungen« und »integrieren die unterschiedlichen Handlungs-, Wahrnehmungs- und Affekt-Attribute des Kern-Selbst zu einem Ganzen« (a. a. O., S. 143f.). Das ist leitend für die weitere Entwicklung psychischer Struktur und zwar in verschiedener Weise: bezogen auf das Selbsterleben, das Erleben von Beziehungen und psychische Funktionen. Es ist in einer Weise weiter gefasst als das Übertragungskonzept und dessen Grundlagen im Hinblick auf die Internalisierung von Beziehungserfahrungen und deren Aktualisierung, weil es umfassender die psychische Entwicklung betrifft; hinzu kommt, dass hier die dynamische Unbewusstheit, ähnlich wie bei der Bindungsrepräsentation, eine eher nebengeordnete Rolle spielt.

6.3 Konzeptionen der Beziehung in anderen psychotherapeutischen Verfahren

Konzeptionen der therapeutischen Beziehung oder Allianz sind schulenübergreifend zum zentralen Thema der Psychotherapie und Psychotherapieforschung geworden (Wampold, Imel & Flückiger, 2018), sowohl im Hinblick auf Überlegungen zur Behandlungstechnik als auch bezüglich psychotherapeutischer Wirkfaktoren. Hinsichtlich der Veränderungsmechanismen, die durch psychotherapeutische Verfahren und Techniken möglich werden, geht es da beispielsweise darum, wie einzelne Verfahren die Beziehung und die Arbeit damit konzeptualisieren. Dies findet nicht zuletzt vor dem Hintergrund dessen statt, dass Beziehungserfahrungen (und der Umgang mit Gefühlen) als ein wichtiges Element betrachtet werden können, anhand dessen sich Belastungen und das Risiko, eine psychische Erkrankung zu entwickeln, bemessen.

Die psychoanalytische Auffassung der Übertragung steht, wie gezeigt werden konnte, im Zusammenhang mit anderen Konzepten, insbesondere dynamisch Unbewusstes, Objekte, Regression sowie dem Kontext der Konflikttheorie.

In einem groben Rahmen kann man sagen, dass es eine Reihe von Konvergenzen zwischen den verschiedenen psychotherapeutischen Schulen gibt, wenn es um den Stellenwert der Beziehung geht. Allerdings gilt es genauer zu prüfen, wie diese im Hinblick auf die Entwicklung und Behandlung psychischer Störungen konzeptualisiert wird.

6.3.1 Kognitive Verhaltenstherapie und »dritte Welle«

In der jüngeren Vergangenheit sind einige Arbeiten erschienen, die dezidiert die kognitive Verhaltenstherapie und psychodynamische Verfahren unter dem Gesichtspunkt der Übertragung (und Gegenübertragung) vergleichen, so insbesondere die Arbeit von Bänninger-Huber (2004) oder die klinisch orientierten Überlegungen bei Breuer-Radbruch & Pilz (2017; ▶ Kap. 6.4). In der Verhaltenstherapie steht die Konzeption eines dynamisch Unbewussten nicht im Zentrum bzw. findet in der Regel keine terminologische Erwähnung, allerdings kann die Frage aufgeworfen werden, ob nicht letztlich eine Konzeption von negativen Erwartungen, irrationalen Überzeugungen oder das Bemühen um die Reduktion kognitiver Dissonanz nicht zumindest implizit mit einer Vorstellung von psychischem Konflikt und funktional nicht zugänglichen Aspekten des Erlebens im Zusammenhang zu sehen sind. Explizit steht in der kognitiven Verhaltenstherapie eher latente Motive oder Erinnerungen sowie unzugängliche Affekte im Mittelpunkt.

Grawe (1992, S. 220) meint, Konzeptionen der therapeutischen Beziehung hätten in der kognitiven Verhaltenstherapie lange Zeit ein »Schattendasein« geführt (vgl. zur Geschichte dessen auch Sulz, 2015). Zur Übertragung im Besonderen meint er: »Übertragung meint, dass neuronale Erregungsbereitschaften, die unter dem Einfluss des Bindungsbedürfnisses zu den frühesten Bezugspersonen in den ersten Lebensjahren gebahnt wurden, in der Therapiebeziehung im impliziten Funktionsmodus aktiviert werden und auf das Erleben und Verhalten des Patienten gegenüber dem Therapeuten Einfluss nehmen. Sie sind in der Therapiebeziehung bottom-up aktiviert und das bietet Gelegenheit, durch Lenkung der Aufmerksamkeit des Patienten auf das, was er gegenüber dem Therapeuten tut, fühlt und denkt, ein Bewusstsein für diese früh gebildeten motivationalen Schemata zu entwickeln.« (Grawe, 1998, S. 619f.). Der Unterschied in der sprachlichen Darstellung gegenüber der Psychoanalyse ist offenkundig, ebenso wird aber deutlich, dass ähnliche Überlegungen benannt sind; es geht um den Einfluss früher Beziehungen, um eine (implizite) Aktivierung hinsichtlich einer bestimmten Weise, den Therapeuten zu erleben, und um die Möglichkeit, verändernd Einfluss

6.3 Konzeptionen der Beziehung in anderen psychotherapeutischen Verfahren

darauf zu nehmen. Das überrascht letztlich wenig, denn je stärker sich ein Störungsmodell an Beziehungserfahrungen und -vorstellungen orientiert, desto stärker findet entsprechend die therapeutische Beziehung Berücksichtigung in einem korrespondierenden Veränderungsmodell (einschließlich der Interventionen).

Bezogen auf die Gegenübertragung zeigt sich Grawe skeptischer. Der Begriff beinhalte für ihn »aus interpersonaler Perspektive eine einseitige Interpunktion des Beziehungsgeschehens« (a. a. O., S. 620). Der Therapeut droht, sich aus dem Geschehen der konkreten Beziehung herauszunehmen, indem er seine Seite als bloße Antwort auf die Übertragung begreift statt anzuerkennen, dass er selbst Einfluss nimmt. Grawe meint dem gegenüber: »Der Therapeut ist in gleicher Weise ein Akteur in der Beziehung wie der Patient. [...] Die Therapiebeziehung ist vor allem eine Realbeziehung.« (a. a. O.).

Hinsichtlich der »eigenen« Konzepte der kognitiven Verhaltenstherapie bietet sich der Bezug zur (interpersonellen) Problemaktualisierung im Sinne Grawes an. Er meint dazu: »Was sich in der Therapiebeziehung prozessual abspielt, kann diagnostisch immer daraufhin befragt werden, ob und was für ein Problem sich darin manifestiert.« (Grawe, 1998, S. 130). Nicht zuletzt gilt das natürlich für ein »Beziehungsproblem«. Gemeint ist, dass sich motivationale Konflikte der Patientin äußern, auch wie sie sich in Beziehungsmustern äußern, die sich interpersonell zeigen. Allerdings formuliert Grawe auch: »Die Therapiebeziehung ist [...] kein sicheres und auf jeden Fall kein allein ausreichendes diagnostisches Instrument zur Identifizierung konflikthafter Beziehungsmuster.« (a. a. O.). Aus Sicht der Verhaltenstherapie ist eine diagnostische Untermauerung der Eindrücke davon, was sich in der Therapiebeziehung zeigt, erforderlich – eine Diagnostik aufgrund der Reflexion des Therapeuten über das, was sich in der Beziehung zeigt, ist nicht möglich. Das hat nicht zuletzt damit zu tun, dass eine kognitiv-behaviorale Diagnostik eine andere Form hat als eine psychodynamische (beide ergänzen eine Diagnostik gemäß ICD bzw. DSM). Eine psychodynamische Diagnostik setzt zentral auf das szenische Verstehen, so dass der Reflexion der therapeutischen Beziehung für den diagnostischen Prozess entsprechend mehr Gewicht beigemessen wird.

Grawe thematisiert zugleich die Möglichkeit, dass der Patient in der Therapeutin »problematische Übertragungsbereitschaften« auslösen kann (Grawe, 1998, S. 130). Beide Interaktionspartner werden sich, so seine Annahme, in der Therapiebeziehung »im Sinne ihrer habituellen Beziehungsmuster« verhalten (a. a. O., S. 131). Wenn dabei nun der Therapeut »für bestimmte von ihm mitgebrachte[.] Übertragungsbereitschaften blind ist, wird er die Gründe für daraus entstehende Probleme in der Therapiebeziehung in Konflikten beim Patienten suchen« (a. a. O.). Damit ist eine terminologische Kritik der Gegenübertragung verbunden bzw. einer Auffassung des Konzepts, in dem das Erleben der Therapeutin einzig darauf zurückgeführt zu werden droht, dass der Patient etwas in ihr »deponiert« oder »auslöst«. Der Umgang mit von beiden Beteiligten eingebrachten »habituellen Beziehungsmustern« besteht darin, der Patientin eine korrigierende Erfahrung zu ermöglichen und auf dem Weg dazu, den »Prozess zum Inhalt zu machen«, d. h. zu benennen, worin die wiederkehrenden Beziehungsmuster bestehen (ein durchaus verfahrensübergreifendes Modell von Intervention und Veränderung). Das bedeutet auch, sich mit Interventionen weniger auf die *Inhalte* des Gesagten zu beziehen, sondern auf den *Prozess* von Beziehung und Affekt.

In modernen kognitiv-behavioralen Ansätzen finden sich ferner Auffassungen dessen, wie Beziehungserfahrungen internalisiert bzw. repräsentiert sind, etwa in Form von »Plänen« oder »Schemata« (beispielsweise in den Arten Caspars, Grawes oder Youngs). In einer Überblicksdarstellung zur Schematherapie kennzeichnet Bender (2017, S. 36) den Übergang von Schemata zu Modi: Über »internalisierte Elternanteile« entstünden »dysfunktionale Elternmodi«, die leitend für das weitere Erleben und Gestalten von Beziehungen ist. Ein deutlicher Unterschied zu den meisten Ansätzen aus der psychodynamischen Richtung ergibt sich nun im Hinblick auf den behandlungstechnischen Umgang damit. In der Schematherapie wird ein »limited reparenting« zum Ziel; das berührt zwar die Idee einer »korrigierenden emotionalen Erfahrung« der Psychoanalyse, unterscheidet sich von deren Vorgehen aber zentral darin, dass psychoanalytisch eine Regression nicht dem Zweck dient, den Patienten das bessere Elternteil zu sein.

Im Umfeld der Überlegungen, welche Spuren einer Übertragungskonzeption sich in kognitiv-behavioralen Ansätzen finden lassen, liegen

6.3 Konzeptionen der Beziehung in anderen psychotherapeutischen Verfahren

ferner verschiedene Konzeptionen von Realitäts- oder Beziehungstests (vgl. Sampson & Weiss, 1986), von Ambühl (1992) konkret als Übertragungstests bezeichnet. Hier ist anerkannt, dass es implizite und explizite Motive der Patientin gibt, die therapeutische Beziehung dahingehend auf die Probe zu stellen, worum es sich dabei handelt: um das, was jemand kennt, oder um die Möglichkeit, hier eine andere Erfahrung zu machen. Solche Beziehungstests müssen nicht immer intentional oder durchdacht sein, sondern können sich auch in Szene setzen.

Am deutlichsten taucht »Übertragung«, auch terminologisch, im Cognitive Behavioral System of Psychotherapy (CBASP) auf, einem Verfahren der dritten Welle der Verhaltenstherapie, das ursprünglich für die Behandlung chronisch depressiver Patienten entwickelt wurde. In einer der ersten Sitzungen einer Therapie wird dem Patienten die folgende Instruktion gegeben: »[Es ist] für unsere Therapie wichtig, möglichst früh zu schauen, ob auch zwischen uns Probleme auftauchen könnten, die Sie von früheren Beziehungen kennen. Wir werden herausfinden, ob Sie Befürchtungen bezüglich unserer therapeutischen Beziehung haben, welche die Therapie negativ beeinflussen könnten.« (Brakemeier & Norman, 2012, S. 63). Im Hintergrund dieser Konzeption steht die Auffassung einer Prägung durch vorangegangene Beziehungen.

Bei McCullough et al. (2011) findet sich sowohl eine Darstellung des Übertragungsverständnisses als auch ein Vergleich zum Übertragungsverständnis in der Psychoanalyse. Die Autoren stellen dar, dass vor dem Hintergrund einer »Significant Other History« (SOH) (Geschichte prägender Andere), die zu Beginn der Behandlung erfragt wird, konsensuell eine »Transference Hypothesis« (TH) (Übertragungshypothese) gebildet wird. Veränderung im Zuge der psychotherapeutischen Arbeit geschieht dadurch, dass von Seiten des Therapeuten eine »Interpersonal Discrimination Exercise (IDE)« (Interpersonelle Diskriminationsübung) eingeleitet wird, also das Erleben und Anerkennen, dass sich die Beziehung zum Therapeuten von früheren Beziehungen unterscheidet.

Im Konkreten sieht das so aus, dass der Patient am Ende der ersten Sitzung gebeten wird, sechs wichtige Personen zu benennen. In der zweiten Sitzung soll er für jede Person zwei Fragen beantworten: »Wie war es, mit .... aufzuwachsen?« und »Wie hat diese Person Sie dahingehend beeinflusst, dass Sie die Person sind, die Sie heute sind? Welchen emotionalen Stempel hat er oder sie bei Ihnen hinterlassen?« (a. a. O., S. 234; Übers. TS). Daraus wird bezogen auf jede der genannten Personen eine Konklusion entwickelt, beispielsweise »Ich bin (deshalb) nicht liebenswert«. In der Übertragungshypothese ist dann die Bedeutung für die Therapiebeziehung benannt, sie wird aus dem am meisten »gesättigten« Material der Konklusionen aus der Geschichte mit bedeutsamen Anderen gebildet (als deren »hot spot«).

Die Übertragungshypothese muss zwei Kriterien erfüllen (a. a. O., S. 238; Übers. TS):

1. »Die Auswahl eines Hot Spot durch den Therapeuten muss den vorherrschenden Bereich von Schmerz abbilden, wie der Patient ihn mit seinen bedeutsamen Anderen erlebt hat und wie er sich in der SOH abbildet«.
2. »Die Auswahl eines Hot Spot muss spezifisch denjenigen interpersonellen Kontext auf den Punkt bringen, der am wahrscheinlichsten die generalisierte interpersonelle Angst der Person intensiviert« (z. B. »Wenn ich mich so verhalte, werden schmerzhafte Konsequenzen folgen«).

Die Übertragungshypothese hat eine »Wenn..., dann...«-Struktur, beispielsweise »Wenn mein Therapeut etwas von mir erwartet, dann habe ich Angst, ihn zu enttäuschen«.

Auch CBASP bleibt bei der Wahrnehmung dessen, was sich wiederholt, nicht stehen, sondern im nächsten Schritt erfolgt die (relative) Abgrenzung des Aktuellen vom Habituellen bzw. Befürchteten. In der interpersonellen Diskriminationsübung (IDE) wird in vier Stufen vorgegangen: 1.) wird gefragt, wie Mutter, Vater o. a. darauf reagiert haben, wenn das in der Übertragungshypothese Benannte auftrat, 2.) geht es darum, wie der Patient seinerseits reagiert hat, 3.) wird nach den Unterschieden zwischen den Reaktionen der bedeutsamen Anderen früher und der Reaktion der Therapeutin jetzt gefragt, einschließlich dessen, wie der Patient das erlebt, und 4.) wird die Frage gestellt: »Was sind für Sie die Folgen für das Erleben von Beziehungen, wenn ich in dieser Situation anders reagiere« (a. a. O., S. 243; Übers. TS). Mit der »Diskrimination« ist also gemeint, zu erfragen und zu unterstreichen, was jetzt

6.3 Konzeptionen der Beziehung in anderen psychotherapeutischen Verfahren

anders ist als in den Erwartungen, d. h. worin sich eine aktuelle Beziehung von den Wiederholungen unterscheidet. Es wird gleichsam der Maßgabe gefolgt, dass eine Patientin die Erfahrung macht, dass sich in der therapeutischen Beziehung Muster wiederholen, die sie aus anderen wichtigen Beziehungen kennt, dann aber auch zu erkennen, was daran ihre negativen Erwartungen sind bzw. den Blick zu öffnen für das Wahrnehmen von Unterschieden und neuen Erfahrungen. Offenkundig wird dabei davon ausgegangen, dass a) ein Patient die wesentlichen, ihn prägenden Elemente wichtiger Beziehungen benennen kann, und b) Übertragungen erkennbar sind und durch Einsicht aufgegeben werden können.

McCullough et al. (2011) tragen die Unterschiede des Übertragungsverständnisses in CBASP im Vergleich zur Psychoanalyse zusammen. Insgesamt lässt sich sagen, dass in CBASP

- interpersonelle Ängste ins Zentrum gestellt werden. Es stehen weniger intrapsychische Konflikte oder Objektrepräsentanzen im Vordergrund als interpersonelle Erwartungen (vgl. Rief & Glombiewski, 2016).
- das Ziel der Formulierung einer Übertragungshypothese dem Herstellen eines Sicherheitsgefühls in der therapeutischen Beziehung dient. Es erfolgt keine Vertiefung von Übertragungsprozessen oder eine Arbeit »in« der negativen Übertragung.
- der Umgang mit Übertragung insgesamt spezifischer und bezogen auf ein Umlernen ist (interpersonelle Diskriminationsübung).
- unbewusste Aspekte der Übertragung nicht adressiert werden.

Insgesamt kann gesagt werden, dass es einige Gemeinsamkeiten zwischen der kognitiven Verhaltenstherapie und der Psychoanalyse im Hinblick auf die Beziehungsorientierung gibt (in Anerkennung, dass es sich bei beiden für sich genommen um eine Gruppe teils divergenter Vorgehensweisen handelt), die in erster Linie einige Elemente des Störungsmodells betreffen: Es geht um die (verborgene) Funktionalität von Symptomen und um das teils u. U. unbemerkte Aktivieren lebensgeschichtlich bedeutsamer Muster von Beziehungs- und Affekterleben. Die Unterschiede werden insbesondere auf der Ebene der Behandlungstechnik deutlich. Während die kognitive Verhaltenstherapie insgesamt strukturierender, anleitender und übender vorgeht und dabei vor allem eine kognitive Einsicht fördert (bei zunehmendem Einbezug von Emotion, vgl. z. B. Barlow et al. 2011), geht es der Psychoanalyse im Kern um das Erleben derjenigen Erlebnisanteile, die sich der Ordnung widersetzen. Am stärksten ist dies zu erkennen, wenn man in Betracht zieht, dass in der Psychoanalyse auch der Therapeut mit Destabilisierung konfrontiert ist und dass das Durcharbeiten in der Gegenübertragung als wichtiges Element von Veränderungsprozessen betrachtet wird.

6.3.2 Systemische Therapie

Allgemein kommt in systemischen Behandlungen, verglichen mit psychodynamischen Ansätzen, die überwiegend individuell-biografiebezogene Arbeit eher wenig vor. Es werden weniger Übertragungsphänomene im Sinne früherer Muster beachtet als ein (z. B. familiäres) System, in dem sich aktuell kommunikative Probleme zeigen (»problemdeterminiertes System«). Insofern wird in die Betrachtung der Entstehung von Problemen das Familiensystem einbezogen und es erfolgt stärker eine Orientierung an interpersonellen Prozessen statt an individuellen Beziehungsrepräsentanzen, geschweige denn Fantasien. Allerdings erfahren in besonderem Maße »Rollen« (im Paar- oder Familiensystem) (vgl. z. B. Richter, 1963) Beachtung oder es werden »Lebenspläne« oder »Skripte« aus der Ursprungsfamilie exploriert, was das Vorgehen auf andere Weise wieder näher an die Grundidee von Übertragungsprozessen rückt.

Wenn auch weniger in direkten Bezügen auf das, was die Psychoanalyse als Übertragung bezeichnet, so kommt doch auch in der systemischen Therapie dem Blick auf die therapeutische Beziehung ein großer Stellenwert zu. Ein allgemeiner Überblick über die Bedeutung der therapeutischen Beziehung in der systemischen Therapie legt Kriz (2015) vor. Loth und von Schlippe (2004) stellen im geschichtlichen Verlauf dar, dass zunächst die Vorstellung einer »Heilung durch Begegnung«, dann die einer »Heilung durch Systemveränderung« und schließlich Heilung im Rahmen eines »Kooperationsmodells« für die systemische Therapie leitend gewesen sei.

6.3 Konzeptionen der Beziehung in anderen psychotherapeutischen Verfahren

Bei diesen Prozessen spielt die Persönlichkeit der Therapeutin eine Rolle, es geht, so von Schlippe und Schweitzer (2012, S. 214ff.), um deren »Nutzung« ihres Selbst: »Die Kenntnis des eigenen Selbst ist wichtig, um empathisch Leid und Freude der Klienten nachempfinden zu können, zugleich aber frei von eigenen biografischen Beschränkungen auf Beziehungseinladungen der Klienten so zu reagieren und intervenieren zu können, dass es der Weiterentwicklung des Klientensystems dient.« (a. a. O., S. 214). Dazu sei es erforderlich, eigene »Fähigkeiten und Verletzlichkeiten«, »Skripte« oder Rollen zu erkunden. Es gibt die Figur bzw. Forderung, »frei« von eigenen Beschränkungen und Einladungen zu sein – das Ziel der »Kenntnis« des Selbst besteht auch hier darin, eigene Skripte zu kennen, nicht darin, keine zu haben, so dass genau zu beachten ist, was »Freiheit« von Beschränkungen jeweils bedeutet.

Loth (1988) bringt die Arbeit unter Anerkennen der eigenen Selbstanteile der Therapeutin auf den Begriff des »Beisteuerns«. Damit ist »die Kompetenz [gemeint], sich erkennbar, verantwortlich und entschlussfähig daran zu beteiligen, Perspektiven zu weiten und neue Möglichkeiten zu erschließen, ohne dies einseitig und allein entscheidend tun zu können« (a. a. O., S. 41; zit. n. Kriz, 2015, S. 219). Auch hier fällt allerdings auf, dass es nicht, wie in der Psychoanalyse, im Kern auch darum geht, dass der Therapeut sich persönlich erschüttern lassen können sollte, um etwas von der Kommunikation der Patientin jenseits der verbalisierten Inhalte oder anderweitig »sichtbaren« Aspekte zu verstehen.

6.3.3 Gesprächspsychotherapie und humanistische Ansätze

Betrachtet man die Gesprächstherapie (bzw. die humanistischen Verfahren im Hinblick auf die Konzeption der therapeutischen Beziehung), dann fällt besonders ins Auge, in welcher Weise einige grundlegende Annahmen Rogers' zum Allgemeingut dessen geworden sind, wie in der zeitgenössischen Psychotherapie über Beziehung und das Angebot durch den Therapeuten gedacht wird, etwa wenn es um die nicht an Bedingungen gebundene Wertschätzung oder die Authentizität geht. Auch das Leitbild einer spiegelnden Interventionstechnik (die im Zusammenhang der Empathie mit dem Patienten, nicht dessen Imitation zu sehen ist) steht im Kontext eines traditionellen Fokus auf die therapeutische Beziehung in der Gesprächspsychotherapie.

Ein weiterer wichtiger Hintergrund bei Rogers besteht in der Annahme eines »natürlichen« Wachstums und einer entsprechenden Entwicklung, sowie der sogenannten Selbstaktualisierungstendenz. Diese gleichsam autonom förderlichen Prozesse können zu Inkongruenzen führen (die im Wesentlichen das Selbst betreffen), dieser Gedanke ist zentral im Störungsmodell der humanistischen Psychotherapieverfahren. Inkongruenzen werden auf das Fehlen von Erfahrungen einer optimalen Wertschätzung in den wichtigen Beziehungen in Verlauf der Entwicklungen zurückgeführt: Eine »Stagnation der Selbstentwicklung« hat »ihre Wurzeln auch in kindlichen Erfahrungen« (Biermann-Ratjen, Eckert & Schwarz, 2016, S. 44).

In der Behandlung ist die Haltung der Therapeutin geprägt von einer unbedingten Wertschätzung und von ihr ist Echtheit bzw. Kongruenz gefordert als eine »Entsprechung von Erfahrung, Bewusstsein und Kommunikation« (Rogers, 1973, zit. n. Biermann-Ratjen, Eckert & Schwartz, 2016, S. 31). Der Therapeut sollte versuchen, »der Gefühle unverzerrt gewahr zu werden, die ihn in der Beziehung zum Klienten tatsächlich bestimmen.« (a. a. O., S. 30). Vor dem Hintergrund dieser Kenntnis seiner selbst ist er dann ein »kongruenzfähiger Therapeut« und »möglichst wenig therapiebedürftig« (a. a. O.). Er ermöglicht seiner Patientin dann ein »Wachstum der Persönlichkeit«, wenn er selbst »das ist, was er ist, in seiner Beziehung zum Klienten echt ist, ohne Grenzziehung oder Fassade, wenn er zu den Gefühlen und Einstellungen, die ihn augenblicklich bestimmen, stehen kann.« (Rogers, 1962, zit. n. Biermann-Ratjen, Eckert & Schwartz, 2016, S. 29). Es leuchtet ein, warum das eine sinnvolle Voraussetzung und Forderung ist. Vor dem Hintergrund von Überlegungen dazu, inwiefern Prozesse der Eigenübertragung und Gegenübertragung bewusst sind, ist allerdings zu fragen, ob sie eingelöst werden kann bzw. was mit den (noch) nicht erkannten Aspekten des Erlebens des Therapeuten geschieht, bzw. ob nicht eine (partielle) Inkongruenz der Therapeutin, die sie gerade aufgrund der empathischen Haltung ihrem Patienten gegenüber erfasst, nicht ein wichtiges Element für den verändernden Arbeitsprozess wäre.

6.3 Konzeptionen der Beziehung in anderen psychotherapeutischen Verfahren

Ein abschließender Blick soll noch auf die in der humanistischen Tradition stehende Emotionsfokussierte Therapie geworfen werden. Das Verfahren wurde von Greenberg und anderen ab den 1990er Jahren entwickelt, wurzelt in der humanistischen, personzentrierten Tradition und weist einige Bezüge zur kognitiven Verhaltenstherapie (Schemata), zu systemischen Ansätzen (Selbstorganisationsprozesse), zur Entwicklungspsychologie der Emotionen und zur Neurobiologie auf. Ein Grundgedanke besteht darin, dass der Therapeut der Patientin/Klientin durch eine empathische Haltung und Interventionsart zu einer neuen Art der emotionalen Verarbeitung verhilft (er wird als eine Art von »Emotionscoach« mit aktiver Rolle bezeichnet). Man könnte sagen, dass gleichsam der Gedanke eines Umlernens auf emotionaler Ebene verfolgt wird.

Dazu wird das Konzept von emotionalen Schemata herangezogen (vgl. Hofer, Auszra & Herrmann, 2014). Damit sind »Wahrnehmungs- und Handlungsbereitschaften« gemeint, »die durch einen Kernprozess (z. B. Angst oder Scham) organisiert werden, den ein früheres Erleben geprägt hat und der durch das momentane Erleben in einer bestimmten Situation aktiviert wird.« (a. a. O., S. 142). Emotionale Schemata »sind der bewussten Wahrnehmung nicht zugänglich und deshalb auch nicht durch rein kognitive Einsichten veränderbar« (a. a. O.), sie werden als »wortlose Geschichten unserer gelebten Erfahrung« (a. a. O.) bezeichnet und bestehen aus verschiedenen Elementen (perzeptiv, körperlich, symbolisch, motivational). Der therapeutische Prozess zielt nun »darauf, emotionale Schemata zu aktivieren, um sie so dem Klienten als Ganzes zugänglich zu machen und ihre Bearbeitung zu ermöglichen« (a. a. O., S. 142). Ziel des Prozesses ist eine »Transformation« mittels der »korrigierenden emotionalen Erfahrung«, in der die therapeutische Beziehung potenziell besteht. Veränderung bezieht sich dann wesentlich auf die Art der »narrativen Einbettung«, das emotional getragene Erzählen-Können der eigenen (Beziehungs-) Geschichte. Dazu bedarf es auf Seiten des Therapeuten einer Haltung von Empathie und Echtheit, er erfüllt die Funktion einer Art von »Schmerzkompass« (Greenberg & Watson, 2005) im Fokussieren des Erlebens der Patientin. Dabei kann angenommen werden, dass die Therapeutin in ein aktiviertes emotionales Schema eingebunden ist, auch wenn dies, was die Konzeption der Übertragung durch die Psychoanalyse direkt berühren würde, eher implizit konzeptualisiert wird (und sich daraus ergibt, dass eine empathische Haltung in einer »echten« Beziehung und die Aktivierung und Exploration wiederkehrender emotionaler Schemata auf das hinsteuert, was psychoanalytisch unter einem Übertragungsphänomen verstanden wird).

6.3.4 Der Beitrag der Psychoanalyse

Im Durchgang durch die verschiedenen Konzeptionen zeigen sich einige Gemeinsamkeiten, insbesondere bezüglich des Störungsmodells (im Hinblick auf die Bedeutung von Beziehungserfahrungen) sowie hinsichtlich des Anerkennens des kurativen Einflusses der therapeutischen Beziehung. Kein Modell von Psychotherapie kommt mehr ohne eine Konzeption der therapeutischen Beziehung aus und die unterschiedlichen Verfahren teilen miteinander den Fokus auf Beziehung und Emotion sowie deren psychischer Repräsentation.

Als spezifisch für die Psychoanalyse und der sich darauf gründenden Behandlungsverfahren kann dabei die (relative und durch einen verbindlichen Rahmen vermittelte) Ungesteuertheit der emotionalen Kommunikation betrachtet werden, einschließlich der Konzepte, die damit im Zusammenhang stehen (dynamisch Unbewusstes, Regression, projektive Identifizierung, unbewusste Gegenübertragung). Dass die Analytikerin sich der Möglichkeit eigener Destabilisierung überlassen können muss, um ihren Analysanden zu verstehen, dürfte eines der wichtigsten Unterscheidungsmerkmale in Haltung und Technik sein.

6.4 Fallbeispiel

Das folgende Fallbeispiel stammt von Breuer-Radbruch & Pilz (2017) und seine Besonderheit besteht darin, dass ein erster Behandlungsabschnitt mit einem Jungen (bei Beginn acht Jahre alt) im analytisch-tiefenpsychologischen Einzelsetting, ein zweiter im verhaltenstherapeutischen

Gruppensetting stattfand und die beiden Behandelnden ihre Eindrücke mitteilen.

Der Junge wird durch die Mutter im Anschluss an eine stationäre Behandlung zur ambulanten, analytisch-tiefenpsychologischen Therapie angemeldet. In der Klinik habe er die Medikamente nicht vertragen und die therapeutische Betreuung sei nicht gut gewesen, so dass sie die Behandlung abgebrochen hätten. Er kommt mit der Diagnose eines ADHS, einer Lese- und Rechtschreibschwäche sowie einer Enuresis. Die Mutter wirkt initial auf die Therapeutin engagiert und verärgert, mit einer »taffen« Stimme und insgesamt sehr unter Druck stehend. Sie ist sehr jung, »sorgsam zurechtgemacht«, berichtet viel und zeigt sich sehr bemüht. Es entsteht außerdem der Eindruck, als gäbe sie der Therapeutin, im Kontrast zur entwerteten Klinik, Vorschusslorbeeren. Die Therapeutin ist mit Fantasien über zukünftige Kritik und Beschwerden ihr gegenüber seitens der Mutter beschäftigt. Der Junge selbst hingegen wirkt altersgemäß entwickelt, sympathisch und freundlich, allerdings zeigt er wenig Kontaktaufnahme oder Neugierverhalten und erzählt wenig von sich. Er klagt über eigene Langsamkeit in der Schule und darüber, dass er so viele Fehler mache. Die Mutter ergänzt, er sei leicht ablenkbar und brauche eine direkte Betreuung bei den Aufgaben. Er sei außerdem ängstlich, trödele viel und habe ein hohes Redebedürfnis. Auf die Therapeutin wirkt er zunächst »nicht wie ein ADHS-Kind«, sondern eher ruhig, aufmerksam, aber auch angespannt und nervös.

Außerdem löst er bei seiner Therapeutin Vorsicht aus: »Der Junge scheint Angst zu haben, ich spüre eine hohe Wachsamkeit bei ihm, er scheint sehr aufmerksam zuzuhören, die Mutter dabei mit Worten und Blick zu bewachen und auch ›zu dirigieren‹. Er wirkt vordergründig angepasst.« (a. a. O., S. 281). Zur Mutter hingegen schildert sie: »Auch die Mutter lässt mich vorsichtig werden, sie scheint Angst zu haben, dass ich sie infrage stelle. Sie wirkt selbst bedürftig, mit einem fast hypnotisierenden, eher unterwürfigen Blick, der Hilfsbedürftigkeit und Bemühen auszudrücken scheint. Sie geht auf Wünsche des Kindes ein – vielleicht etwas zu sehr –, ich erlebe sie nicht als ›Gegenüber‹ des Kindes.« (a. a. O.). Die Mutter scheine um Sympathie zu werben und die Therapeutin für sich einnehmen zu wollen. Hinter einem als fassadenhaft wirkend beschriebenem Äußeren vermutet sie Verletzlichkeit und reagiert ihrerseits »mütterlich« auf die Mutter des Jungen.

Das Lob, das sie durch die Mutter erfährt, sei verführerisch, aber auch »zuviel«, wenn so sehr betont wird, dass alle eine schlechte Arbeit gemacht haben. Die Therapeutin berichtet, sie fühle sich der Mutter gegenüber »aggressionsgehemmt« und schwanke »zwischen Mitleid und Kritik«. Sie habe den Eindruck, die Mutter leide »stellvertretend« (a. a. O.).

Die Therapeutin berichtet, sie spüre »positive Gefühle«: Es sind sympathische Menschen, eine bemühte Mutter, aber es gibt eine Kehrseite, die sie zu Vorsicht oder Misstrauen leitet und zu einer Fantasie wie »Der Junge will mich nicht« führt. Als konkordant identifiziert kann »die wohl zum Jungen gehörende Sorge« gelten, »verletzt zu werden und nicht zu wissen, ob man gleich der ›Loser‹ sein wird« (etwa dahingehend, früher oder später auch der globalen Kritik und Anklage seitens der Mutter zu unterliegen). Als Ausdruck einer komplementären Identifizierung in der Gegenübertragung können ein »mütterliches Schutzbedürfnis, Bewunderung und ein Versorgungsimpuls« genommen werden (a. a. O., S. 281).

Auch im Behandlungsverlauf zeigt sich eine Polarität aus Fürsorge und Ablehnung, vor allem in den familiären Beziehungen selbst. In den Stunden mit dem Jungen klingen aggressive Themen an, etwa wenn im Spiel (ein wichtiges Element analytisch-tiefenpsychologischer Kinderbehandlungen) ein Wolf Vegetarier ist und zusammen mit einer Ente (gespielt von der Therapeutin) eine Suppe ist. Sie erlebt auf seiner Seite eine »gebremste Aggression«, die sie auch als ein Zeichen dafür sieht, wie er andere erlebt: »Man kann nie sicher sein, ob der ›Schein‹ bleibt.« (a. a. O., S. 281). Das greift die Therapeutin im Spiel auf: Misstrauen und Angst als leitende Elemente (die Ente im Spiel könnte sich ja beispielsweise fragen, was ihr vom Wolf noch drohen könnte), der Junge beantwortet das mit Beschwichtigung. Stundenenden und die damit verbundene Trennung gestalten sich oft schwierig.

Im Verlauf zeigt sich ferner, dass die Mutter behandlungsbedürftig depressiv wird und eine Psychotherapie aufnimmt. Der Stiefvater zeigt sich gewaltvoll und der leibliche Vater ist quasi nicht präsent, wirkt wie unsichtbar. Nach Ende der analytisch-tiefenpsychologischen Therapie zeigen sich erneut Schulprobleme und die Therapeutin überlegt, ob sie ein neuerliches Behandlungsangebot machen sollte, will aber nicht »mehr desselben« anbieten, so dass sie eine verhaltenstherapeutische Gruppenbehandlung (bei einem männlichen Therapeuten anregt). Sie reflektiert dies dahingehend, ob es sich ihrerseits um einen »Ausstoßungsimpuls« handele und ob es die Bedeutung eines Beziehungsabbruches habe. Zugleich imponiert die Szene der Empfehlung eines Kollegen aber auch als Inszenierung eines sorgenden »Eltern«-Paares, das über den Jungen im Austausch miteinander steht.

Es schließt sich ein kognitiv-behaviorales Gruppentraining für das Sozialverhalten bei Kindern mit einer ADHS-Diagnose an. Der männliche Therapeut schildert in seinem Teil des Fallberichts, er habe sich gefreut und wertgeschätzt gefühlt angesichts der Vermittlung, sich aber auch etwas im »Wettbewerb« gefühlt. Werde er »die Nuss knacken«? Fallen hier zwei Therapeuten »auf die Dynamik der Familie [...] herein«? Als sein grundlegendes Modell in der Psychotherapie schildert er die Sicht des Erlebens und Verhaltens von Patienten als das Produkt einer »Lerngeschichte«: »Jede Patientenbegegnung hat das Potenzial, an solche lebensgeschichtlichen Erlebnisse zu erinnern« (a. a. O., S. 283).

Sein Eindruck nach den ersten Kontakten mit dem Jungen und seiner Mutter ist, dass ihm zur Mutter mehr einfalle als zum Jungen, was für ihn mit der Frage verbunden ist, ob dieser mit seinen Bedürfnissen oft übersehen werde. Die Mutter erlebt er als attraktiv, verführerisch gekleidet, sie lächele viel und wirke unterwürfig: Sie »definiert mich wohl aus den Experten«. Allerdings benennt er auch (und das ist ein Unterschied in der Behandlungsplanung gegenüber einer psychodynamischen Herangehensweise): »Für die Vereinbarung eines Behandlungskontraktes und die Durchführung des angedachten Gruppenprogramms haben diese Überlegungen vordergründig keine Relevanz.« (a. a. O., S. 284).

Er bemerkt, dass der Junge häufig durch die Mutter von den Gruppensitzungen abgemeldet werde und dass dies einem »Muster« folge: »Wenn er über Bagatellbeschwerden klagt, muss er entschuldigt werden.« Dies sei meist der Fall, nachdem es Konflikte bzw. Ärger in der Schule gegeben habe. Der Therapeut schildert, wie er in der Gegenübertragung den Impuls verspüre, darauf mit einer Haltung zu blicken wie: »Das bisschen Schnupfen ist kein Grund, nicht hinzugehen.« (a. a. O.). Er erlebt die Mutter als gegenüber dem Jungen »doppelbödig«, so als signalisiere sie ihm: »Bei dir klappt halt nichts, immer gibt es mit dir Ärger«, aber auch: »du kannst aber nichts dafür, die anderen sind schuld, man muss dich da herausnehmen.« (a. a. O.). Es ist leicht vorstellbar, was für eine verwirrende Situation sich dadurch für den Jungen ergibt: An wem »liegt es«?

Der Junge sucht im Gruppenkontext die »exklusive Nähe« zum Therapeuten; er wirkt bedürftig, aber auch manipulierend, so als wolle er den Therapeuten für sich einnehmen. In den Sitzungen ist er »auffällig«, redet oft dazwischen und stört viel – aber: »Dabei ist er erstaunlich leise.« Er bringt andere oft zum Lachen, kommentiert leise und unverständlich, was geschieht. Der Therapeut reagiert mit der Intervention, ihm eine »Signalkarte« zu zeigen, »damit er seine Impulsivität mitbekommt«. Mit anderen in der Gruppentherapie üblichen »Sanktionen« scheint er nicht zu erreichen zu sein. Deutungen habe der Therapeut nicht eingesetzt, da Einsichtsförderung nicht das Ziel gewesen sei.

Im Erleben des Therapeuten entsteht der Eindruck, der Junge versuche, eine kumpelhafte Ebene herzustellen, aber keine zu einer Autoritätsperson (was sich auf seine Bedeutung für Fehlen von Väterlichkeit befragen lässt). Er schildert: »Ich gehe davon aus, dass der Junge auf mich die memorierten Bilder oder Schemata von Beziehungen zu erwachsenen Bezugspersonen überträgt, die er in seiner frühen Kindheit verinnerlicht hat. [...] Wenn ich ihn nun immer wieder mit diesen Eigenheiten konfrontiere [...], könnte sich die erhellende Übertragungsperspektive mit lerntheoretisch begründbaren Interventionen verknüpfen lassen.« (a. a. O., S. 286).

Beide Therapeuten nehmen also, und zwar gerade in ihrer Reflexion der eigenen Beziehung zum Jungen (sowie zur Mutter), ähnliche Aspekte wahr, verwenden dabei teils eine ähnliche, teils eine unterschiedliche Sprache, und legen auf der Ebene der Intervention unterschiedliche Schwerpunkt zwischen Strukturierungshilfe und Einsichtsförderung.

7 Zusammenfassung und Ausblick

Ich gebe eine Zusammenfassung des Erarbeiteten in Form von zehn Thesen zum Übertragungskonzept:

1. Auf einer ersten »weit gefassten« Ebene des Übertragungsverständnisses geht es darum, dass sich unbewusste Erlebnisaspekte an eine bewusstseinsfähige Vorstellung anheften.
2. Auf einer zweiten »eng gefassten« Ebene gibt es die Perspektive, dass sich Vorstellungen, Erinnerungen, Fantasien, Gefühle oder Erwartungen, die aus der Beziehung zu einer Person stammen, sich darin zeigen, wie eine andere Person erlebt wird.
3. Aufgrund von Setting, Rahmen und analytischer Haltung (-> Förderung der Regression) zeigen sich Übertragungsphänomene besonders deutlich in analytischen Behandlungen.
4. Das Zentrieren (neurotischer) Symptome auf die Beziehung zum Analytiker bezeichnet man als das Herstellen einer Übertragungsneurose. Dies ist Voraussetzung für Veränderungsprozesse durch analytische Behandlungstechnik, denn nicht nur sind die »Außenbeziehungen« auf diese Weise entlastet, sondern es erfolgt eine Verdichtung in der analytischen Behandlungsbeziehung.
5. Bei unterschiedlichen psychischen Erkrankungen (und Symptomen) bilden sich unterschiedliche Formen der Übertragung aus. Die Zentrierung der Symptome auf die Beziehung zur Analytikerin betrifft nicht nur neurotische Symptome, sondern auch die der Psychose, Persönlichkeitsstörung oder psychosomatischer Erkrankungen.
6. Bezogen auf den Analytiker kann man zwischen Eigenübertragung (= eigene »Filme«, die er in die Beziehung einbringt) und Gegenübertragung unterscheiden. Die Gegenübertragung ist die (emotio-

nale, fantasierende o. ä.) »Antwort« auf die Übertragung (Vorsicht vor zu starrer Kausalität oder Linearität in der Konzeptualisierung!). Diese Unterscheidung betrifft die konzeptuelle Ebene, in der konkreten klinischen Erfahrung treffen unterschiedliche Anteile zusammen.
7. Der Zugang zu unbewussten Aspekten von Beziehungsrepräsentanzen gelingt in analytischen Behandlungen über das szenische Verstehen, das in einer emotional aktuellen Beziehung geschieht. Es handelt sich dabei um ein Verstehen derjenigen situativen Grundstruktur, die unterschiedlichen einzelnen Szenen unterliegt, von denen eine die Szene in der Analyse ist, an welcher die Analytikerin konkret teil hat, so dass Verstehensannahmen über dynamisch Unbewusstes gebildet werden können (Validierungskriterium für Annahmen über unbewussten Erlebnisanteile).
8. Als spezifische psychoanalytische Technik/Interventionsform gilt die Deutung. Im heutigen Verständnis ist deren Ziel die Anregung eines Prozesses, durch den etwas psychische Form erhält (Worte, Bilder...), d. h. erlebbar wird. Ein wichtiger Vorgang, durch den dies möglich wird, wird durch das Konzept der projektiven Identifizierung beschrieben. Dieses beschreibt konkret die Dynamik eines »Vorverdauens« oder einer Transformation durch den Analytiker.
9. Veränderungsprozesse bestehen in psychoanalytischer Perspektive im Durcharbeiten von Deutungen und dessen, was durch sie angeregt wird.
10. Mit anderen psychotherapeutischen Verfahren teilt die Psychoanalyse den Blick auf ein Störungs- und Veränderungsmodell, das Beziehung und Emotion ins Zentrum rückt und damit die therapeutische Beziehung hervorhebt. Spezifisch wird die Psychoanalyse durch den Fokus auf dynamisch unbewusste Aspekte des Beziehungserlebens und die konsequente Figur, dass die Analytikerin sich auch persönlich erschüttern lassen können muss, um auf diese Weise ein Verstehen und Verändern zu ermöglichen.

Im Durchgang durch diese Themen ist bislang ein Stück weit offengeblieben, auf welche Weise die Deutung (bzw. unterschiedliche Formen dieser) Veränderung einleitet oder bewirkt, sowie wie in Deutungen wiederholt angesprochene Aspekte durchgearbeitet werden (Storck, in Vorb. c). Damit steht nicht nur die psychoanalytische Veränderungstheorie auf dem Prüfstand, zuvor muss ferner gefragt werden, in welcher Weise a) Widerstandsphänomene konzeptuell werden, die sich in Form der Übertragung, gerichtet auf die Übertragung oder in anderer Weise bezüglich der Veränderung zeigen, sowie b) welche Rolle in allgemeiner Weise die Abwehr im psychischen Geschehen (im Umgang mit Konflikten oder in der Symptombildung) spielt (Storck, in Vorb. a).

Literatur

Ainsworth MDS, Salter D & Witting BA (1969) Attachment and the exploratory bavior of one-year-olds in a strange situation. In Foss BM (Hg) Determinants of infant behavior. London: Methuen, S. 36–113.
Aisenstein M (2006) The indissociable unity of psyche and soma: A view from the Paris Psychosomatic School. Int J Psychoanal, 87, 667–680.
Alexander F (1928) Der neurotische Charakter: Seine Stellung in der Psychopathologie und in der Literatur. Internationale Zeitschrift für Psychoanalyse, 14, 26–44.
Alexander F & French TM (1946) Psychoanalytic Therapy: Principles and Application. New York: Ronald Press.
Allert G (2017) Gefährdete Begegnungen – von der Arbeit an Grenzen. Brüche und Brücken im wechselvollen Verhältnis zwischen Psychoanalyse und Ethik. In: Tamulionyté L et al. (2017) Brüche und Brücken. Wege der Psychoanalyse in die Zukunft. Gießen: Psychosozial, S. 52–69.
Ambühl H (1992) Therapeutische Beziehungsgestaltung unter dem Gesichtspunkt der Konfliktdynamik. In Margraf J & Brengelmann JC (Hg) Die Therapeut-Patient-Beziehung in der Verhaltenstherapie. München: Röttger, S. 245–264.
Arbeitskreis OPD (2006) Operationalisierte Psychodynamische Diagnostik OPD-2. Das Manual für Diagnostik und Therapieplanung. Bern: Huber.
Argelander H (1967) Das Erstinterview in der Psychotherapie. Psyche – Z Psychoanal, 21, 341–368; 429–467; 473–512.
Aron L (1990) One Person and Two Person Psychologies and the Method of Psychoanalysis. Psychoanal Psychol, 7, 475–485.
Aron L (1991) The Patient's Experience of the Analyst's Subjectivity. Psychoanal Dial, 1, 29–51.
Auszra L, Herrmann I & Leslie S & Greenberg LS (2016) Emotionsfokussierte Therapie. Ein Praxismanual. Göttingen: Hogrefe.
Bänninger-Huber E (2014) Übertragung und Gegenübertragung in Verhaltenstherapie und Psychoanalyse. Psychotherapeut, 59, 206–211.
Barlow DH, Farchione TJ …. & Cassiello-Robbins C (2011) Unified protocol for transdiagnostic treatment of emotional disorders. 2. Aufl. (2018). Oxford, New York: OUP.

Bender S (2017) Einführung in die Schematherapie aus psychodynamischer Sicht. Eine integrative, schulenübergreifende Konzeption. Göttingen: Vandenhoek & Ruprecht.

Bettighofer S (2016) Übertragung und Gegenübertragung im therapeutischen Prozess. 5. Aufl. Stuttgart: Kohlhammer.

Biermann-Ratjen EM, Eckert J & Schwartz HJ (2016) Gesprächspsychotherapie. Verändern durch Verstehen. 10. Auflage. Stuttgart: Kohlhammer.

Bion WR (1959) Angriffe auf Verbindungen. In ders (1967) Frühe Vorträge und Schriften mit einem kritischen Kommentar: »Second Thoughts«. Frankfurt a. M. 2013: Brandes & Apsel, S. 105–124.

Bion WR (1962) Lernen durch Erfahrung. Frankfurt a. M. 1992: Suhrkamp.

Bion WR (1992) Cogitations. London: Karnac.

Blass RB (2013) Über verschiedene Bedeutungen von Spaltung. Psyche – Z Psychoanal, 67, 97–119.

Bleger J (1966) Die Psychoanalyse des psychoanalytischen Rahmens. Forum Psychoanal, 9 (1993), 268–280.

Boesky D (2007) Psychoanalytic disagreements in context. New York: Jason Aronson.

Bohleber W (2018) Übertragung – Gegenübertragung – Intersubjektivität. Zur Entfaltung ihrer intrinsischen Komplexität. Psyche – Z Psychoanal, 72, 702–733.

Bollas C (1987) Der Schatten des Objekts. Das ungedachte Bekannte. Zur Psychoanalyse der frühen Entwicklung. Stuttgart 1997: Klett-Cotta.

Bollas C (2006) Übertragungsdeutung als ein Widerstand gegen die freie Assoziation. Psyche – Z Psychoanal, 60, 932–947.

Bott-Spillius E, Milton J, Garvey P, Couve, C & Steiner D (2011) (Hg) The new dictionary of Kleinian thought. London, New York: Routledge.

Brakemeier EL & Normann C (1992) Praxisbuch CBASP: Behandlung chronischer Depression. Weinheim: Beltz.

Braun C (2007) Die Stellung des Subjekts. Lacans Psychoanalyse. Berlin: Parodos.

Brenman Pick I (1985) Durcharbeiten in der Gegenübertragung. In Frank C & Weiß H (2013) Normale Gegenübertragung und mögliche Abweichungen. Zur Aktualität von R. Money-Kyrles Verständnis des Gegenübertragungsprozesses. Frankfurt a. M.: Brandes & Apsel, S. 37–58.

Breuer J (1895) Beobachtung I. Frl. Anna O… GW Nachtragsband [Freud], S. 221–243.

Breuer-Radbruch B & Pilz W (2017) Gegenübertragung in Verhaltenstherapie und Tiefenpsychologie als Brückenschlag? In: Trautmann-Voigt S & Voigt B (Hg) Psychodynamische Psychotherapie und Verhaltenstherapie. Ein integratives Praxishandbuch. Stuttgart: Schattauer, S. 279–288.

Britton R (1998) Glaube, Phantasie und psychische Realität. Psychoanalytische Erkundungen. Stuttgart 2001: Klett-Cotta.

Brumberg J & Gumz A (2012) Was sind Übertragungsdeutungen und wie wirken sie? Eine systematische Übersicht. Z Psychosom Med Psychother, 58, 219–235.

Clarkin JF, Yeomans FE & Kernberg OF (2001) Psychotherapie der Borderline-Persönlichkeit. Manual zur Transferenced-Focused-Psychotherapy (TFP). Stuttgart: Schattauer.

Cremerius J (1984) Die psychoanalytische Abstinenzregel. Vom regelhaften zum operationalen Gebrauch. Psychoanalyse – Z Psychoanal, 38, 769–800.

Dean ES (1957) Drowsiness as a symptom of countertransference. Psychoanal Q, 26, 246–247.

Deserno H (1990) Die Analyse und das Arbeitsbündnis. Stuttgart: Verlag Internationale Psychoanalyse.

Ermann M (1988) Idealisieren wir die projektive Identifizierung? Forum Psychoanal, 4, 76–79.

Ermann M (2010). Psychoanalyse heute. Entwicklungen seit 1975 und aktuelle Bilanz. 2. Aufl. (2012). Stuttgart: Kohlhammer.

Ermann M (2014a) Gegenübertragung. In Mertens W (Hg) Handbuch psychoanalytischer Grundbegriffe. 4. Aufl. Stuttgart: Kohlhammer, S. 294–300.

Ermann M (2014b) Widerstand. In Mertens W (Hg) Handbuch psychoanalytischer Grundbegriff. 4. Aufl. Stuttgart: Kohlhammer, S. 1078–1083.

Ermann M (2016) Psychotherapie und Psychosomatik. Ein Lehrbuch auf psychoanalytischer Grundlage. Stuttgart: Kohlhammer.

Etchegoyen H (1991) The fundamentals of psychoanalytic technique. London, New York: Karnac.

Evans D (1996) Wörterbuch der Lacanschen Psychoanalyse. Wien 2002: Turia + Kant.

Federn P (1956) Ichpsychologie und die Psychosen. Frankfurt a. M. 1978: Suhrkamp.

Fenichel O (1931) Perversionen, Psychosen, Charakterstörungen. In ders. (2018) Psychoanalytische spezielle Neurosenlehre. Gießen: Psychosozial, S. 207–422.

Fenichel O (1938) Probleme der psychoanalytischen Technik. In ders (2001) Probleme der psychoanalytischen Technik. Gießen: Psychosozial, S. 27–106.

Fenichel O (1945) Psychoanalytische Neurosenlehre. Band III. 2. Aufl. Gießen 1999: Psychosozial.

Ferro A (2009) Tranformationen in Traum und Figuren im psychoanalytischen Feld. Vorüberlegungen zu den Unterschieden zwischen den theoretischen Modellen in der Psychoanalyse. Psyche – Z Psychoanal, 63, 51–80.

Fink B (2010) Wider den Verstehenszwang. Weshalb Verstehen nicht als ein wesentliches Ziel psychoanalytischer Behandlung aufgefasst werden sollte. In Storck T (2012) (Hg) Zur Negation der psychoanalytischen Hermeneutik. Gießen: Psychosozial, S. 291–322.

Foehl JC (2016) Zuhören und Interagieren durch unterschiedliche Filter: Sitzungen mit Nina. In Münch K (2017) (Hg) Internationale Psychoanalyse. Band 12: Neues zu vertrauten Konzepten. Gießen: Psychosozial, S. 245–257.

Frank C & Weiß H (2007) Einführung. In dies (Hg) Projektive Identifizierung. Ein Schlüsselkonzept der psychoanalytischen Therapie. 3. Auflage (2017). Stuttgart: Klett-Cotta, S. 7–26.

Frank C & Weiß H (2013) Einführung. In dies (Hg) Normale Gegenübertragung und mögliche Abweichungen. Zur Aktualität von R. Money-Kyrles Verständnis des Gegenübertragungsprozesses. Frankfurt a. M.: Brandes & Apsel, S. 7–18.
Freud S (1895d) Studien über Hysterie. GW I, S. 75–312.
Freud S (1900a) Die Traumdeutung. GW II/III, S. 1–642.
Freud S (1905e) Bruchstück einer Hysterie-Analyse. GW V, S. 161–286.
Freud S (1910a) Über Psychoanalyse. GW VIII, S. 1–60.
Freud S (1910d) Die zukünftigen Chancen der psychoanalytischen Therapie. GW VIII, S. 103–115.
Freud S (1912b) Zur Dynamik der Übertragung. GW VIII, S. 363–374.
Freud S (1912e) Ratschläge für den Arzt bei der psychoanalytischen Behandlung. GW VIII, S. 376–420.
Freud S (1913c) Zur Einleitung der Behandlung. GW VIII, S. 453–478.
Freud S (1914d) Zur Geschichte der psychoanalytischen Bewegung. GW X, S. 43–113.
Freud S (1914g) Erinnern, Wiederholen und Durcharbeiten. GW X, S. 125–136.
Freud S (1915a) Bemerkungen über die Übertragungsliebe. GW X, S. 305–321.
Freud S (1915c) Triebe und Triebschicksale. GW X, S. 209–232.
Freud S (1916/17) Vorlesungen zur Einführung in die Psychoanalyse. GW XI.
Freud S (1919a) Wege der psychoanalytischen Therapie. GW XII, S. 181–194.
Freud S (1923a)»Psychoanalyse« und »Libidotheorie«. GW XIII, S. 209–233.
Freud S (1926d) Hemmung, Symptom und Angst. GW XIV, S. 111–205.
Freud S (1937d) Konstruktionen in der Analyse. GW XVI, S. 41–56.
Freud S (1940a) Die Ichspaltung im Abwehrvorgang. GW XVII, S. 57–62.
Freud S (1950a) Entwurf einer Psychologie. GW Nachtragsband, S. 373–486.
Freud S (1960) Briefe 1873–1939. Hg. von Ernst Freud. Frankfurt a. M.: Fischer.
Freud S & Jung CG (1979) Briefwechsel. Hg. v. McGuire W & Sauerländer W. Frankfurt a. M. 1984: Fischer.
Gabbard GO (2017) Sexual boundary violations in psychoanalysis: A 30-year retrospective. Psychoanal Psychol, 34(2), 151–156.
Gill MM (1982) Die Übertragungsanalyse. Theorie und Technik. 2. Aufl. Magdeburg 2007: Klotz.
Gödde G & Stehle S (2016) (Hg) Die therapeutische Beziehung in der psychodynamischen Psychotherapie, Ein Handbuch. Gießen: Psychosozial.
Grawe K (1992) Komplementäre Beziehungsgestaltung als Mittel zur Herstellung einer guten Therapiebeziehung. In Margraf J & Brengelmann CJ (Hg) Die Therapeut-Patient-Beziehung in der Verhaltenstherapie. München: Röttger, S. 215–244.
Grawe K (1998) Psychologische Therapie. 2. Aufl. Göttingen u. a. 2000: Hogrefe.
Greenberg L S & Watson J (2005). Emotion-focused therapy for depression. Washington, DC: APA.
Greenson RR (1965) Das Arbeitsbündnis und die Übertragungsneurose. In ders (1978) Psychoanalytische Erkundungen. Stuttgart 1982: Klett-Cotta, S. 151–177.

Greenson RR (1967) Technik und Praxis der Psychoanalyse. Stuttgart 1986: Klett-Cotta.

Grotstein JS (2005) »Projektive Transidentifizierung«. Eine Erweiterung des Konzepts der projektiven Identifizierung. In Junkers G (2006) (Hg) Internationale Psychoanalyse, Band 1: Verkehrte Liebe. Tübingen: Edition Diskord, S. 159–186.

Habibi-Kohlen D (2018) Wege der Gegenübertragung im Analytiker – Klinische Beispiele des Durcharbeitens. In Münch K (2019) (Hg) Internationale Psychoanalyse, Band 14: Gedachtes fühlen – Gefühltes denken. Gießen: Psychosozial, S. 169–193.

Hamburger A (2010) Traumspiegel. Gegenübertragungsträume in der Beziehungsanalyse. In Hierdeis H (Hg) Der Gegenübertragungstraum in der psychoanalytischen Theorie und Praxis. Göttingen: Vandenhoek & Ruprecht, S. 23–50.

Hamburger A & Hahm B (2017) Zuhause bei Walt. Die TV-Serie als postmodernes Familiensofa. In Storck T & Taubner S (2017) (Hg) Von Game of Thrones bis The Walking Dead. Interpretation von Kultur in Serie. Heidelberg u. a.: Springer, S. 249–266.

Hardt J (2013) Die tiefenpsychologische Methode und Variationen psychoanalytische Behandlungstechnik. In ders Methode und Techniken der Psychoanalyse. Versuche zur Praxis. Gießen: Psychosozial, S. 171–189.

Hartmann HP & Milch WE (2001) (Hg) Übertragung und Gegenübertragung. Weiterentwicklungen der psychoanalytischen Selbstpsychologie. Gießen: Psychosozial.

Heimann P (1950) Über die Gegenübertragung. Forum Psychoanal, 12 (1996), 179–184.

Heimann P (1960) Bemerkungen zur Gegenübertragung. Psyche – Z Psychoanal, 18 (1964), 483–493.

Herold R & Weiß H (2014) Übertragung. In Mertens W (Hg) Handbuch psychoanalytischer Grundbegriffe. Stuttgart: Kohlhammer, S. 1005–1020.

Hersoug AG, Ulberg R & Høglend P (2014) When is transference work useful in psychodynamik psychotherapy? Main results of the First Experimental Study of Transference Work (FEST). Contemporary Psychoanalysis, 50, 156–174.

Heuft G (1990) Bedarf es eines Konzeptes der Eigenübertragung? Forum Psychoanal, 6, 299–315.

Hierdeis H (2010) Einleitung. In ders (Hg) Der Gegenübertragungstraum in der psychoanalytischen Theorie und Praxis. Göttingen: Vandenhoek & Ruprecht, S. 7–22.

Hinz H (2002) Wer nicht verwickelt wird, spielt keine Rolle: Zu Money-Kyrles: »Normale Gegenübertragung und mögliche Abweichungen«. Jb Psychoanal, 44, 197–223.

Hofer T, Auszra L & Herrmann I (2014) Emotionsfokussierte Therapie. Person, 18, 139–151.

Hoffman IZ (1998) Ritual and spontaneity in the psychoanalytic process. A dialectical-constructivist view. Hillsdale: Analytic Press.

Hoffmann SO (1975) Die Charakterneurose. Psyche – Z Psychoanal, 29, 399–420.
Hoffmann SO (2018) Richard Sterba (1934) Das Schicksal des Ichs im therapeutischen Verfahren. Forum Psychoanal 34, 343–352.
Isaacs S (1948) Wesen und Funktion der Phantasie. Psyche – Z Psychoanal, 70, 2016, 530–582.
Ivey G (2008) Enactment controversies: A critical review of current debates. Int J Psychoanal, 89, 19–38.
Jones E (1960) Das Leben und Werk von Sigmund Freud. Band I. Bern, Stuttgart: Huber.
Jones E (1962) Das Leben und Werk von Sigmund Freud. Band II. Bern, Stuttgart: Huber.
Joseph B (1985) Transference: The total situation. Int J Psychoanal, 66, 447–454.
Joseph B (2013) Hier und Jetzt: Meine Sicht. In Mauss-Hanke A (2014) (Hg) Internationale Psychoanalyse, Band 9: Moderne Pathologien. Gießen: Psychosozial, S. 223–228.
Kernberg OF (1975) Borderline-Störungen und pathologischer Narzißmus. Frankfurt a. M. 9. Aufl. (1996). Frankfurt a. M.: Suhrkamp.
Kernberg OF (1987) Projektion und projektive Identifizierung. Entwicklungspsychologische und klinische Aspekte. Forum Psychoanal, 5 (1989), 267–283.
Kernberg OF (1996) Ein psychoanalytisches Modell der Klassifizierung von Persönlichkeitsstörungen. Psychotherapeut, 41(5), 288–296.
King V (2006) Faszination und Anstößigkeit: Der ›Fall Dora‹ im Entstehungs- und Veränderungsprozeß der Psychoanalyse. Psyche – Z Psychoanal, 60, 978–1004.
Klein M (1946) Bemerkungen über einige schizoide Mechanismen. In dies (1962) Das Seelenleben des Kleinkindes und andere Beiträge zur Psychoanalyse. 8. Aufl. (2006). Stuttgart: Klett-Cotta, S. 131–163.
Klein M (1952) On the origins of transference. Int J Psychoanal, 33, 433–438.
Klein M (1958) Die Seminare zur Behandlungstechnik, 1958. In Klein M (2017) Vorlesungen zur Behandlungstechnik. Gießen 2019: Psychosozial
König K (1993) Gegenübertragungsanalyse. 4. Aufl. (2004). Göttingen: Vandenhoek & Ruprecht.
Körner J (1989) Arbeit *an* der Übertragung? Arbeit *in* der Übertragung! Forum Psychoanal, 5, 209–22.
Körner J (1995) Der Rahmen der psychoanalytischen Situation. Forum Psychoanal, 11, 15–26.
Körner J (2014a) Abstinenz. In Mertens W (Hg) Handbuch psychoanalytischer Grundbegriffe. 4. Aufl. Stuttgart: Kohlhammer, S. 1–6.
Körner J (2014b) Regression – Progression. In Mertens W (Hg) Handbuch psychoanalytischer Grundbegriffe. 4. Aufl. Stuttgart: Kohlhammer, S. 803–809.
Körner J (2014c) Arbeit »in« der Übertragung. Fünfundzwanzig Jahre später. Forum Psychoanal, 30, 341–356.
Körner J (2017) Unsere Deutungen. Forum Psychoanal, 33, 311–318.
Körner J (2018) Die Psychodynamik von Übertragung und Gegenübertragung. Göttingen: Vandenhoek & Ruprecht.

Kohut H (1977) Die Heilung des Selbst. 3. Aufl. Frankfurt a. M. 1988: Suhrkamp.
Kohut H (1984) Wie heilt die Psychoanalyse? Frankfurt a. M. 1989: Suhrkamp.
Kris E (1936) The psychology of caricature. Int J Psychoanal, 17, 285–303.
Kriz J (2015) Die therapeutische Beziehung in der Systemischen Therapie. Psychotherapie, 20, 207–225.
Krutzenbichler HS & Essers H (2010) Übertragungsliebe. Psychoanalytische Erkundungen zu einem brisanten Phänomen. Gießen: Psychosozial.
Küchenhoff J (2012) Psychose. Gießen: Psychosozial.
Küchenhoff J (2013) Der Sinn im Nein und die Gabe des Gesprächs. Psychoanalytisches Verstehen zwischen Philosophie und Klinik. Weilerswist: Velbrück.
Lacan J (1953/54) Das Seminar, Buch I. Freuds technische Schriften. Olten, Freiburg o. Br. 1978: Walter.
Lacan J (1954/55). Das Seminar, Buch II. Das Ich in der Theorie Freuds und in der Technik der Psychoanalyse. Wien 2015: Turia + Kant.
Lacan J (1958) Die Ausrichtung der Kur und die Prinzipien ihrer Macht. In ders (1966) Schriften I. Weinheim, Berlin 1986: Quadriga, S. 171–239.
Lacan J (1960/61) Das Seminar, Buch VIII. Die Übertragung. Wien 2008: Passagen.
Lacan J (1964) Das Seminar Buch XI. Die vier Grundbegriffe der Psychoanalyse. Olten, Freiburg i .Br. 1978: Walter.
Lacan J (1976) Conférences et entretiens dans des universités nord-américaine. Scilicet, 5, 11–17.
Lang H (2011) Die strukturale Triade und die Entstehung früher Störungen. Stuttgart: Klett-Cotta.
Laplanche J (1995) Die Psychoanalyse als Anti-Hermeneutik. Psyche – Z Psychoanal, 52, 1998, 605–617.
Laplanche J, Pontalis JB (1967) Das Vokabular der Psychoanalyse. Frankfurt a. M. 1970: Suhrkamp.
Little M (1951) Gegenübertragung und die Reaktion des Patienten. Forum Psychoanal, 14, 162–175.
Löffler-Stastka H, Sell C, Zimmermann J, Huber D & Klug G (2019) Is countertransference a valid source of clinical information? Investigating emotional responses to audiotaped psychotherapy sessions. Bull Menninger Clin, 83.
Lombardi R (2013) Object Relations and the Ineffable Bodily Dimension. Contemp Psychoanal, 49, 82–102.
Lorenzer A (1970) Sprachzerstörung und Rekonstruktion. Frankfurt a. M.: Suhrkamp.
Loth W (1998) Auf den Spuren hilfreicher Veränderungen. Das Entwickeln klinischer Kontrakte. Dortmund: modernes lernen.
Loth W & von Schlippe A (2004) Die therapeutische Beziehung aus systemischer Sicht. Psychotherapie im Dialog, 5, 341–347.
Mack-Brunswick R (1928) Die Analyse eines Eifersuchtswahnes (Sonderabdruck aus der Internationalen Zeitschrift für Psychoanalyse). Leipzig 1929: Internationaler Psychoanalytischer Verlag.

Maier C (2006) Übertragungspsychose. Ein Beitrag zur Begriffsbestimmung. Psyche – Z Psychoanal, 60, 291–318.
Matejek N & Lempa G (2001) Behandlungs(T)räume. Frankfurt a. M.: Brandes & Apsel.
May U (2007a) Neunzehn Patienten in Analyse bei Freud (1910–1920). Teil I: Zur Dauer von Freuds Analysen. Psyche – Z Psychoanal, 61(6), 590–625.
May U (2007b) Neunzehn Patienten in Analyse bei Freud (1910–1920). Teil II: Zur Frequenz von Freuds Analysen. Psyche – Z Psychoanal, 61(7), 686–709.
McCullough JP, Lord BD & Klein DN (2011) The Significant Other History: An interpersonal-emotional history procedure used with the early-onset chronically depressed patient. American Journal of Psychotherapy, 65, 225–248.
Mcdougall J (1978) Plädoyer für eine gewisse Anormalität. Gießen 2001: Psychosozial.
Mentzos S (2009) Lehrbuch der Psychodynamik. Die Funktion der Dysfunktionalität psychischer Störungen. 7. Aufl. Göttingen 2015: Vandenhoek & Ruprecht.
Mertens W (1990) Einführung in die psychoanalytische Therapie. Band 2. 3. Aufl. (2004). Stuttgart: Kohlhammer.
Mertens W (1991) Einführung in die psychoanalytische Therapie. Band 3. 2. Aufl. (1993). Stuttgart: Kohlhammer.
Mertens W (2010) Psychoanalytische Schulen im Gespräch. Band I. Bern: Huber.
Mertens W (2011) Psychoanalytische Schulen im Gespräch. Band II. Bern: Huber.
Mertens W (2012) Psychoanalytische Schulen im Gespräch. Band III: Bern: Huber.
Mertens W (2018) Psychoanalytische Schulen im Gespräch über die Konzepte Wilfred R. Bions. Gießen: Psychosozial.
Milch WE (2001) Lehrbuch der Selbstpsychologie. Stuttgart: Kohlhammer.
Mitchell SA (1997) Psychoanalyse als Dialog. Einfluss und Autonomie in der analytischen Beziehung. Gießen 2005: Psychosozial.
Mitchell SA (2000) Bindung und Beziehung. Auf dem Weg zu einer relationalen Psychoanalyse. Gießen 2003: Psychosozial.
Money-Kyrle R (1956) Normal Gegenübertragung und mögliche Abweichungen. In Frank C & Weiß H (2013) (Hg) Normale Gegenübertragung und mögliche Abweichungen. Zur Aktualität von R. Money-Kyrles Verständnis des Gegenübertragungsprozesses. 2. Aufl. Frankfurt a. M.: Brandes & Apsel, S. 19–36.
Müller T (2012) Psychotische Übertragung. Psychotherapeut, 57(6), 505–513.
Müller T (2014) Rahmen, Setting. In Mertens W (Hg) Handbuch psychoanalyrischer Grundbegriffe. 4. Aufl. Stuttgart: Kohlhammer, S. 790–798.
Nerenz K. (1985) Zu den Gegenübertragungskonzepten Freuds. Psyche – Z Psychoanal, 39, 501–518.
Nunberg H (1962) (Hg) Protokolle der Wiener Psychoanalytischen Vereinigung. Band I: 1906–1908. Frankfurt a. M. 1976: Fischer.
Nunberg H & Federn E (1967) (Hg) Protokolle der Wiener Psychoanalytischen Vereinigung. Band II: 1908–1910. Frankfurt a. M. 1977: Fischer.
Ogden TH (1979) Die projektive Identifizierung. Forum Psychoanal, 4 (1988), 1–21.

Ogden TH (2005) This art of psychoanalysis. Dreaming undreamt dreams and interrupted cries. London: Routledge.

Parin P (1960) Gegenübertragung bei verschiedenen Abwehrformen. Jb Psychoanal, 1, 196–214.

Pflichthofer D (2012) Spielregeln der Psychoanalyse. Gießen: Psychosozial.

Pine F (1988) The four psychologies of psychoanalysis and their place in clinical work. J Amer Psychoanal Assn, 36: 571–596.

Pollack-Gomolin R (2002) The countertransference dream. Modern Psychoanalysis, 27, 51–73.

Racker H (1959) Übertragung und Gegenübertragung. Studien zur psychoanalytischen Technik. München, Basel 1988: Ernst Reinhardt.

Ramshorn Privitera A (2013) Die Abstinenzregel in der psychoanalytischen Behandlungstechnik. Versuch einer Differenzierung. Psyche – Z Psychoanal, 67, 1191–1211.

Reich G (2014) Projektive Identifizierung. In Mertens W & Waldvogel B (Hg) Handbuch psychoanalytischer Grundbegriffe. 4. Aufl. Stuttgart: Kohlhammer, S. 745–749.

Reich W (1942) Die Entdeckung des Orgons. Die Funktion des Orgasmus. Sexualökonomische Grundprobleme der biologischen Energie. Frankfurt a. M.: Fischer.

Richter HE (1963) Eltern, Kind, Neurose. Reinbek bei Hamburg: Rowohlt.

Rief W & Glombiewski JA (2016) Erwartungsfokussierte Psychotherapeutische Interventionen (EFPI). Verhaltenstherapie, 26, 47–54.

Rogers CR (1962) The interpersonal relationship: The core of guidance. Harvard Educational Review, 42, 416–429.

Rogers CR (1973) Entwicklung der Persönlichkeit. Stuttgart: Klett.

Rosenfeld H (1952) Übertragungsphänomene und Übertragungsanalyse bei einem Fall von akuter katatoner Schizophrenie. In ders (2002) Zur Psychoanalyse psychotischer Zustände. Gießen: Psychosozial, S. 120–134.

Rosenfeld H (1954) Zur psychoanalytischen Behandlung akuter und chronischer Schizophrenie. In ders. (2002) Zur Psychoanalyse psychotischer Zustände. Gießen: Psychosozial, S. 135–148.

Rudolf G (2002) Struktur als psychodynamisches Konzept der Persönlichkeit. In Rudolf G, Grande T & Henningsen P (Hg) Die Struktur der Persönlichkeit. Vom theoretischen Verständnis zur therapeutischen Anwendung des psychodynamischen Strukturkonzepts. Stuttgart: Schattauer, S. 2–48.

Rudolf G (2012) Strukturbezogene Psychotherapie. 3. Aufl. Stuttgart: Schattauer.

Rugenstein K (2019) Deuten und Flirten. Zum Arbeiten in der Übertragungsliebe. Forum Psychoanal, 35, 227–241.

Sampson H & Weiss J (1986) Testing hypotheses: The approach of the Mount Zion Psychotherapy Research Group. In Greenberg LS & Pinsof W (Hg) The psychotherapeutiv process: A research handbook. New York: Guilford Press, S. 591–613.

Sandler J (1976) Gegenübertragung und Bereitschaft zur Rollenübernahme. Psyche – Z Psychoanal, 30, 297–305.

Sandler J (1987) Das Konzept der projektiven Identifizierung. Zeitschrift für psychoanalytische Theorie und Praxis, 3 (1988), 147–164.

Sandler J, Dare C & Holder A (1973) Die Grundbegriffe der psychoanalytischen Therapie. 2. Aufl. Stuttgart 1979: Klett-Cotta.

Schauenburg H (2016) Übertragungsdeutung. Eine wichtige Technik in allen Therapieformen. Psychotherapie im Dialog, 17(2), 10–11.

Schneider P (2010) Look who's talking oder Horch, was kommt von draußen rein! Über den Gegenübertragungstraum. In Hierdeis H (Hg) Der Gegenübertragungstraum in der psychoanalytischen Theorie und Praxis. Göttingen: Vandenhoek & Ruprecht, S. 74–87.

Schreber DP (1903) Denkwürdigkeiten eines Nervenkranken. Berlin 2003: Kadmos.

Searles HF (1959) Integration und Differenzierung in der Schizophrenie – ein Gesamtüberblick. In ders (1965) Der psychoanalytische Beitrag zur Schizophrenieforschung. Gießen 2008: Psychosozial, S. 95–122.

Searles HF (1963) Übertragungspsychosen bei der Psychotherapie chronischer Schizophrenie. In ders (1965) Der psychoanalytische Beitrag zur Schizophrenieforschung. Gießen 2008: Psychosozial, S. 205–258.

Slade A, Sadler L, Dios-Kenn CD, Webb D, Currier-Ezepchick J & Mayes L (2005) Minding the baby: A reflective parenting program. Psychoanal St Child, 60, 74–100.

Smadja C (2001) The psychosomatic paradox. London 2005: Free Association Books.

Spector Person E, Hagelin A & Fonagy P (2013) (Hg) On Freud's »Observations on Transference-Love«. London: Karnac.

Staats H (2017) Die therapeutische Beziehung. Göttingen: Vandenhoek & Ruprecht.

Sterba R (1934) Das Schicksal des Ichs im therapeutischen Verfahren. Internationale Zeitschrift für Psychoanalyse, 20, 66–73.

Stern DN (1985) Die Lebenserfahrung des Säuglings. 2. Aufl. (1992). Stuttgart: Klett-Cotta.

Storck T (2012) Warum nein? Positionen zur Negation der psychoanalytischen Hermeneutik. In ders (Hg) Zur Negation der psychoanalytischen Hermeneutik. Gießen: Psychosozial, S. 9–40.

Storck T (2013) Doing transference. Agieren als Ver-handeln der Übertragungsbeziehung. Jb Psychoanal, 66, 81–120.

Storck T (2016a) Psychoanalyse und Psychosomatik. Die leiblichen Grundlagen der Psychodynamik. Stuttgart: Kohlhammer.

Storck T (2016b) Formen des Andersverstehens. Gießen: Psychosozial.

Storck T (2016c) In 300 Stunden um die Welt: Zum Durcharbeiten in analytischen Langzeitbehandlungen. Psychotherapeut, 61, 447–454.

Storck T (2017a) »…and now my watch begins«. Game of Thrones. ders. & Taubner, S (Hg.) Von Game of Thrones bis The Walking Dead. Interpretation von Kultur in Serie. Berlin u. a.: Springer, S. 11–29.

Storck T (2017b) Die Bedeutung des Nicht-Verstehens in psychotherapeutischen Prozessen. Zum Umgang mit dem Versteh-Blues. Forum Psychoanal, 33(1), 109–124.

Storck T (2018a) Grundelemente psychodynamischen Denkens. Band I: Trieb. Stuttgart: Kohlhammer.

Storck T (2018b) Grundelemente psychodynamischen Denkens. Band II: Sexualität und Konflikt. Stuttgart: Kohlhammer.

Storck T (2018c) Psychoanalyse nach Sigmund Freud. Stuttgart: Kohlhammer.

Storck T (2018d) Szenisches Verstehen. In Gumz A & Hörz-Sagstetter S (Hg) Psychodynamische Psychotherapie in der Praxis. Weinheim: Beltz, S. 57–70.

Storck T (2019a). Freud heute: Zur Relevanz der Psychoanalyse. Berlin, Heidelberg: Springer.

Storck T (2019b) Grundelemente psychodynamischen Denkens. Band III: Das dynamisch Unbewusste. Stuttgart: Kohlhammer.

Storck T (2019c) Grundelemente psychodynamischen Denkens. Band IV: Objekte. Stuttgart: Kohlhammer.

Storck T (In Vorb. a) Grundelemente psychodynamischen Denkens. Band VI: Abwehr und Widerstand. Stuttgart: Kohlhammer.

Storck T (in Vorb. b) Grundelemente psychodynamischen Denkens. Band VII: Ich und Selbst. Stuttgart: Kohlhammer.

Storck T (In Vorb. c) Grundelemente psychodynamischen Denkens. Band VIII: Deutung. Stuttgart: Kohlhammer.

Storck T & Stegemann D (in Vorb) Psychoanalytische Konzepte in der Psychosenbehandlung. Stuttgart: Kohlhammer.

Strachey J (1934) The nature of the therapeutic action of psychoanalysis. Int J Psychoanal, 15, 127–159.

Strauß B (2014) Bindung. Gießen: Psychosozial.

Sulz SKD (2015) Die therapeutische Beziehung in der Verhaltenstherapie heute: Von der Strategie der Übertragung zur heilenden Beziehungserfahrung. Psychotherapie, 20, 84–116.

Thomä H (2001) Ferenczis »mutuelle Analyse« im Lichte der modernen Psychoanalyse. Forum Psychoanal, 17(3), 263–270.

Thomä H & Kächele H (1985) Lehrbuch der psychoanalytischen Therapie. Band 1: Grundlagen. 2. Aufl. Berlin, Heidelberg, New York (1996): Springer.

Tuckett D (2010) Transference and transference interpretation revisited: Why a parsimonious model of practice may be useful. Int J Psychoanal, 100(5), 852–876.

von Schlippe A & Schweitzer J (2012) Lehrbuch der systemischen Therapie und Beratung I. Das Grundlagenwissen. 3. Aufl. (2016). Göttingen: Vandenhoek & Ruprecht.

Walker CE (2013) Psychoanalytische Anmerkungen zu David Cronenbergs Eine dunkle Begierde. In Schneider G & Bär P (Hg) Im Dialog: Psychoanalyse und Filmtheorie, Band 10: David Cronenberg. Gießen: Psychosozial, S. 101–105.

Wampold BE, Imel ZE & Flückiger C (2018) Die Psychotherapie-Debatte. Was Psychotherapie wirksam macht. Göttingen: Hogrefe.

Warsitz RP (2004) Der Andere im Ich. Antlitz – Antwort – Verantwortung. Psyche – Z Psychoanal, 58, 783–810.

Warsitz RP (2006) Der Raum des Sprechens und die Zeit der Deutung im psychoanalytischen Prozess. Psyche – Z Psychoanal 60, 1–30.

Weiß H (2018) The surprising modernity of Melanie Klein's Lectures on Technique and Clinical Seminars: Putting them in context. Int J Psychoanal, 99(4), 952–961.

Willemsen J, Inslegers R, Meganck R, Geerardyn F, Desmet M & Vanheule S (2015) Eine Metasynthese publizierter Fallstudien anhand von Lacans Schema L: Die Übertragung bei Perversionen. In Mauss-Hanke A (2016) (Hg) Internationale Psychoanalyse, Band 11: Erregungen. Gießen: Psychosozial, S. 133–160.

Winnicott DW (1949) Hate in the Counter-Transference. Int J Psychoanal, 30, 69–74.

Winnicott DW (1960) The theory of the parent-infant relationship. Int J Psychoanal, 41, 585–595.

Wolf ES (1988) Theorie und Praxis der psychoanalytischen Selbstpsychologie. Frankfurt a. M. 1996: Suhrkamp.

Zepf S (2005) Formen der Identifizierung – Freuds Konzepte neu organisiert. In ders (2011) Psychoanalyse, Band 2. Gießen: Psychosozial, S. 149–182.

Zepf S (2006) Allgemeine psychoanalytische Neurosenlehre, Psychosomatik und Sozialpsychologie. Ein kritisches Lehrbuch. Band 2. 2. Aufl. Gießen: Psychosozial.

Zepf S (2009) Der psychoanalytische Prozess und Freuds Konzepte der Übertragung und Übertragungsneurose. In ders (2011) Psychoanalyse, Band 2. Gießen: Psychosozial, S. 301–329.

Zwettler-Otte S (2007) Entgleisungen in der Psychoanalyse. Göttingen: Vandenhoek & Ruprecht.

Zwiebel R (1992) Der Schlaf des Analytikers. Die Müdigkeitsreaktion in der Gegenübertragung. 3. Aufl. (2010). Stuttgart: Klett-Cotta.

Zwiebel R (2007) Von der Angst, Psychoanalytiker zu sein. Das Durcharbeiten der phobischen Position. Stuttgart: Klett-Cotta.

Zwiebel R (2012) Der träumende Analytiker. Psyche – Z Psychoanal, 66, 776–802.

Zwiebel R (2013) Was macht einen guten Psychoanalytiker aus? Grundelemente professioneller Psychotherapie. Stuttgart: Klett-Cotta.

Zwiebel R (2017) Out of Balance: Das Ringen um einen »sicheren Ort«. In Storck T & Taubner S (2017) (Hg) Von Game of Thrones bis The Walking Dead. Interpretation von Kultur in Serie. Heidelberg u. a.: Springer, S. 87–102.

Zwiebel R (2019) Über die psychische Arbeit des analytischen Paares. Verarbeiten – Durcharbeiten – Nacharbeiten. In ders (2019) Die innere Couch. Psychoanalytisches Denken in Klinik und Kultur. Gießen: Psychosozial, S. 35–59.

Verzeichnis der zitierten Medien

»Fire and blood«, *Game of Thrones*, Staffel 1, Episode 10. Warner Home Video, USA, 2011. Fernsehserienepisode.
»Pax Soprana«, *The Sopranos*, Staffel 1, Episode 6. Warner Home Video, USA, 1999. Fernsehserienepisode.
»Walk like a man«, *The Sopranos*, Staffel 6, Episode 17. Warner Home Video, USA, 2007. Fernsehserienepisode.
»Week 1: Paul and Gina«, *In Treatment*, Staffel 1, Episode 5. Warner Home Video, USA, 2008. Fernsehserienepisode.
»Week 2: Laura«, *In Treatment*, Staffel 1, Episode 6. Warner Home Video, USA, 2008. Fernsehserienepisode.
»Week 4: Laura«, *In Treatment*, Staffel 1, Episode 16. Warner Home Video, USA, 2008. Fernsehserienepisode.
»Week 7: Jesse«, *In Treatment*, Staffel 3, Episode 27. Warner Home Video, USA, 2010. Fernsehserienepisode.
Loriot (Regisseur/Produzent) (1988) *Ödipussi* [Spielfilm]. Universum Film.

Stichwortverzeichnis

A

Abstinenz 31, 34, 39, 42, 53, 67, 100, 118–120
Abwehr 22, 34, 39, 46 f., 68 f., 77, 79 f., 88, 91, 93, 95, 97 f., 102, 113, 125, 129
Agieren 29, 51, 120
Arbeitsbündnis 30, 102 f.

B

Behandlungsethik 33, 35, 51, 53 f., 60, 67, 119 f.
Beisteuern 159
Bindungstheorie 147 f., 152

C

Containment 82 f., 85, 120, 133, 168

D

Deutung 26, 34, 57, 60, 75, 88, 100, 107 f., 112, 117, 125–127, 129, 131, 144–146, 166, 168
– prozessuale Wirkung 107, 127–129, 168
Durcharbeiten 20, 35, 37–39, 45, 48, 67, 88, 100, 114, 130–132, 168
– in der Gegenübertragung 132 f., 158

E

Eigenübertragung 50, 55, 58–60, 62, 65–67, 75, 101, 141, 143, 167
Empathie 44, 61, 74, 80, 92, 108 f., 113, 147, 159–161
Erinnerung 17, 19 f., 22, 29 f., 38, 74, 165

F

Fantasie 14, 16, 21, 24, 29–32, 34 f., 39, 46, 51, 53, 58, 63, 66, 70 f., 78, 84, 94, 101, 113–117, 119, 140, 142, 163, 167
freie Assoziation 17, 23, 73, 115–117, 120, 128

G

Gegenübertragung
– komplementäre Identifizierung 63, 69, 71, 73, 75, 164
– konkordante Identifizierung 63, 69, 71, 75, 83, 164
– Mitteilen der - 59, 112
– Müdigkeitsreaktion 68 f.
– -straum 140–143
– -swiderstand 62 f., 66, 68–70, 108, 142
– Unbewusstheit der - 60, 133, 162
generalisierte Interaktionsrepräsentationen 149 f.

183

H

Haltung 27, 51, 67, 76, 104, 117, 120, 123, 125, 162, 167
Hier und Jetzt 41, 48, 73, 127, 145
Hysterie 19 f., 22, 26, 71, 87

I

Identifizierung 14, 39, 61, 63 f., 68 f., 78 f., 81–83, 85, 91, 128
- projektive 61 f., 74 f., 77, 79–85, 91, 97, 132 f., 162, 168

Inkorporation 14, 79
Integration 45, 78, 81–83, 87, 90, 92, 95, 129
Introjektion 14, 45 f., 61 f., 77–80

K

Konflikt 12 f., 19 f., 22, 39, 44, 62, 66 f., 80, 87 f., 93, 98, 117–121, 125, 129, 131 f., 142 f., 151, 169
- ödipaler 12

Kongruenz 160

L

Lehranalyse 50, 52 f., 56, 66 f.

O

Operationalisierte Psychodynamische Diagnostik 90

P

Persönlichkeitsstörung 89 f., 97
- Selbst-Objekt-Dyaden 87, 91
- Übertragung bei - 92, 167

Problemaktualisierung 153
Projektion 45 f., 61 f., 70, 77–81, 83–85, 91 f., 95, 97, 133

Psychose 80 f., 94–97
- Übertragung bei - 96, 167
- Übertragungspsychose 87, 95 f.

psychosomatische Störung 86, 92 f., 97
- Übertragung bei - 93 f., 167
- Übertragungspsychosomatose 87

R

Rahmen 32, 103, 115, 117 f., 120, 123, 144, 162, 167
Regression 31, 35, 38 f., 45, 88, 92, 100, 104, 115, 117, 125, 140, 144, 146, 151, 154, 162, 167
Rollenübernahmebereitschaft 33, 64 f.

S

Schema 154, 161
Setting 27, 31 f., 45, 76, 115 f., 120, 123, 125, 144, 167
Sexualität 12, 29 f., 32, 39 f., 70, 93, 112, 119, 140, 149
Skript 158 f.
Spaltung 44 f., 78, 80, 82 f., 87, 91 f., 97, 102
Subjekt, dem Wissen unterstellt wird 106–108
szenisches Verstehen 13, 64, 122–124, 129, 168

T

Tagesrest 23–25, 28
therapeutische Ich-Spaltung 62, 100, 102–104, 122
Traum 22 f., 40 f., 72–74, 124, 126, 137, 140–142
Trieb 11–13, 31, 34, 38, 53, 89, 94, 100, 105, 112, 115, 119

Ü

Übertragung
- »Echtheit« der -sgefühle   34, 52, 100 f., 140
- als Gesamtsituation   44, 46–48, 87, 141
- erotische   18–20, 52
- in CBASP   155–157
- negative   27–30, 33, 45, 68, 118, 157
- positive   30
- -sdeutung   104, 108, 126, 128, 134, 145
- Selbstobjekt-   109–111
- -sliebe   16, 21, 28–34, 36 f., 53, 99–101, 119, 139
- -sneurose   27, 38 f., 76, 86–88, 114, 125, 132, 145 f., 167
- -stest   155
- -swiderstand   18
- Unbewusstheit der -   35
- und Imaginäres   106
- und Projektion   77 f.
- und Symbolisches   106, 108
- und Symptom   27 f., 30, 33, 38, 76, 87 f., 96, 114, 125, 167

U

Unbewusstes
- dynamisch   13, 21, 23–25, 29, 33, 35–37, 43, 47, 50, 53, 55, 57–63, 68, 70 f., 76, 78, 80 f., 85, 88, 93 f., 97, 101, 103, 111, 115–117, 119–121, 125–128, 131 f., 142 f., 148, 151 f., 157, 162, 167 f.
- strukturales   106

V

Verführungstheorie   19

W

Widerstand   17–21, 28, 33–37, 39, 55, 69, 78, 88, 100 f., 113, 116, 126, 132, 143, 169